利益平衡视域下
国际知识产权法执法制度研究

LIYI PINGHENG SHIYU XIA
GUOJI ZHISHI CHANQUANFA ZHIFA ZHIDU YANJIU

谢光旗　著

人民出版社

序

国际知识产权法,兴起于十九世纪八十年代,现已成为国际经济、文化和科技领域中的重要法律秩序。它以《巴黎公约》《伯尔尼公约》和《知识产权协定》等代表性国际公约为基本形式,以世界知识产权组织、世界贸易组织等国际组织为协调机构,对各国知识产权制度进行协调。世界贸易组织的建立与《知识产权协定》的形成,标志着国际知识产权制度进入一个高水平保护、一体化保护的新的历史时期。为促使各成员加强知识产权执法,《知识产权协定》详细规定了有关行政和司法程序的具体义务、临时措施及边境措施等。

《知识产权协定》被认为是"二十世纪最重要的知识产权条约",也是"最受争议的国际公约"。进入"后 TRIPS 时代"以来,南北国家基于各自立场,对知识产权利益的协调与分享提出了新的要求,围绕《知识产权协定》发起的国际磋商,和绕过《知识产权协定》出现的双边、多边保护机制,使得国际知识产权制度出现了新的变革态势。现有国际组织的多边磋商机制在知识产权国际立法方面没有多少新的突破,而发达国家试图通过"体制转换"方式,组织发达国家之间的知识产权条约磋商,再次提高知识产权执法国际标准。

光旗博士较长时间以来都执着研究知识产权执法问题。他在北京师范大学攻读博士学位期间,就关注国际知识产权执法制度,发表了多篇有价值的论文。在我校法学博士后工作站期间,重点研究了专利主张实体滥用执法程序问题,向国家有关部门报送了研究报告。近年,他又获得国家社科基金资助,开展知识产权行政执法和司法裁判标准统一问题研究。本书《利益平衡视域下国际知识产权法执法制度研究》,凝聚了他对这一问题的多年思考和最新感悟。阅读再三,我以为该书有较大创新和重要突破。

虽有论著从不同角度探讨国际知识产权执法制度中的利益失衡现象,但明确提出通过完善和强化使用者权执法制度来解决此种失衡现象的论著尚少见,这是该书一个突出的创新点。我在上世纪九十年代初出版《著作权合理使用制度研究》,曾经提出,著作权中的合理使用,从著作权人方面看是对其著作财产权范围的限定,从著作权人以外的人(即使用者)来看则是使用他人作品而享有利益的一项权利。光旗博士将著作权法学中的使用者权理论,拓展到国际知识产权法学,用来解决执法制度利益失衡问题。面对质疑使用者权理论的声音,该书也作了有理有据的回应。由此,该书建构了一套比较完整的国际知识产权法执法制度的理论体系。该书也反映了作者贯通国内法与国际法的研究特色,彰显了他对利益平衡与合作共赢的追求。

该书对执法制度的研究,不仅探究《巴黎公约》《伯尔尼公约》等传统条约,关注《知识产权协定》这一变革性条约,还追踪了《全面与进步跨太平洋伙伴关系协定》《美国—墨西哥—加拿大协定》《区域全面经济伙伴关系协定》《中美经贸协议》等"后 TRIPS 时代"的新条约。这显示了该书的历史底蕴,和时代价值。

自二十一世纪第二个十年以来,在逆全球化思潮泛滥之下,以世界贸易组织为中心的多边体制,和以《知识产权协定》为中心的知识产权国际保护体制受到严重挑战。国际贸易纠纷和知识产权冲突引发了国际社会的高度关注和沉重思考。面对国际形势的复杂变化和中国发展的内在需求,我们必须践行知识产权全球治理观、发展观和法治观。希望光旗博士以本书为新的起点,立足本国,面向世界,创作出更多的佳作。

　　是为序。

吴汉东

中南财经政法大学文澜资深教授、博士生导师

中国知识产权法学研究会名誉会长

2024 年 6 月 24 日

目　　录

绪　　论

一、问题提出

在国际知识产权法论坛中,知识产权执法(Enforcement of Intellectual Property Rights)是各国争论最为激烈的议题之一。在世界知识产权组织(WIPO)内,2002 年专门设立执法咨询委员会(ACE),为缔约国在知识产权执法领域提供技术援助和协调。2021 年 9 月该委员会围绕"打击互联网假冒盗版行为的新进展"主题进行讨论。[①] 2022 年 8 月至 9 月,执法咨询委员会召开第十五届会议。[②] 世界贸易组织(WTO)自 1995 年成立以来,争端解决机构(DSB)受理 44 起援引《与贸易有关的知识产权协定》(以下简称 TRIPS 协定)的案件,其中 18 件涉及 TRIPS 协定第三部分(知识产权执法)。2022 年 12 月 7 日欧盟请求争端解决机构就中国知识产权执法案(DS611)设立专家组。[③] 欧盟投诉我国 2020 年颁发的五份标准必要专利(SEP)禁诉令(anti-suit injunction)违反了 TRIPS 协定知识产权执

---

① See WIPO, Advisory Committee on Enforcement Online Dialogue, *WIPO/ACE/OD/1 PROV*, 13 July 2021.

② See WIPO, Summary by the Chair, *WIPO/ACE/15/12*, 2 Sep. 2022.

③ See WTO, Request for the Establishment of a Panel by the European Union, *WT/DS611/5*, 9 Dec. 2022.

法义务,还有乌克兰和美国等 15 个成员保留以第三方身份参与该案的权利。[①] 2023 年 3 月 28 日,争端解决机构组建了专家组。[②] 在 WIPO 和 WTO 外,《美国—墨西哥—加拿大协定》(以下简称《美墨加协定》)、《全面与进步跨太平洋伙伴关系协定》(CPTPP)和《区域全面经济伙伴关系协定》(RCEP))先后生效,都浓墨重彩地对知识产权执法进行国际协调。

加入 WTO 以来,我国显著加强知识产权的保护和执法,然而美国和欧盟仍然对中国的知识产权执法不满,它们通过 301 报告等形式指责中国保护知识产权不力。在美国国际商会国际知识产权政策研究中心 2020 年发布的世界知识产权指数中,中国总体得分仅 50.96 分,知识产权执法得分仅仅 37 分,而美国总体得分 95.28 分,知识产权执法得分 94.57 分,世界最高。[③] 美欧等发达国家和地区声称其国民与企业的知识产权在发展中国家遭到假冒和盗版侵害,发展中国家没有提供有效救济。

但是,一个被忽略的事实是:发达国家部分知识产权人或者滥用知识产权执法程序打击竞争对手,或者滥用知识产权实体权利限制或排除公众使用知识。美国劲量公司、美国微软公司、DVD 专利权联盟和赫尔弗里希专利许可公司等就是滥用知识产权的代表。在"无汞碱性电池 337 案"中,美国劲量公司滥用 337 调查程序,以无效专利申请调查福建南孚电池公司、四川长虹电器公司等八家中国公司,造成我国企业遭受数千万元难以弥补的损失。2008 年美国专利主张实体高智公司进入中国市场,设立高智发明(北京)投资咨询有限公司,引起国人的担忧。近年来,担忧已经

[①] 具体包括:乌克兰、美国、中华台北、英国、挪威、瑞士、俄罗斯、印度、韩国、巴西、加拿大、哥伦比亚、印度尼西亚、新加坡和越南等 15 个成员。

[②] 组长是 Adrian Macey,成员有 Matthew Kennedy 和 Beverley Pereira。See WTO, Constitution of the Panel Established at the Request of the European Union, *WT/DS611/6*, 29 March 2023。

[③] See GIPC, "U.S. Chamber International IP Index", 2020-02-05, https://www.uschamber.com/international /2020-international-ip-index.

成为现实。无线未来科技公司（Wireless Future Technologies，Inc.）、iPEL公司、全球创新聚合有限责任公司（Global Innovation Aggregators，LLC）在我国发动数百起专利侵权诉讼。卢森堡康文森公司和美国交互数字公司等标准必要专利权利人在国外法院滥用禁令,企图迫使我国华为公司和中兴公司等使用者接受它们的高额要价。对这些滥用知识产权,损害知识使用者利益,损害发展中国家利益的行为,国际知识产权法都没有强制性的规范。此外,2000 年欧盟在 WTO 投诉美国的"美国关税法 337 节案"（DS186）至今悬而未决。在国际知识产权法的执法制度中,发达国家和发展中国家之间的利益,知识产权人和知识使用者之间的利益该如何平衡是我们面临的重大理论和现实问题。

TRIPS 协定将成员的知识产权执法活动纳入国际条约调整之下,设定了知识产权执法最低标准,包括一般义务、知识产权民事程序、行政程序、临时措施、边境措施和刑事措施多方面的义务。除了执法程序的要求外,TRIPS 协定对损害赔偿标准和刑事处罚标准也提出了要求。对于 TRIPS 协定的规定,成员一般采取转化的方式来履行条约义务。因此,成员既需要在国内立法上规定这些执法程序和措施,而且还需要在行政执法和司法中执行本国规定。从我国的法律部门分类看,知识产权执法涉及民商法、行政法、刑法和程序法等多个法律部门。由此可见 TRIPS 协定调整的知识产权执法制度是一个非常庞大的体系。《保护工业产权巴黎公约》（以下简称《巴黎公约》）和《保护文学和艺术作品伯尔尼公约》（以下简称《伯尔尼公约》）等传统知识产权条约一般仅对一国的知识产权实体法进行协调。而 TRIPS 协定对一国的知识产权执法程序进行全面调整,是对传统条约的突破,标志着知识产权执法国际制度的形成。TRIPS 协定下的知识产权执法制度与稍早生效的《北美自由贸易协定》（NAFTA）类似,只不过后者属于区域性条约。在 TRIPS 协定之后,国际知识产权法的执法制度又通过《WIPO 版权条约》（WCT）和《WIPO 表演和录音制品条约》

（WPPT）（统称"因特网条约"）扩展到数字环境。"因特网条约"不仅要求成员国对数字环境下的知识产权采取与 TRIPS 协定执法程序相同的保护，还特别规定了数字权利管理信息和技术保护措施国际规范。数字权利管理信息和技术保护措施属于知识产权人的防御性救济措施。"因特网条约"进一步扩大了国际知识产权法执法制度调整的范围。此后，调整各国知识产权执法保护的国际制度还在双边、准多边和区域性条约层面发展。尤其是到了 2011 年 4 月，38 个国家和地区协商达成了《反假冒贸易协定》（ACTA）。从 2011 年 10 月开始，美国、日本、澳大利亚、加拿大、韩国、摩洛哥、新西兰、新加坡、欧盟及其 22 个成员国代表先后签署《反假冒贸易协定》。虽然《反假冒贸易协定》至今没有生效，甚至实际已经被放弃，但它是 21 世纪出现的、发达国家主导的准多边体制形成的重要的知识产权条约。[①] 它意图在 TRIPS 协定的基础上再次提高知识产权执法标准，其法律框架包括 TRIPS 协定规定的民事程序、行政程序和司法程序及措施，而且还包括了"因特网条约"规定的数字权利管理信息和技术保护措施的国际保护规范。此外，《反假冒贸易协定》还增加了网络服务提供者责任国际标准。除了这些标准之外，《反假冒贸易协定》还要建立"反假冒贸易委员会"。《反假冒贸易协定》的规定反映，发达国家不仅企图提高知识产权执法标准，还要在 WTO 和 WIPO 这两个重要知识产权管理国际组织之外建立新的组织。由此可见，国际知识产权法的执法制度规范越来越多，标准越来越高，体系越来越庞大。但是知识使用者利益执法国际制度却没有相应加强，甚至被弱化。2020 年，为了保护华为公司和 OPPO 公司等标准必要专利使用者的利益，我国法院颁发了五道禁诉令。这本是我国法院行使司法主权的正当行为，但是遭到欧盟在 WTO 投诉。

从理论层面看，一种法律制度的形成和发展，其制度内涵、价值取向、

---

① 参见薛虹：《十字路口的国际知识产权法》，法律出版社 2012 年版，第 96 页。

基本原则、制度构成和历史演变等基本问题都需要进行总体研究和把握。如果缺少了这种宏观研究,就不能把握该制度的全貌;如果对该制度应有的价值不进行探究,就不能防范制度的异化。利益平衡是知识产权法的基石,也是知识产权法的基本原则。它不仅协调知识产权人与知识使用者之间的利益,也协调各种国家之间的利益。尽管国际法主要是调整国家之间关系的法律,它对个人利益也会产生影响。按照利益层次划分,国际知识产权法的执法制度协调的利益包括两个层面:一个是国际层面,也就是各种国家之间利益层面;另一个是国内层面,也就是知识产权涉及的各种私人主体之间利益层面。就国际层面来说,由于各国知识产权持有的数量不一,各国在知识产权执法上的利益也就不同,各国对知识产权执法采取的态度也会有异。就国内层面,如果条约的规定被直接纳入到国内层面进行适用,条约的规定将对知识产权人和知识使用者利益直接产生影响。如果条约以间接转化的方式在国内适用,条约的规定则会间接影响知识产权人和知识使用者利益。所以,这两个层面的利益会相互影响。知识产权的国际保护以促进知识创新、传播和使用,促进各国共同发展为目标。利益平衡是实现以上目标的最佳工具。在利益平衡的要求下,国际知识产权法的执法制度应具有何种价值构造?国际知识产权法的执法制度应由何种原则构成?国际知识产权法的执法制度的发展趋向应如何保持利益平衡?

从实践层面看,国际知识产权法的执法制度必将给包括中国在内的广大发展中国家的利益产生影响。TRIPS 协定是国际知识产权法中调整范围最广、执行力最强的国际多边条约。TRIPS 协定产生之初,学者已经就其制度进行了较为广泛的研究,指出其利益不平衡的一面。但是,理论层面的看法还需要实证材料的证明。在 TRIPS 协定实施近 30 年后,TRIPS 协定对发展中国家和发达国家的利益究竟产生了何种影响?是否验证了过往的理论评价?中国是 TRIPS 协定的成员方,TRIPS 协定下的知识产权执法制度已经并将继续对中国的利益产生深远影响。作为发展中国家的一员,中国的知识产权制度建立时间相对较晚,虽然实施了知识产权国家战略,但存在知识产权多而不强的情况。为了维护我国的合法利益,加快我国知识创新,促进我国经济和社会发展,我国在 TRIPS 协定的改革中应持何种态度,提出何种应对方案?

《反假冒贸易协定》是发达国家在 21 世纪主导的专门提高知识产权执法国际标准的条约。该协定被评价为"富国俱乐部协定",产生以来就遭到多方批评。虽然《反假冒贸易协定》未能生效,但是它反映了发达国家加强国际知识产权法执法制度的具体主张。而且研究反映,《反假冒贸易协定》的制度通过《全面与进步跨太平洋伙伴关系协定》和《美墨加协定》等条约体现。2021 年 9 月 16 日,中国正式申请加入《全面与进步跨太平洋伙伴关系协定》。我国知识产权执法制度与该协定是否存有差距,该协定的知识产权执法制度对我国将造成哪些影响?

利益平衡是知识产权法的精神,也应是国际知识产权法的要求。从 TRIPS 协定和《全面与进步跨太平洋伙伴关系协定》等国际条约看,国际知识产权法的执法制度不断强化知识产权人利益保护的趋势已经呈现。如果规范分析和实证研究证明国际知识产权法的执法制度偏离了利益平衡的要求,损害了包括中国在内的广大发展中国家的利益,损害了知识使用者的利益,妨碍了知识的创新、传播和使用,其原因何在?广大发展中国家应如何加强知识使用者利益执法国际标准?理论依据是什么?加强保护的方案、路径和方法又是什么?

二、选题意义

(一) 现实意义

对国际知识产权法执法制度的研究,为我国应对欧盟的投诉,化解一些国家的压力,实现加入 CPTPP 的目标,提供理论指引。此外,对于我国合理履行 TRIPS 协定和 RCEP 等现有条约,也具有参考意义。最后,对于构建符合发展中国家及知识使用者利益的国际知识产权法执法制度具有参考意义。

本书研究知识产权执法,尤其是研究使用权执法,这对于平衡知识产权人利益和知识使用者利益,平衡发达国家和发展中国家利益,最终实现促进我国乃至全球知识创新和经济社会发展具有现实价值。

（二）理论意义

发展利益平衡理论。传统知识产权理论已经指出,利益平衡是知识产权法的基石和精神。利益平衡理论由来已久,影响深远。但是究竟怎样在执法制度中平衡知识产权人利益和知识使用者利益,平衡发达国家利益与发展中国家利益,以及两个层面利益的互动关系如何,现有研究还不清楚。本选题以利益平衡理论为指导,具体对国际知识产权法上的执法问题进行研究,探讨国际知识产权法执法制度利益平衡的价值构造、原则要求、平衡的方略及平衡的路径,能发展和丰富利益平衡理论。

拓展使用者权理论。1991 年美国学者帕特森和林德伯格较为系统地提出使用者权(Users' Right)理论,从著作权法促进学习的目的出发,论证执行使用者权的必要性。1997 年牛津大学沃尔沃教授进一步认为使用者权也是专利法和商标法等知识产权法中的固有权利,使用者权应当与所有者权一样得到公平且充分的解读,从而平衡使用者与所有者之间的利益。20 世纪 90 年代末吴汉东教授引进该理论,2022 年刘银良教授提出以"公众使用权"代替"使用者权"。不过,这些学者仅仅研究了实体层面的使用者权,还没有研究执法程序(程序层面)中的使用者权;仅仅研究了国内法上的使用者权,没有涉及国际法上的使用者权。本书将使用者权理论拓展到国际知识产权法上的执法制度。

构建均衡的国际知识产权法的执法体系。现有研究国际知识产权法执法制度的成果,仅仅关注知识产权执法,没有涉及使用者权执法,是偏颇的,是不完整的。本书在利益平衡视域下研究知识产权执法,着重研究使用者权执法,构建全面且平衡的国际知识产权法的执法制度。

三、研究现状

对国际知识产权法的执法制度研究可能始于 20 世纪 80 年代末。1989 年,美国学者 Willard Alonzo Stanback(1989)从加强知识产权人利益保护角度提出建立知识产权执法国际制度,以解决本国知识产权在国外保护不够的问题。[①] 1994 年 TRIPS 协定得以签订,规定了较为系统的知识产权执法国际规范,1995 年 1 月 1 日 TRIPS 协定生效,我国从恢复关贸总协定缔约国地位转变为申请成为 WTO 的成员。自此,国内外学者对包括知识产权执法规范在内的 TRIPS 协定进行解读和研究。我国学者认为,对我国而言 TRIPS 协定知识产权执法规则有着比实体条款更加重要的参考价值(郑成思,1995)。[②] "在世贸组织贸易体系及其执法机制和争端解决机制的约束下,实现了高水平的知识产权保护,和高效率的知识产权保护(吴汉东,2018)。"[③]Carlos M. Correa(2010)对 TRIPS 协定中的知识产权执法进行了专门的解读。[④] 西方学者称,TRIPS 协定是 20 世纪知识产权发展最有意义的基石之一,其系统的知识产权执法规则,比其宽泛的知识产权范围更加重要(Daniel Gervais,2012)。[⑤]

----

① See Willard Alonzo Stanback, "International Intellectual Property Protection: An Integrated Solution to the Inadequate Protection Problem", *Va. J. Int'l L*, No. 29 (1989), pp.517-560.

② 参见郑成思:《关贸总协定中的知识产权程序条款与我国的立法》,《中国法学》1995 年第 2 期,第 81 页。

③ 吴汉东:《中国知识产权法律变迁的基本面向》,《中国社会科学》2018 年第 8 期,第 121 页。

④ See Carlos M. Correa, *Trade Related Aspects of Intellectual Property Rights: a Commentary on the TRIPS Agreement*, Oxford: Oxford University Press, 2007.

⑤ See Daniel Gervais, *The TRIPS Agreement: Drafting History and Analysis*, England: Thomson Reuters Limited, 2012, p. 3.

2008年,《反假冒贸易协定》的国际谈判被媒体披露。该协定旨在专门提高国际知识产权法执法标准,因此引发了众多学者的关注,从而掀起研究国际知识产权法执法的第二波热潮。

2008年9月,美国表示加入《跨太平洋战略经济伙伴关系协定》并启动全面谈判,2015年10月12个缔约方达成《跨太平洋伙伴关系协定》(TPP),并于2016年2月签署。《跨太平洋伙伴关系协定》在知识产权执法方面甚至比《反假冒贸易协定》走得更远。《全面与进步跨太平洋伙伴关系协定》许多条款都沿袭了《反假冒贸易协定》(丛立先等,2020)。[1]

TRIPS协定、《反假冒贸易协定》和《跨太平洋伙伴关系协定》等条约相继强化知识产权执法,引发了学者对国际知识产权法执法制度的系统研究。赵丽(2012)的博士学位论文论证了国际多边条约调整知识产权执法的理论依据,即知识产权特殊权利属性、程序正义、国际法人本化和条约必守原则。毛金生等(2013)着重研究了《反假冒贸易协定》和《跨太平洋伙伴关系协定》的规范及可能的影响。廖丽(2015)较为系统地探讨了TRIPS-Plus知识产权执法这一国际知识产权新趋势,重点研究知识产权执法的本质、TRIPS-Plus知识产权执法的国际法根据、发展中国家的应对政策等,其主要观点为TRIPS-Plus义务是美国国内法和欧盟域内法的条约化,给协定的缔约方施加了不合理的条约义务,限制了缔约方的行动自由,损害了缔约方的主权。针对发达国家的TRIPS-Plus知识产权执法,包括中国在内的发展中国家应联合博弈。Xavier Seuba(2017)建议,建立新的知识产权执法多边规则,在更加广泛的法律制度中理解执法的系统性功能,以平衡和公正为基本原则,以人权为指南。

与前述学者仅仅研究知识产权执法制度不同,一些学者提出重视

---

[1] 参见丛立先等:《TPP/CPTPP知识产权问题研究》,中国法制出版社2020年版。

知识使用者利益的执法。李轩等（2011）提出实施知识产权限制与例外,不过他们缺少实施限制与例外的理论依据和具体设想。李轩等（2011）的主张,反映了对知识使用者利益的关注,这给了本书极大启示。

在知识产权法学领域,美国学者戈德斯坦（Goldstein,1983）提出"演绎使用者权"（"the derivative user's right"）术语。① 美国学者帕特森（Patterson）教授和林德伯格（Lindberg）（1991）明确提出"使用者权"（Users' Right）术语,并较为系统地进行了论述。帕特森和林德伯格认为,著作权法包含作者权、出版者权和使用者权三类法律规则。使用者权法是一种不成文法,它是作者权和出版者权限制的副产品。不过,这并不能隐藏使用者权法在著作权法三类规则中的重要地位。如果著作权法要履行其促进学习的政策,使用者权应该予以执行。使用者权的依据是美国宪法和著作权法。② 牛津大学沃尔沃教授（Vaver,1997）将使用者权理论从著作权法学推及整个知识产权法学。他认为著作权法和专利法下的使用者权包括自由使用和付费使用两种类型,商标法下的使用者权主要包括对姓名、地理名称和描述性词语等的使用。③ 在我国,使用者权理论得到吴汉东教授和刘银良教授等著名学者的认同和发展。使用者权具备权利的利益、自由和意志三种元素,它也符合一般民事权利的基本特征,包括主体在一定范围内的意思自由,意味着主体实现一定利益的可能性,还具有法律保障性（吴汉东,2005）。④ 刘银良教授（2020）赞同使用者权理论,但认为以权利

---

① See Paul Goldstein, "Derivative Rights and Derivative Works in Copyright", *Journal of the Copyright Society of the USA*, No. 30 (1983) , pp. 209-252.

② See L. Ray Patterson, Stanley W. Lindberg, *The Nature of Copyright: A Law of Users' Right*, Athens:University of Georgia Press, 1991, pp. 48-49, 191-222, 238-239.

③ See David Vaver, *Intellectual Property Law:Copyright, Patents, Trade-marks*, Toronto:Irwin Law Inc.,2011, pp. 215,413,549.

④ 参见吴汉东:《著作权合理使用制度研究》,中国政法大学出版社 2005 年版,第 133—141 页。

主体来规范权利导致权利边界不清等问题,建议以"公众使用权"或"使用权"代替使用者权。公众使用权具有可诉性,能够成为一种主观权利,关键在于著作权法的规定及其适用性解释,而不是权利的法律基础。① 使用者权理论在几个国家司法实践中也得到了肯定。2004 年加拿大最高法院在 CCH Canadian Ltd. v. Law Society of Upper Canada 案的判决中,援引了沃尔沃教授的学说,明确使用"使用者权"名称并给予使用者权司法保护。2013 年以色列最高法院也表达了对使用者权的认可。以色列《版权法》D 章的标题是"允许的使用"("Permitted Uses"),该章给作品规定了 11 种允许的使用类型以及一般开放性许可。在 Telran 公司诉 Charlton 公司案的判决中,齐尔伯塔尔(Zylbertal)法官说:"'允许的使用'可以被认定为积极的使用者权。"以色列最高法院在对版权法的分析中赞成齐尔伯塔尔法官这种结论。② 在国际层面,如何协调使用者利益执法,实现知识产权人利益和使用者利益平衡,实现发达国家利益和发展中国家利益平衡,需要研究。

四、研究思路与方法

(一) 研究思路

本书以利益平衡为出发点和归结点,按照提出问题、分析问题和解决问题的基本思路,研究国际知识产权法的执法制度。在具体结构中,绪论中提出利益失衡问题,第一章至第二章中探讨国际知识产权法的执法制度应有概念、利益平衡内涵、价值构造和原则要求,第三章考察国际知识产权执法制度利益失衡历史,第四章至第五章采用利益分析的方法研究 TRIPS 协定及后 TRIPS 时期的《反假冒贸易协定》《全面与进步跨太平洋伙伴关

---

① 参见刘银良:《著作权法中的公众使用权》,《中国社会科学》2020 年第 10 期。

② See Telran Communication (1986) Ltd. vs. Charlton Ltd. (Israel Supreme Court, Civil Appeal NO.5097/11,2013).

系协定》《区域全面经济伙伴关系协定》的执法制度,第六章分析执法制度利益失衡的原因,最后在第七章研究完善知识产权执法和强化使用者权执法国际规范及实现的路径。

(二) 研究方法

第一,利益分析法。利益是主体对客体的需要。在立法上需要对各种利益进行分配,在司法上还应对利益进行衡量和矫正。利益平衡是知识产权法的精神。本书就是在利益平衡的视域下,先明确国际知识产权法的执法制度相关概念,后解构和建构其体系。本书分析国际知识产权法的执法制度中各种国家之间利益的分配、衡量和矫正,同时关照国内法层面知识产权人的利益和使用者的利益。

第二,实证研究法。本书对部分成员实施 TRIPS 协定下知识产权执法制度的现实进行考察,包括了发达国家、发展中国家和最不发达国家三类成员,具体包括美国、中国、卢旺达和孟加拉等国家。实证材料主要来源于笔者调查访问所获材料、WTO 贸易政策审议机构公布的各国执法情况材料、WIPO 执法咨询委员会公布的调查材料、中国有关机构的报告以及美国国际贸易委员会发布的材料。此外,本书对 WTO 争端解决机构处理的有关案件进行分析,深入分析的案件主要包括:中国知识产权执法措施案(DS362)、美国关税法 337 节案(DS186)、欧盟及其成员国扣押转运仿制药案(DS408 和 DS409)和中国知识产权执法案(DS611)。本书对我国司法机关裁判的知识产权案件也进行了分析。

第三,比较研究法。对有关国际公约下的执法国际规范进行比较研究,主要包括《巴黎公约》、《伯尔尼公约》、TRIPS 协定、《反假冒贸易协定》、《全面与进步跨太平洋伙伴关系协定》、《区域全面经济伙伴关系协定》、《中美经贸协议》等,通过规范比较,总结制度的发展趋势,分析制度的差异。此外,还将 TRIPS 协定和《全面与进步跨太平洋伙伴关系协定》

等国际条约与中国知识产权法进行比较。

五、主要创新

学界前辈和同仁对国际知识产权法执法制度之研究为本书的研究提供了诸多启示。本书拟在以下方面实现创新。

（一）研究视角

在利益平衡的视域下，探究国际知识产权法执法制度的利益平衡内容、利益平衡价值构造、利益平衡原则要求，衡量国际知识产权法的执法制度对发达国家和发展中国家利益的影响，衡量国际知识产权法的执法制度对知识产权人和知识使用者利益的影响，并建构国际知识产权法的执法制度。

（二）研究观点

笔者认为，本书在以下方面提出了创新观点。

在概念上，国际知识产权法上执法概念应回归本义，即强制遵守知识产权法的程序与措施，既包括知识产权执法，又包括使用者权执法。该概念增加了使用者权执法。

在价值构造上，国际知识产权上的执法包括人本价值、发展价值和程序正义价值。

在原则上，国际知识产权法上的执法包括有效执法原则和适当执法原则。

在变革的理论和方案上，将使用者权理论拓展至国际知识产权法，既完善知识产权执法国际规范，更强化使用者权执法国际规范。

在路径上，采用国内先行、南南联合、民主造法等。

（三）研究方法

本书首次以利益法学为理论工具,以利益失衡为起点,坚持利益分析方法,以利益平衡为目标,把利益分析方法贯穿国际知识产权法执法制度的概念、原则、结构和建构等各个方面。

第一章　国际知识产权法的执法制度概述

第一节　国际知识产权法执法制度的内涵

一、国际知识产权法

"国际知识产权法"（International Intellectual Property Law）这个术语是世界知识产权组织（WIPO）提出的。1970 年《建立世界知识产权组织条约》生效，WIPO 成立，标志着国际知识产权法作为国际法的特殊部门正式形成。国内知识产权立法始于 15 世纪。1474 年世界上第一部专利法，即《威尼斯参议院 1474 年法令》（The Venetian Senate's 1474 Act，人称"威尼斯专利法"）通过。1710 年世界第一部版权法，即英国的《为鼓励知识创作授予作者及购买者就其已印刷成册的图书在一定时期内之权利的法》（简称《安妮法》）通过。1857 年世界上第一部现代意义的商标法，即法国《关于以使用原则和不审查原则为内容的制造标记和商标的法律》通过。世界各国纷纷仿效威尼斯、英国和法国，在国内建立了知识产权法律制度。为了使本国的专利技术、作品和商标在国外得到保护，从 19 世纪开始各国进行知识产权保护的国际协调。首先是双边协调。1843 年意大利分别与奥地利、法国签订了保护版权的双边协定。1846 年英国与普鲁士签订了保护版权的双边协定。然后是多边协调。1883 年《巴黎公约》通过,并成立巴黎联盟,开启知识产权国际多边协调的先河。1886 年《伯尔尼公约》通过,并成立伯尔尼联盟。巴黎联盟和伯尔尼联盟的国际局接受瑞士联邦政府监督,秘书长由瑞士联邦委员会任命,因此还不是真正的国际组织。之后成立的联合国际局(BIRPI)也不是以国际法为依据建立的。1970 年,WIPO 成立,并管理上十个知识产权条约,包括:《巴黎公约》、《伯尔尼公约》、《商标国际注册马德里协定》(1891 年缔结)、《商标注册用商品和服务国际分类尼斯协定》(1957 年缔结)、《专利合作条约》(1970 年缔结)等。WIPO 管理的条约囊括工业产权和文学产权,既有实体条约又有国际注册与分类条约,从而标志着国际知识产权法这一国际法分支形成。

1995 年生效的 TRIPS 协定使国际知识产权法进入一个新的阶段。它在 WIPO 管理的《巴黎公约》、《伯尔尼公约》、《保护表演者、录音制品制作者与广播组织公约》(以下简称《罗马公约》)和《关于集成电路的知识产权条约》基础上,构建了单一的国际知识产权体系。一是有单一的管理机制,即在 WIPO 外另行建立 WTO,管理 TRIPS 协定。二是单一的条约体系,即一个条约对版权及相关权、专利权、工业品外观设计权、商标权、地理标志权、集成电路布图设计权、商业秘密权和反不正当竞争进行国际协调,既协调实体规则又协调执法的程序规则。TRIPS 协定将碎片化的国际知识产权规范整合成系统的国际知识产权法律制度。三是更高水平的保护,即在《巴黎公约》和《伯尔尼公约》等国际公约的基础上提高知识产权国际保护水平。四是更强有力的实施制度,即通过争端解决和贸易政策评审等机制促使各个成员方实施 TRIPS 协定。

国际知识产权法成为一个新的特殊国际法部门这一论断,在我国最早是 2000 年由古祖雪教授提出的。① 2002 年,古教授的专著《国际知识产权法》较为系统地论述了这一法律部门的社会基础及条约体系等。② 如今,国际知识产权法这一名称已经得到万鄂湘、刘亚军、薛虹、王肃和徐红菊等人的广泛使用。③ 在国外,国际知识产权法这一名称也得到广泛使用。④

　　"国际知识产权法,是以国际条约为主要渊源、国际组织为合作形式,用以协调各国知识产权制度,促进各国在知识产权领域进行多边合作的法律制度。"⑤它以国际知识产权条约为主要渊源,以 WIPO 与 WTO 为主要国际合作法律形式的国际法律秩序。它所协调的是各国知识产权法律制度。该处的知识产权及知识产权法律都是从广义角度来说的。知识产权是人们对智力创造成果、工商业标记和信誉等知识财产享有的权利。《建立世界知识产权组织公约》第 2 条规定,知识产权包括有关下列项目的权利:文学艺术和科学作品,表演艺术家、录音和广播的演出,在人类一切活动领域内的发明,科学发现,外形设计,商标服务标记、商号名称和牌号,制止不正当竞争,以及在工业、科学、文学或艺术领域内其他一切来自知识活动的权利。该公约是在广义上使用知识产权。狭义的知识产权仅仅指版权和相关权、专利权与商标权等原权利,反不正当竞争是救济权。狭义知识产权与反不正当竞争有原权利与救济权利之分。广义的知识产权法律制度是涵盖知识产权运行全范围和全流程的统一的法律。反不正当竞争

---

　　① 古祖雪:《国际知识产权法:一个新的特殊国际法部门》,《法学评论》2000 年第 3 期。

　　② 古祖雪:《国际知识产权法》,法律出版社 2002 年版。

　　③ 万鄂湘主编:《国际知识产权法》,湖北人民出版社 2001 年版。刘亚军编著:《国际知识产权法专题研究》,吉林人民出版社 2006 年版。刘亚军编著:《国际知识产权法专题研究》,吉林人民出版社 2006 年版。薛虹:《十字路口的国际知识产权法》,法律出版社 2012 年版。王肃、李尊然主编:《国际知识产权法》,武汉大学出版社 2012 年版。徐红菊:《国际知识产权法学:条文释义、理论与案例》,知识产权出版社 2021 年版。

　　④ 〔美〕弗雷德里克·M.阿伯特等:《世界经济一体化进程中的国际知识产权法》,王清译,商务印书馆 2014 年版。〔新西兰〕苏茜·弗兰克尔:《国际知识产权法》,肖尤丹等译,知识产权出版社 2022 年版。

　　⑤ 参见古祖雪:《国际知识产权法》,法律出版社 2002 年版,第 3 页。

法是知识产权法律体系的构成部分,狭义知识产权法与反不正当竞争法相辅相成,反不正当竞争具有为知识产权提供补充保护的功能。反垄断法保护自由竞争,反对垄断。知识产权法保护独占使用,承认合法垄断。现代,知识产权法与反垄断法出现了结合与平衡的趋势。知识产权法与反垄断法两者具有内在的统一性,有共同的政策目标和互补的调整功能。它们的共同目标是促进创新和改善消费者福利。反垄断法对知识产权法的互补体现在对权利滥用行为的规制。① 反垄断法规制的知识产权滥用行为主要有垄断价格、搭售、独占性回售、拒绝许可等。根据国际知识产权法协调的知识产权类型,可以将其分为国际专利法、国际版权法、国际商标法和国际竞争法等。

之所以称其为一个国际法部门,是因为以国际知识产权条约为主要渊源的法律体系已经形成,该法律体系的各种法律规范适用于国际社会的空间越来越广泛,普遍性程度越来越高。WIPO 和 WTO 等国际组织为国际知识产权法的形成、适用和执行提供可以依附的常设机构。其中,主权国家是国际知识产权法的基本主体,各国知识产权制度是其客体。依其法律规范的性质,国际知识产权法由国际组织规范、实体协调规范、程序合作规范和争端解决规范四种法律规范构成。国际组织规范主要有《建立世界知识产权组织公约》和《建立世界贸易组织协定》。实体协调规范较多,如《巴黎公约》《伯尔尼公约》和 TRIPS 协定。实体协调规范包括知识产权国际保护的原则与标准,涉及知识产权的主体、客体、权利内容、权利保护及其限制等。程序合作规范,典型的有《商标国际注册马德里协定》《专利合作条约》《商标注册用商品和服务国际分类尼斯协定》等。执法规范,在本质上也属于程序规范(后文详论)。争端解决规范,例如 WTO 的《关于争端解决规则与程序的谅解》。

---

① 参见吴汉东:《知识产权法》,法律出版社 2021 年版,第 71—88 页。

与国际知识产权法这一名称相关的是知识产权的国际保护。前者是从法的部门或者法律规范视角来讲的,与之相对的是(国内)知识产权法。后者是从知识产权的保护方式或者层次视角来讲的,与之相对的是知识产权的国内保护。有观点认为:"现代意义的知识产权国际保护,是指一国缔结或参加多边公约或者双边条约,以国内法在不违反国际公约所规定最低限度的情况下保护他国的知识产权,除了在非洲法域国家、北美自由贸易区及欧盟国家,也不意味着以国际条约取代或覆盖国内法。"①该观点将知识产权的国际保护理解为以国内法保护他国知识产权,是偏颇的。知识产权的国际保护,只是通过国际条约对各国国内知识产权法的立法、执法和司法进行国际协调,设定最低保护标准,而不是以国内法保护他国产权。另外,该观点还将知识产权和知识产权的客体混淆了,知识产权存在地域性,一国是根据本国法保护他国企业和个人的技术、商标及作品等知识产品,不是对他国产生的知识产权进行保护。

二、执法

(一) 国际知识产权法上的执法内涵

TRIPS 协定第三部分以"知识产权执法"为标题,并规定知识产权执法的一般义务、民事程序、行政程序和刑事程序,不过它没有界定执法。对于 TRIPS 协定中的执法,郑成思先生曾解释,"enforcement"既有知识产权人行使自己权利,以禁止他人非法利用的含义,也有主管当局依法保护知识产权,以制止非权利人的非法利用的含义。② 柯莱亚认为 TRIPS 协定上的知识产权执法措施是用来制止任何侵犯知识产权的措施。③ 张伟君教

---

① 杨帆:《知识产权的国际保护》,中国人民大学出版社 2020 年版,第 9 页。
② 参见郑成思:《WTO 知识产权协议逐条讲解》,中国方正出版社 2001 年版,第 148 页。
③ See Carlos M. Correa, *Trade Related Aspects of Intellectual Property Rights: a Commentary on the TRIPS Agreement*, Oxford:Oxford University Press,2007,p. 411.

授也认为,知识产权执法"是指通过包括民事、行政、刑事等各种救济程序和执法措施来保护和实现知识产权"①。这些对执法的解释与 TRIPS 协定第三部分的规定是相符的,即限于知识产权执法。TRIPS 协定第三部分第41.1 条②规定了知识产权执法的目的及种类,其目的是采用有效措施制止任何侵犯本协议所包含的知识产权的行为,其种类分为及时地防止侵权的救济以及阻止进一步侵权的救济。

《跨太平洋伙伴关系协定》与《区域全面经济伙伴关系协定》是后TRIPS 协定时期两个影响力最大的协调知识产权的区域性国际条约。这两个条约还承袭了 TRIPS 协定关于知识产权执法的内涵。《跨太平洋伙伴关系协定》第18.71 条和《区域全面经济伙伴关系协定》第58 条也是将执法限定为对侵犯知识产权的行为采取的行动。

(二) 对国际知识产权法上执法概念的质疑

鲁斯汗较早发现 TRIPS 协定上执法内涵的缺陷。他指出,需要充分理解执法这个概念,它不仅涉及权利人实施授予权利的方式,也涉及知识产权限制和例外条款的执行,以及维护知识产权保护范围和要求的各种方式。知识产权人从知识产权保护所授予的独占权中受益,从而获得知识产权执法的这些利益。而使用者经常能够从知识产权保护的某些例外条款中获益,执行这些条款会产生特定利益。因此他们可以采取反对将例外条款断章取义,或者阻止运用版权例外条款的技术保护措施。③ 苏巴说,知

---

① 参见〔法〕乔治·卡明等:《荷兰、英国、德国民事诉讼中的知识产权执法》,张伟君译,商务印书馆 2014 年版,第 16 页。
② 第 41 条 1. 成员应保证本部分所规定的执法程序依照其国内法可以行之有效,以便能够采用有效措施制止任何侵犯本协议所包含的知识产权的行为,包括及时地防止侵权的救济,以及阻止进一步侵权的救济。这些程序的应用方式应避免造成合法贸易的障碍,同时应能够为防止有关程序的滥用提供保障。
③ 参见〔英〕翰宁·格罗斯·鲁斯汗:《重新界定利益相关者的职责:独占权之外的知识产权实施》,载李轩等主编:《知识产权实施:国际视角》,知识产权出版社 2011 年版,第 33 页以下。

识产权执法仅仅涉及实施知识产权人的权利,然而知识产权法授予知识产权的同时伴随限制,这种限制在某种情形下可以视为潜在侵权者的权利或者一般公众的权利。虽然新的国际条约不断强化知识产权人的地位,它们很少规定保护被诉侵权人或者消费者利益。我们忽视了多数时候在国内法上有政策和规则空间发展致力于平衡权利人和竞争者的执法条款。①

探究"enforcement"或者"执法"的本义,可知 TRIPS 协定等知识产权条约对执法的规定过于狭窄。《布莱克法律辞典》对"enforcement"的解释是:"强制遵守法律、指令、刺令、法令或协议的行为或程序。"②简单来说,在西方"enforcement"就是强制遵守法律的行为或者程序。在汉语中,《现代汉语词典》解释"执法"是"执行法令、法律"的意思。③《中华法学大辞典》解释,"执法"是执行法律的命令,是实现法的形式,包括:(1)法的适用;(2)国家机关及其工作人员依法行使职权的日常管理活动。④ 以上解释反映"enforcement"和"执法"具有共同的含义,即强制遵守法律的行为或者程序。因此,国际知识产权法上协调的执法应当是强制遵守知识产权法律的行为或者程序。

(三) 执法包括知识产权执法与使用者利益执法

知识产权法对知识产权人和使用者的利益进行分配,分为保护知识产权人利益的法律和保护使用者利益的法律两个方面,执法就可分为强制遵守保护知识产权人利益的法律和强制遵守保护使用者利益的法律。

---

① See Xavier Seuba, *The Global Regime for the Enforcement of Intellectual Property Rights*, Cambridge:Cambridge University Press, 2017, pp. 22-23.

② "enforcement, n. (15c) The act or process of compelling compliance with a law, mandate, command, decree, or agreement." See Bryan A . Garner, *Black's Law Dictionary*, Thomson Reuters, 2009, p. 608.

③ 中国社会科学院与研究所词典编辑室:《现代汉语词典》,商务印书馆 2005 年版,第1747 页。

④ 参见孙国华:《中华法学大辞典·法理学卷》,中国检察出版社 1997 年版,第514 页。

TRIPS 协定第三部分以"知识产权执法"为标题。TRIPS 协定第三部分第
41 条规定了知识产权执法的性质和种类,其性质是制止侵犯知识产权的
行为,种类包括及时防止侵权的救济以及阻止进一步侵权的救济。依据
《维也纳条约法公约》第31 条的解释惯例,结合 TRIPS 协定第41.1 条第一
句,第41.1 条第二句的主语,"这些程序(These procedures)",是指代第一
句中"本部分规定的执法程序",而这些程序的性质都是制止侵犯知识产
权的行为,相应的措施包括及时防止侵权的救济以及阻止进一步侵权的救
济两种类型。在欧盟保护农产品和食品的商标与地理标志案中专家组解
释,TRIPS 协定第三部分的义务是适用于侵犯包括地理标志在内知识产权
的行为。① 在沙特阿拉伯知识产权保护措施案中专家组也解释,TRIPS 协
定第41.1 条是要求成员针对侵犯知识产权的行为采取有效措施。② 由此
可见,TRIPS 协定上的知识产权执法措施,包括禁令和临时措施等,都是为
制止侵犯知识产权的行为,是为知识产权人的利益而执法。《跨太平洋伙
伴关系协定》第18 章 I 节的标题是"执法"(enforcement),而不是与 TRIPS
协定一样用"知识产权执法"。虽然在具体规则上《跨太平洋伙伴关系协
定》与 TRIPS 协定一样还是局限于知识产权执法,但是它至少在形式上可
以涵盖使用者利益执法,从而在国际知识产权法上为执法概念的回归提供
了形式基础。

英国"专利法"上的执法包括"侵权"(infringement)救济、"不当威胁"
(unjustified threats)、"宣告不侵权"(Declaration or declarator as to non-in-
fringement)和"撤销专利权"(revocation of patents)等。其中,侵权救济是
为知识产权人利益设定的救济。不当威胁、宣告不侵权和撤销专利权,是
为使用者利益设定的救济。保护使用者利益的法律广泛分布在专门知识

---

① See WTO, European Communities-Protection of Trademarks and Geographical Indications for
Agricultural Products and Foodstuffs,*WT/DS174/R*,15 March 2005, p.163.

② See WTO, Saudi Arabia-Measures Concerning the Protection of Intellectual Property Rights,
WT/DS567/R, 16 June 2020, pp.103-104.

产权法、反垄断法和诉讼法等法律中。传统的使用者利益执法就主要是强制执行知识产权的限制和反垄断法律。因标准化组织的政策及专利权人的承诺,标准必要专利的使用者,作为受益第三人,有权按 FRAND 条件使用被纳入标准的专利技术。法院在标准必要专利纠纷中为使用者颁发禁诉令,是强制专利权人遵守保护使用者利益的法律,是使用者利益执法的新形式。

国际知识产权法是协调各个国家之间知识产权关系的法律规范。近年来,欧盟成员国与中美之间的标准必要专利禁诉令冲突激化。国际知识产权法理应予以协调。国际知识产权法上的执法概念,应回归为强制遵守知识产权法律的行为或者程序,包括知识产权执法和使用者利益执法两个方面。国际知识产权法应协调各国知识产权执法和使用者利益执法程序及措施。按照使用者权理论,使用者利益可称为使用者权,使用者利益执法可称为使用者权执法(详见第七章第二节)。

(四) 执法的主体

《布莱克法律辞典》对"enforcement"和我国《现代汉语词典》对"执法"的解释,都没有限定主体,理论上也不局限于行政机关和司法机关。《中华法学大辞典》将执法的主体明确为行政机关和司法机关,国际知识产权法上的执法主体就是知识产权行政主管机关和司法机关。

企业能否成为执法的主体呢?《反假冒贸易协定》第 27 条和《跨太平洋伙伴关系协定》第 18.82 条规定,网络服务提供者作为中介,承担制止网络用户侵犯知识产权行为的义务。这两个条约都没有生效,暂时替代《跨太平洋伙伴关系协定》的《全面与进步跨太平洋伙伴关系协定》(CPTPP)将第 18.82 条冻结了,但是反映了一些国家在国际条约上规定网络服务提供者义务的倾向。网络服务提供者的义务,在美国《千禧年版权法》及我国《民法典》等法律上都有规定。从行为性质看,网络服务提供者采取删除侵权信息和断开网络链接等必要措施是民事法律下的义务,而不是履行公权力的执法行为。不过,也有观点认为网络服务提供者具有"准执法"的身份,即在网络用户侵犯他人知识产权的情况下,由网络服务提供者根据法律的授权,删除侵权信息或者断开侵权信息的链接。网络服务提供者的这种行为不以网络用户的同意为条件,也带有强制性。也有学者将网络服务提供者的这种行为称为"私人执法"①。这说明,在网络时代,执法的主体从公权力机关,发展到涵盖网络服务提供者这种私人主体。

权利人能否成为执法的主体? 按照德国判例法,向嫌疑侵权人发送警告函的权利人,扮演了一个紧急代理人的角色,因为权利人是在通知收件人违反了其所应履行的法律义务。在此情形下,权利人是国家机关的代理人,履行执法权力。② 英美法上的"enforcement"的确有权利人行使权利禁止他人非法利用的含义,也就是说权利人也是"enforcement"的主体之一。不过,本书认为执法具有强制性,权利人发送的警告函不具有强制性,因此权利人发送警告函不属于执法,权利人不是执法的主体。权利人发送警告函仅仅是自力救济行为。

(五) 执法的客体

执法的客体主要是国内知识产权法。当前,法国和俄罗斯等国制订了知识产权法典,但是大多数国家仅仅制订了单行法,比如我国的《著作权法》《专利法》《商标法》《反不正当竞争法》《反垄断法》等。《反不正当竞争法》《反垄断法》统称竞争法,是广义知识产权法的组成部分,是狭义知识产权法的有益补充。本书在广义上使用知识产权法。在本书,执法的客

---

① 参见焦和平:《算法私人执法对版权公共领域的侵蚀及其应对》,《法商研究》2023 年第 1 期。

② 参见[法]乔治·卡明等:《荷兰、英国、德国民事诉讼中的知识产权执法》,张伟君译,商务印书馆 2014 年版,第 331—332 页。

体不包括国际知识产权条约及惯例等国际知识产权法。对于国际知识产权法,国家往往是通过转化为国内法的方式实施,国际知识产权法并不直接为知识产权人及使用者设定权利和义务。少数国家将国际知识产权法纳入国内法,此时执法的客体就既包括国内知识产权法,又包括国际知识产权法。执法的客体不是侵权行为人。在主体和客体的二元结构中,人是主体,物是客体,侵权行为人不是物,也就不是客体。本书借用行政法上的称谓,将侵权行为人称为执法的相对人,以与执法主体相区别。

（六）执法的类型

根据保护对象的不同,执法可分为知识产权执法和使用者利益执法。知识产权执法是保护知识产权的活动,使用者利益执法是保护使用者利益的活动。根据制裁的对象不同,执法可分为制裁侵犯知识产权的行为和制裁侵犯使用者利益的行为,后者主要是制裁滥用知识产权的行为。根据执法主体不同,执法可分为公力执法、社会执法与私人执法,公力执法是国家机关的执法,社会执法是由社会机构,主要是仲裁机构执法,私人执法主要是网络服务提供者执法,社会执法和私人执法需要有法律的授权。公力执法又分为知识产权行政机关的执法和知识产权司法机关的执法。按照法律部门分,执法可分为民事程序与措施、行政程序与措施、刑事程序与措施。民事程序与措施,是法院对平等主体之间因知识产权产生的纠纷进行审理,追究违法者民事法律责任的程序与措施,其责任形式主要是损害赔偿和停止侵害等。行政程序与措施,是知识产权行政管理部门对违反知识产权法的行为进行处理,责令违法者承担停止侵害、罚款,销毁侵权产品及主要工具,就损害赔偿额进行调解等。刑事程序与措施,是国家司法机关追究严重违反知识产权法的罪犯刑事法律责任的程序与措施。TRIPS 协定第三部分还规定了边境措施和临时措施。其中边境措施在本质上属于行政措施,只不过因边境在扣留和销毁假货中有重要作用,美欧倡导将其单独列举出来。临时措施在民事和行政程序中都可能采用。

关于知识产权行政执法,TRIPS 协定第 49 条所指的行政程序其实限于行政调处,不包括行政处罚和授权确权,因为该条规定是由行政程序确认是非并责令民事救济。知识产权行政调处,是知识产权行政主管部门根据申请对知识产权侵权行为进行调解和处理的活动,其性质属于行政司法或者行政裁决。不过,它的范围也在延伸。《中国加入工作报告书》(WT/ACC/CHN/49)将其扩展包括行政处罚。第 297—299 段反映,工作组及中国代表将行政处罚作为 TRIPS 协定下的行政程序和救济,一些成员关注中国行政处罚较轻,中国代表确认政府将采取更有效的行政处罚措施。① 之所以会扩展至行政处罚,其原因可能是美欧成员采取轻刑化措施制裁较严重的知识产权侵权行为,而我国当时大多通过行政方式。《中美经贸协议》将其提前到商标注册阶段。②

（七）执法与相关概念的区别

执法的外延小于保护。在国际知识产权法上,执法只是保护(protection)的一个方面。对于知识产权保护,TRIPS 协定注释 3 作了说明:"'保护'应既包括影响知识产权的效力、取得、范围、维持和执法的事项,又包括 TRIPS 协定专门处理的影响知识产权使用事项。"由此看来,TRIPS 协定使用了非常宽泛的保护概念,知识产权执法只是知识产权保护中的一个方面,不同于知识产权保护中的知识产权的取得、维持和使用。知识产权授权、确权虽然是由知识产权行政主管部门作出,但是不属于知识产权执法。TRIPS 协定中的知识产权保护与我国《国家知识产权战略纲要》中的知识

---

① 参见石广生:《中国加入 WTO 法律文件》,人民出版社 2011 年版,第 302 页。
② 第 1.24 条约定:"为加强商标保护,双方应确保商标权充分和有效的保护和执法,特别是打击恶意商标注册行为。"

产权保护不完全相同。《国家知识产权战略纲要》包括知识产权创造、运用、保护、管理和服务五大环节,运用是独立于保护的环节,但 TRIPS 协定把知识产权使用(运用)也纳入知识产权保护内容中。

执法的外延小于权利行使。权利行使有三种不同途径:一是权利人自己行使知识产权法所赋予权利人的各项专有权利,如专利权人使用专利技术,制造销售专利产品;二是许可或转让权利,如许可他人使用其注册商标;三是制止侵犯权利的行为。前两种是直接实现权利的方式,第三种是间接实现权利的方式。[①] 执法是权利行使的第三种途径。

三、国际知识产权法的执法制度

(一) 国际知识产权法执法制度的概念

"制度是一个社会的游戏规则,更规范地说,它们是为决定人们的相互关系而人为设定的一些制约。"[②]国际知识产权法执法制度是国际知识产权法律制度的一个部分。国际知识产权法以各国知识产权制度的国际协调为目的,国际知识产权法的执法制度以协调各国知识产权法的执法制度为目的。国际知识产权法执法制度在本质上并不是凌驾于国家主权之上的国际组织的执法,而是协调和统一各个国家内部知识产权法的执法程序与措施的国际标准。[③] 聂建强教授认为执法制度由执法原则、执法标准及履行保障三部分构成。[④] 从系统论讲,制度是实现目标的规范和组织的统一体。执法原则和执法标准可以统称为执法规范,履行保障主要是组织

---

① 参见陶鑫良、单晓光:《知识产权法总论》,知识产权出版社 2004 年版,第 192—193 页。

② [美]道格拉斯·C.诺斯:《制度、制度变迁与经济绩效》,刘守英译,生活·读书·新知三联书店 1994 年版,第 3 页。

③ 参见毛金生等:《国际知识产权执法新动态研究》,知识产权出版社 2013 年版,第 4 页。

④ 关于 WTO 法下综合的知识产权执法制度,参见 Nie Jianqiang, "Several New issues relating to the enforcement of the enforcement provisions of the TRIPS Agreement under the WTO System",《武大国际法评论》2006 年第 2 期。

规范。所以,国际知识产权法执法制度可以界定为在国际上协调各国知识产权法执法制度的规范和组织的统一体。

(二) 国际知识产权法的执法规范

1. 国际知识产权法执法规范的构成

国际知识产权法执法规范,是协调各国知识产权法执法规范的原则和规则的总称。执法原则主要包括有效执法原则和适当执法原则。目前,执法规则主要由 TRIPS 协定第三部分规定的一般义务和民事、行政及刑事执法程序与措施,《区域全面经济伙伴关系协定》《全面与进步跨太平洋伙伴关系协定》中也包含执法规范。此外,人本价值、发展价值和程序正义价值是执法制度利益平衡的价值构造。

从法律渊源类型看,尽管从理论上说,国际知识产权法包括国际条约、国际习惯、一般法律原则等渊源。实际上,国际条约才是国际知识产权法最主要的形式。[①] 相应地,国际知识产权法的执法制度主要以国际条约为法律渊源。TRIPS 协定就是国际知识产权法的执法制度的主要渊源。TRIPS 协定第三部分以"知识产权执法"为标题,是详细规范知识产权执法的国际规范,包括五节,共 21 条(第 41—61 条),在 TRIPS 协定总共 73 条中占 28.8%。这些条款分别规定了知识产权执法的一般义务;民事与行政程序与救济;临时措施;有关边境措施的专门要求;刑事程序。它要求成员方为知识产权人提供上述各类救济程序和措施。《区域全面经济伙伴关系协定》《全面与进步跨太平洋伙伴关系协定》是国际知识产权法执法制度在后 TRIPS 时期新的渊源。

根据协调的对象不同,国际知识产权执法规范可以分为协调保护知识产权人利益的执法规范和协调保护使用者利益的执法规范。现行国际条

---

① 参见古祖雪:《国际知识产权法》,法律出版社 2002 年版,第 1—6 页。

约中,基本是协调保护知识产权人利益的执法规范。例如,TRIPS 协定第三部分就是以"知识产权执法"为标题,明确了第三部分作为协调知识产权人利益的执法规范。当然,TRIPS 协定第三部分有少量条款防止滥用知识产权的行为。第 41 条第 1 款最后一句要求,执法程序应避免阻碍合法贸易,防止有关程序被滥用。第 48 条规定知识产权人滥用执法程序的,应赔偿被告的损失,包括赔偿被告的律师费等开支。第 53 条规定主管当局应有权要求申请边境措施的申请人提供保证金或相当的担保,其目的是防止申请人滥用权利。第 56 条规定了申请人对进口人及商品所有人的赔偿。对限制竞争行为的控制,TRIPS 协定在第二部分第 8 节作了柔性的规定,没有在第三部分(知识产权执法)中规范。

2.国际知识产权法执法规范的性质

我国学者一般将国际知识产权法执法规范归类为实体性国际规范。[①]但是,本书认为,国际知识产权执法规范,以程序法为主,以实体法为次。18 世纪边沁创造出程序法的概念,以与实体法区分。实体法是以规定和确认权利、义务、职权、责任为主要内容的法律。程序法是以规定权利和职权得以实现或者行使,义务和责任得以履行的方法与步骤为主要内容的法律。TRIPS 协定第三部分规定了民事、行政和刑事程序及措施,其中程序可分为民事、行政和刑事程序,包括第 42 条(公平合理程序)、第 43 条(证据的提供)、第 49 条(行政程序)、第 51 条(边境措施的申请)、第 54 条(中止放行通知)等。措施可分为中间措施和最终措施,中间措施包括第 50 条(临时措施)和第 51 条(海关当局中止放行)等,最终措施包括第 44 条(禁令)、第 45 条(损害赔偿)、第 46 条(其他救济)、第 48 条(对被告的赔偿)、第 61 条(刑事程序,该条虽然名义上属于刑事程序,实质上仅仅规定了刑事责任)等。执法程序和中间措施都是程序法规定的内容,仅仅损害赔

---

① 参见古祖雪:《国际知识产权法》,法律出版社 2002 年版,第 218—226 页;徐红菊:《国际知识产权法学:条文释义、理论与案例》,知识产权出版社 2021 年版,第 20、310—345 页。

偿、其他救济和刑事责任是实体法规定的内容。由此可见,执法规范包括程序规范和实体规范,其中主要是程序规范。因此,传统观点将国际知识产权法执法规范归类为实体性规范,显然未考虑到执法规范中包含大量程序性规范。

(三) 国际知识产权法的实施组织

国际知识产权法的实施组织,是强制各国实施国际知识产权法执法规范的组织,主要有 WIPO 和 WTO。它不是指国内的执法组织。WIPO 管理 20 多个国际条约,其中《巴黎公约》《伯尔尼公约》等条约涉及执法,但是没有设定强制性执法规范。《巴黎公约》第 28 条规定,联盟缔约国在适用该公约时有争议不能协商解决的,可以依据协议提交国际法院裁判。《伯尔尼公约》第 33 条作了相同的规定。但是,实际上接受国际法院强制管辖的国家极少。因此,国际法院及 WIPO 国际局在解决缔约国执法争议上难有作为。

WTO 通过争端解决机构和贸易政策评审机构督促各成员实施 TRIPS 协定的执法规范,是 WTO 的实施机构。截至 2022 年底,援引 TRIPS 协定知识产权执法规则的案件共 18 个。① 从解决结果看,8 起和解解决,3 起裁定被诉方败诉且已经执行完毕,4 起还在磋商中,1 起尚在执行上诉机构报告,1 起撤回,1 起专家组授权失效。以上数据反映,WTO 争端解决机构较有效地促使成员方履行执法义务。WTO 的贸易政策评审机构定期对有关成员包括知识产权制度在内的经济体制、贸易政策措施进行评审,督促被评审成员履行 TRIPS 协定上的义务。

---

① 这 18 个案件编号是: DS28、DS82、DS83、DS86、DS115、DS124、DS125、DS174、DS176、DS186、DS196、DS290、DS362、DS408、DS409、DS526、DS567、DS611。

第二节 执法制度与授权制度的关系

泽维尔说,知识产权执法规范是"侵犯权利的救济条款",与"创造权利的条款"相区别。① 本书以授权制度称泽维尔的创造权利的制度,因为知识产权其实不是自然权利,创造行为是权利的基础,国家的授权才是知识产权的依据。知识产权的取得、分类及内容规范构成知识产权的授权制度。知识产权的执法制度是知识产权的救济制度。知识产权执法制度与知识产权授权制度在知识产权法的发展中是如何展开的,两者有什么关联? 这是本节要回答的问题。

一、国际知识产权法的授权制度

《巴黎公约》和《伯尔尼公约》是国际知识产权法上两个基础性条约,它们构建了国际知识产权法基础性授权制度。保护工业产权的《巴黎公约》体系,包括《巴黎公约》这一基础性条约和后续缔结的众多专门性条约。《巴黎公约》缔结于 1883 年,1884 年生效,进行过六次修订,截至 2019 年 2 月有 177 个缔约国。《巴黎公约》规定了工业产权的范围,保护对象有专利、实用新型、工业品外观设计、商标、服务标记、厂商名称、货源标记或原产地名称,和制止不正当竞争。设定了国民待遇原则、优先权原则和独立性原则,规定了工业产品的共同规则。《巴黎公约》体系下的专门性条约包括《国际植物新品种保护公约》《关于集成电路的知识产权条约》《关于制止产品虚假或者欺骗性产地名称马德里协定》《保护奥林匹克标志的内罗毕条约》等。《国际植物新品种保护公约》1961 年签订,1968 年生效,建立了协调植物新品种保护国际标准。《关于集成电路的知识产权条约》

① See Xavier Seuba, *The Global Regime for the Enforcement of Intellectual Property Rights*, Cambridge:Cambridge University Press, 2017, p.17.

于 1989 年在华盛顿缔结,旨在填补集成电路布图设计国际保护的空白,至今未生效,不过被纳入 TRIPS 协定而在 1995 年发生效力。

《伯尔尼公约》在 1886 年签订,1887 年生效,进行了八次修订,截至 2019 年 2 月有 176 个成员国。该公约设定了国民待遇原则、自动保护原则和独立性原则,对文学艺术作品、演绎作品以及实用艺术作品和工业品外观设计进行保护。20 世纪 80 年代,世界知识产权组织的部分成员国(主要是发达国家)提出修订该公约,公约修订的方案以提高版权保护水平为核心,如增加版权客体、增加版权权利项目、强化合理使用的限制、取消某些强制许可等,但遭到发展中国家的反对。① 1996 年 WIPO 通过《世界知识产权组织版权条约》和《世界知识产权组织表演和录音制品条约》(均于 2002 年生效),实体标准不仅高于《伯尔尼公约》,甚至大大高于 TRIPS 协定。相对《伯尔尼公约》,这两个互联网条约增加了计算机程序、数据库等客体,增加了表演者、录音制品制作者等主体,增加了发行权、出租权、向公众传播权、技术保护权等权利项目,限制了合理使用的范围,延长摄影作品的保护期至 50 年。此外,1961 年在罗马缔结了《罗马公约》,1971 年在日内瓦缔结了《保护录音制品制作者防止未经许可复制其制品公约》,1974 年在布鲁塞尔缔结了《关于播送由人造卫星传播的载有节目信号公约》。

1994 年达成的 TRIPS 协定对知识产权的保护进行全面的、高标准的和强有力的国际协调。其全面性体现在对工业产权和文学产权一体进行协调。其高标准体现在相对《巴黎公约》《伯尔尼公约》《关于集成电路的知识产权条约》和《罗马公约》为知识产权设定了更高的权利标准。其强有力体现在有 WTO 争端解决机构督促成员方履行保护知识产权的义务。

2015 年 10 月,新西兰、美国和日本等 12 个缔约方达成《跨太平洋伙伴关系协定》,于 2016 年 2 月签署。但是,美国国内反对意见大,奥巴马任

① 参见古祖雪:《国际知识产权法》,法律出版社 2002 年版,第 86—87 页。

期未能批准。特朗普任职当天就宣布退出《跨太平洋伙伴关系协定》。在日本的推动下,2018 年 3 月 8 日,《跨太平洋伙伴关系协定》11 个缔约方签订了替代性协定——《全面与进步跨太平洋伙伴关系协定》,该协定在2018 年 12 月 30 日生效。《全面与进步跨太平洋伙伴关系协定》以《跨太平洋伙伴关系协定》为基础,暂停适用特定条款,以迅速实现《跨太平洋伙伴关系协定》的利益和战略经济意义。《跨太平洋伙伴关系协定》相对TRIPS 协定在多个方面设定了更高的实体标准。[1]　第一,扩张了知识产权客体范围。对已知产品的新用途、新的使用方法、新的使用工艺中至少一种予以专利保护;对局部外观设计予以工业品外观设计保护;取消可视性作为注册商标的条件,要求注册声音商标并尽可能注册气味商标。第二,扩大了知识产权范围。对未注册驰名商标实行跨类保护,扩张复制权的控制范围,加强技术保护措施和权利管理信息的保护,对未公开数据进行更加详细和有力的保护。第三,延长知识产权的保护期。将版权、表演者权和录音制品制作者权的保护期延长了 20 年。将注册商标权的保护期延长了三年。增设医药产品专利期限补偿制度。《跨太平洋伙伴关系协定》全面超越 TRIPS 协定,这些追加义务几乎全部源自美国知识产权立法和实践。[2]

二、从授权制度到执法制度

在 GATT 东京回合(1973—1979)前,知识产权基本被视为自由贸易可接受的障碍。然而,实现高标准的知识产权实体权利,还有赖于严格的执法。执法程序的拖延及不公,执法措施的欠缺及软弱,必然阻碍实体权利的救济。受代表跨国公司利益的 12 人组成的知识产权委员会等团体的推

---

① 参见李洁琼:《TPP 知识产权规则与中国的选择》,《政法论坛》2017 年第 5 期。

② 参见张乃根:《试析 TPP 知识产权条款的 TRIPS 追加义务》,《海关与经贸研究》2016 年第 4 期。

动,美国和欧共体热切希望在 GATT 中引入知识产权执法的多边纪律。在乌拉圭回合谈判(1986—1994)之初以及 TRIPS 协定的谈判中,它们明确表达了这种意愿。各国知识产权执法方式及程度存在巨大的差异,从而影响了美、欧发达国家知识产权的保护。为此,它们希望达成统一知识产权执法的新规则。在 1987 年和 1990 年,欧共体和美国先后提交谈判建议。1990 年 3 月和 5 月,欧共体和美国相继提出 TRIPS 协定草本,两份草本结构类似。TRIPS 协定第三部分(即知识产权执法)基本上就是以欧共体和美国的提案为模板,显得没有太大争议地达成了。[①]

后 TRIPS 时期,强化全球知识产权执法是美国强化知识产权保护的战略重点。美国在全球范围内建立执法同盟,构建 TRIPS-plus 知识产权执法标准,推动达成《反假冒贸易协定》《跨太平洋伙伴关系协定》。2005 年,美国在国内设立国际知识产权执法协调员,2008 年设立知识产权执法代表办公室,2010 年发布《知识产权联合执法战略》。美国历年《特别 301 报告》反映其对中国知识产权保护重点关注内容是国际规则与法律制度完善,国内保护与执法体系,全球执法协作与假冒盗版,泛国家安全与全球产业技术竞争等,呈现出焦点变化趋势。1989 年至 2001 年中国入世期间,焦点是中国知识产权法律制度框架的完善。2001 年至 2008 年,焦点是监督中国履行 WTO 义务,敦促我国实施世界知识产权组织两"因特网条约",降低刑事门槛,加大执法力度,批评中国假冒盗版;2008 年至 2017 年持续关注执法力度和执法效果,全球执法协作,电子销售平台,商业秘密和市场准入越来越受重视。2018 年后,转向国家安全与高技术产业竞争,商业秘密、技术转让和数据主权受严重关注。[②]

---

① See Carlos M. Correa, *Trade Related Aspects of Intellectual Property Rights: a Commentary on the TRIPS Agreement*, Oxford: Oxford University Press, 2007, p. 409;另参见张乃根:《TRIPS 协定:理论与实践》,上海人民出版社 2005 年版,第 91—101 页。

② 参见毛昊等:《美国对华知识产权压力焦点变迁与趋势遇见》,《科学学研究》2023 年第 7 期。

三、共同影响知识产权人利益的保护水平

从知识产权保护水平的影响因素可见,授权制度与执法相关联。在对各国知识产权保护水平进行定量测度的研究中,Ginarte 和 Park 的研究成果影响很大。他们对 110 个国家 1960 年至 1990 年期间的专利保护水平进行定量研究,他们的指标包括专利权的保护范围、国际专利保护条约的成员、对权利损失的保护、执法措施的规定和保护期限。我国学者对知识产权保护水平研究影响力较大的是韩玉雄和李怀祖,他们引入执法力度变量,但仍在 Ginarte-Park 方法的基础上。詹映也是在 Ginarte-Park 研究的基础上,重新构建执法力度指标体系,测度出 122 个国家的知识产权保护水平,前三名是瑞典(3.81 分)、日本(3.64 分)和美国(3.61 分),中国排名48(1.75 分),最后三名是伊拉克(0.73 分)、孟加拉国(0.54 分)和缅甸(0.11 分)。[①] 可以说,知识产权保护水平的指标主要就是:知识产权的保护范围、国际知识产权保护条约的成员、对权利灭失的保护、执法措施的规定、保护期限和执法力度六个方面。其中,知识产权的保护范围和保护期限指标属于知识产权授权规定。而对权利损失的保护、执法措施的规定及执法力度三个指标则属于知识产权执法方面。由此可见,授权规定、执法规定及执法力度三者共同影响知识产权的保护水平。授权规定和执法规定标准高的,及执法力度强的国家,知识产权保护水平则高。这也正是欧美国家在强迫发展中国家提高授权标准后,不遗余力地要求发展中国家提高执法标准和执法力度的缘由。

小结

国际知识产权法上的执法,应回归它的本义。它不仅包括知识产权执

---

① 参见詹映:《我国知识产权保护水平的实证研究——国际比较与适度性评判》,《科学学研究》2013 年第 9 期。

法,也应包括使用者利益执法。国际知识产权法的执法制度在本质上不是凌驾于国家主权之上的国际组织的执法,而是国际上协调各国知识产权法执法制度的规范和组织的统一体,国际条约是其主要渊源。知识产权授权制度与执法制度共同影响知识产权人利益的保护水平。

第二章　执法制度的利益平衡要求

第一节　国际知识产权法利益平衡的内涵

一、利益平衡原则的传统内涵

美国法学家庞德说:"利益是各个人所提出的,它们是这样一些要求、愿望或需要,即:如果要维护并促进文明,法律一定要为这些要求、愿望或需要作出某种规定,但是它们并不由于这一原因全部都是个人的利益。"[①]利益可以分为个人利益、公共利益和社会利益。利益是人们行动的唯一动力,人们奋斗所争取的一切都同利益相关。人们出于利己的本性,无时无刻不在为自身利益的最大化而算计着。[②] 人们对利益追求的无限性与客体资源的有限性注定产生利益冲突。

平衡,在物理学上是指对立的各方面在数量或质量上相等或者相抵。在哲学上,平衡也称均衡,是矛盾暂时的、相对的统一或协调,可分为动态平衡与静态平衡。法的正义价值中包含平衡的因子。古罗马法学家乌尔比安提出,正义是使每个人获得他应得的东西。古希腊亚里士多德(Aris-

---

① [美]罗斯科·庞德:《通过法律的社会控制》,沈宗灵译,商务印书馆1984年版,第37页。
② [法]霍尔巴赫:《自然的体系》,商务印书馆1999年版,第260页。

totle)的分配正义给我们判断立法中个人应得的东西提供了标准。分配正义主要关注社会成员的权利、权力和责任配置,通常由立法机关处理。亚里士多德主张的正义和平等并不是均分。他理解的平等同他的中庸伦理观连在一起。他认为法律应具有平等性,法律所应当规定的平等是穷人不占富人的便宜,富人也不占穷人的便宜,两者处在同样的地位,谁都不做对方的主宰。① 他认为正义存在于某种平等之中,它要求按照比例平等原则把世界上的事物公平地分配给社会成员。相等的东西给相等的人,不相等的东西给不相等的人。平等的衡量标准是价值与公民的美德。如果甲方应得的东西是乙方的一倍,那么它的所得份额应当是乙方的一倍之大。他容忍社会结构中广泛存在的不平等现象。

亚里士多德还提出矫正正义。当分配正义规则被社会成员违反后,矫正正义开始发挥作用。它要求对过失予以赔偿或者剥夺一方当事人的不当得利,矫正正义由司法机关执行。违反法律的人及占有了比他应得东西多的人是不正义的。② 亚里士多德还提出司法机关通过衡平(epieikeia)原则实现矫正正义。他将以法律为基础的国家假设为达到善生活的唯一可行的手段。他在倡导法治的同时,意识到法律规则的一般性和刚性可能使法官无法将一般规则适用于解决个别案件。亚里士多德提出用衡平的方法来解决这种困难。他认为衡平原则是"当法律因其太原则而不能解决具体问题时对法律进行的一种矫正"。当法律不能适当地处理独特的案件时,法官可以背离法律的字面含义,而像立法者可能作出的处理那样审理该案件。③ 庞德指出,在近代世界法律成了社会控制的主要手段,因为人的本性中对欲望的扩张性与社会本性是相矛盾的,这一矛盾成了利益冲

---

① [古希腊]亚里士多德:《政治学》,吴寿彭译,商务印书馆1981年版,第81页。

② 参见[美]E.博登海默:《法理学:法律哲学与法律方法》,邓正来译,中国政法大学出版社2004年版,第261、277—282页。

③ 参见[美]E.博登海默:《法理学:法律哲学与法律方法》,邓正来译,中国政法大学出版社2004年版,第13—14页。

突的根源。庞德将正义、强力、安全和均衡作为法律的四种基本观念。必须在合作本能与利己本能之间维持均衡。社会控制的任务就在于使我们有可能建立和保持这种均衡。在此意义上,利益衡量是填补法律漏洞的核心。[1]

利益平衡,在经济学层面,即利益均衡,指在一定利益格局的体系下出现的利益体系相对和平相处和相对均势的状态。在法律层面,利益平衡是通过法律的权威来协调各方面的冲突因素,使相关各方的利益在共存和相容的基础上达到合理的优化状态。[2]

二、知识产权人与使用者之间利益平衡

知识产权法得以产生和发展,在于它确认了知识产权法保护的各种利益,并对这些利益进行平衡。利益平衡是知识产权法的基石和理论基础。[3] 它不仅是一种原则和精神,更是确保知识产权法发挥其激励持续创新,促进知识传播和利用的必备条件。世界第一部知识产权法就体现了利益平衡原则。《威尼斯参议院 1474 年法令》(The Venetian Senate's 1474 Act)规定:"……任何在本城内发明了未曾出现的新的且独特的发明,一旦该发明创作完成并且能够在实践中付诸实施,就应向本城内的公共福利办公室总局进行登记。任何第三人在 10 年内,未经许可不得在本城内制造相同或相似的装置。……本城政府基于其权力和判断,在其活动中可以使用这一发明或装置。"[4]《威尼斯参议院 1474 年法令》虽然没有宣称利益平衡,但是它给发明人十年保护期,本身就反映了平衡发明人与社会公众之间的利益。在十年内,发明人享有独占使用权,未经许可他人不得在威

---

① 参见梁上上:《利益衡量论》,北京大学出版社 2021 年版,第 69 页。
② 参见陶鑫良、单晓光:《知识产权法总论》,知识产权出版社 2004 年版,第 17—18 页。
③ 参见冯晓青:《利益平衡:知识产权法的理论基础》,《知识产权》2003 年第 6 期。
④ 袁锋:《专利制度的历史变迁——一个演化论的视角》,中国人民大学出版社 2021 年版,第 81 页。

尼斯国制造相同或相似的装置。在保护期终止后,社会公众可自由使用该装置。另外,它还规定了政府自由使用,其目的是为了保护公共利益。

1875 年,英国法官罗兹在论述利益平衡时指出:"我们必须对两个方面给予平等的对待,一是重视人们利用自己的时间为公众服务,不能剥夺他们劳动的正当价值和劳动的报酬;二是不能忽视包括艺术等在内的整个社会的进步。"①罗兹法官理解的利益平衡,涉及劳动者的利益,和社会的利益。

知识产权法中的利益平衡"最重要的是知识产权法律关系中最基本的主体知识产权人和知识产权的使用者即一般的社会公众之间的权利和义务之间的平衡。"②知识产权人包括知识的创造者和传播者两种类型。知识的使用者既包括知识的最终消费者,也包括使用知识制造产品或提供服务者,还包括使用知识进行再创造者。③"使用者"尤其包括根据知识产权限制或例外而使用知识的人。④ 知识产权法授予知识创造者对其智力成果的专有权,从而确认和保护创造者的利益。在专有权范围内,知识产权人有权自己使用或授权他人使用,并有权排除他人非法使用其智力成果。但是,这种专有权的授予,限制了知识的传播和使用。因此,知识产权法从客体、时间、空间和权能等多个方面对知识产权进行限制,从而保护知识使用者的利益。权能方面的限制具体又包括合理使用、法定许可、强制许可和禁止权利滥用等限制制度。⑤ 减少知识产权限制就增加

---

① 冯晓青:《知识产权法利益平衡理论》,中国政法大学出版社 2006 年版,第 23 页。

② 冯晓青:《知识产权法的价值构造:知识产权法利益平衡机制研究》,《中国法学》2007 年第 1 期。另参阅黄玉晔:《知识产权利益衡量论——兼论后 TRIPS 时代知识产权国际保护的新发展》,《法商研究》2004 年第 5 期。

③ See Carlos M. Correa, *Trade Related Aspects of Intellectual Property Rights: a Commentary on the TRIPS Agreement*, Oxford: Oxford University Press, 2007, p. 99.

④ See Daniel Gervais, *The TRIPS Agreement: Drafting History and Analysis*, England: Thomson Reuters Limited, 2012, p. 231.

⑤ 关于知识产权限制的类型参见郑成思:《伯尔尼公约与我国著作权法的权利限制》,《法律科学》1992 年第 5 期。吴汉东:《试论知识产权限制的法理基础》,《法学杂志》2012 年第 6 期。

了知识创造者的利益,同时会使合法使用者沦为侵权人;加强知识产权限制会减少知识创造者的利益,同时会使侵权人变为合法的使用者。知识产权法通过知识产权限制程度来调节创造者和使用者之间的利益。知识的使用者既包括知识的消费者,也包括知识的再创造者。通常,使用者的利益在知识产权法上并没有明白地反映出来。而是以知识产权各种限制的名义体现。不过,虽然"知识产权法"的概念和内容掩盖了使用者的利益,但是知识产权法其实保护使用者的利益。知识产权人的利益与使用者的利益是一种对立关系。知识产权人倾向于扩大权利范围,获取更大经济利益。为了追求垄断利益,知识产权人可能滥用知识产权,限制或禁止他人使用其智力成果。这就势必损害公众使用知识的利益。

创造者、传播者和使用者之间的利益是传统的利益关系。当前,知识产权人与使用者之间利益的平衡尤其需要重视。立法上权利义务的合理配置,法律适用上利益平衡是利益平衡的基本内涵。① 在执法环节,知识产权人和使用者的利益也面临冲突。当知识产权受到侵害时,查处并制裁假冒、盗版等侵权人是保护知识产权人利益的必需手段。在执法环节,知识产权人常以原告、申请人或申诉人身份维护自身权益,而被告、被申请人、被申诉人或行政相对人是涉嫌侵犯知识产权的侵权人。理论上,知识产权法保护的使用者不应处在被告、被申请人、被申诉人或行政相对人的地位。然而,实践中部分知识产权人为了追求垄断利益通过威胁诉讼或滥用执法程序阻止合法使用的案例并不少见。② 因此,在执法程序中,防止知识产权人滥用执法程序损害使用者利益,并为使用者提供救济就是国内

① 参见冯晓青:《知识产权法的价值构造:知识产权利益平衡机制研究》,《中国法学》2007年第1期。

② 北京市海淀区人民法院知识产权庭:《民事诉讼中滥用程序权利问题的调查与思考》,载北京市高级人民法院编:《知识产权诉讼实务研究》,知识产权出版社2008年版,第434—448页。

法规制的内容。国家通过知识产权执法一方面保护知识产权人的利益,另一方面也防止知识产权执法程序被滥用而损害使用者的利益,从而实现知识产权执法中的利益平衡。

三、发达国家与发展中国家之间利益平衡

从国际层面看,国际知识产权法的执法制度不仅协调国家之间的利益,同时分配知识产权人与使用者之间的利益,而且两个层面的利益还互相影响。[①] 国际知识产权法作为协调各国知识产权关系的法律,也是各国知识产权利益的协调法。由于创新和发展水平的差异,少数发达国家拥有的知识产权多,广大发展中国家拥有的知识产权少。

自 TRIPS 协定以来,国际知识产权条约倾向于给成员设定知识产权执法统一标准。根据有约必守原则,各国应善意履行其缔结或者参加的国际知识产权条约下的义务,为其他成员国民的知识产权提供行政或司法保护。当成员国适用或纳入这些条约后,国际知识产权法执法规范直接或间接影响知识产权人和使用者的利益。由于发展中国家需要发达国家予以执法保护的知识产权少,所以发展中国家投入的成本大,但是收益少。国际知识产权法的执法制度对使用者利益的保护程度也影响使用者在国内法上的利益。发展中国家使用者利益的保护程度也因条约对知识产权人救济的偏重受到影响。国际知识产权法为使用者利益设定的执法标准同样会影响使用者利益在国内法上的保护程度。前美国贸易谈判代表办公室总顾问曾公开说:"事实上,TRIPS 协定确立和保护了发明者的权利,它并不保护发明使用者的权利。"[②]国际条约对知识产权人利益的偏重,对使

---

① TRIPS 协定第 7 条提及:知识产权的保护和执法应促进技术知识生产者和使用者互利。该条是在发展中国家的坚持下写入 TRIPS 协定。See Daniel Gervais, *The TRIPS Agreement: Drafting History and Analysis*, England: Thomson Reuters Limited, 2012, p. 229.

② [美]苏姗·K.赛尔:《私权、公法——知识产权的全球化》,董刚等译,中国人民大学出版社 2008 年版,第 17 页。

用者利益的偏离问题值得深思。因为,利益平衡是知识产权法的基石和理论基础。① 它不仅是一种原则和精神,更是确保知识产权法发挥其激励持续创新,促进知识传播和利用,促进知识产权人和使用者互利,促进发达国家与发展中国家互利的必备条件。

第二节　执法制度利益平衡的价值构造

著名法理学家博登海默深刻地论述:"我以为,任何值得被称之为法律制度的制度,必须关注某些超越特定社会结构和经济结构相对性的基本价值。"②"'价值'这个普遍的概念是从人们对待满足他们需要的外界物的关系中产生的。"③"它是人们所利用的并表现了对人的需要的关系的物的属性。"④简单来说,价值是客体对主体的生产和发展的效用。作为协调国家之间关系的制度,国际知识产权法的执法制度也应该是对国家和个人有价值的。法的价值是立法的思想先导,是校正恶法的准则,是法实施的需求,是防止法失效的屏障,也是法演进的动因。⑤ 制度价值探讨是制度建立和发展的指引,国际知识产权法的执法制度需要正确价值的指引。利益平衡是知识产权法价值构造的内核,也是衡量国际知识产权法的执法制度价值构造的标准。国际知识产权法的执法制度协调国家利益,也平衡个人利益,其价值构造应以利益平衡为标准,以法的一般价值为基础,并探求其区别其他法律制度的特殊价值。正义、自由和秩序是法的基本价值。国

---

① 参见冯晓青:《利益平衡论:知识产权法的理论基础》,《知识产权》2003 年第 6 期。

② [美]博登海默:《法理学——法哲学及其方法》,邓正来译,中国政法大学出版社 1998 年版,第 5 页。

③ 《马克思恩格斯全集》第 19 卷,中共中央马克思恩格斯列宁斯大林著作编译局译,人民出版社 1963 年版,第 406 页。

④ 《马克思恩格斯全集》第 26 卷,中共中央马克思恩格斯列宁斯大林著作编译局译,人民出版社 1974 年版,第 139 页。

⑤ 参见卓泽渊:《论法的价值》,《中国法学》2000 年第 6 期。

际知识产权法的执法制度应在正义、自由和秩序价值的基础上,特别具备人本价值、发展价值和程序正义价值。

一、人本价值

长期以来,以人为本被视为法的终极理念。但是,以人为本的理念并没有一开始就在以国家为中心的国际法律制度中生成。传统国际法认为,秩序是国际体系的主要价值,国家的自治是至高无上的国家价值,国家的相互依赖推动国家之间的合作。然而,福利价值也已经孕育。在 20 世纪后半叶,国际法承认了"国家价值"之外的价值——人的价值,特别是人权。[①] 以人为本的价值并不否定国家主权。相反,在主权国家林立的现代国际社会,人本价值依赖于国家的认可、合作与保护。[②] 人权应该成为国际法的终极理念。国际法的最终目的是保障人的基本权利,促进人的全面发展。[③] 国际法正在从"国本主义"走向"人本主义",国际法的人本主义是实现国际法治的重要前提之一。[④]

后来,人本主义既成为应然国际法的一种新的理念和价值取向,也越加体现在实在国际法之中。国际法的人本化发源于国际人道法和国际人权法,并在外交保护法、引渡法和国际知识产权法中体现。《世界人权宣言》第 27 条宣示:"人人有权自由参与文化生活,分享文化、艺术和科技进步带来的利益;人人对其所创作的任何科学、文学或艺术作品而产生的精

---

① 参见[美]路易斯·亨金:《国际法:政治与价值》,张乃根等译,中国政法大学出版社2004 年版,第 143—144 页。

② 参见曾令良:《现代国际法的人本化发展趋势》,《中国社会科学》2007 年第 1 期。

③ 参见古祖雪:《论国际法的理念》,《法学评论》2005 年第 1 期。

④ 参见何志鹏:《全球化与国际法的人本主义转向》,《吉林大学社会科学报》2007 年第 1期。刘笋:《国际法的人本化趋势与国际投资法的革新》,《法学研究》2011 年第 4 期。

神、物质利益,有享受法律保护的权利。"①该宣言首先肯定使用者分享文化、艺术和科技进步成果的权益,其次肯定了创造者的权利。联合国《经济、社会及文化权利国际公约》第 15 条规定:"本公约缔约各国承认,人人有权对其本人的任何科学、文化或艺术作品所产生的精神上和物质上的利益享受被保护之权利。"

　　TRIPS 协定第 31 条的修改反映了国际知识产权人本化倾向。TRIPS 协定将专利保护的客体扩展到所有领域的发明,药品专利的保护一方面使仿制药成为非法,另一方面使药品的价格节节攀升,从而导致罹患艾滋病及其他严重疾病的大批患者因无法支付昂贵的医疗费而最终死亡,产生公共健康危机。因知识产权的保护而导致的公共健康危机,反过来也导致知识产权法的正当性危机。2001 年 11 月 14 日,WTO 第四届部长级会议在多哈发布宣言:"我们通过促进对现有药品的获得和对新药的研究与开发,强调我们对以支持公众健康的方式实施和解释 TRIPS 协定的重要性。"②部长们还通过《关于 TRIPS 协定与公共健康的宣言》这份单独宣言。③ 两年后,WTO 总理事会通过《关于 TRIPS 协定与公共健康宣言第 6 段的实施决定》。2005 年 12 月 6 日,WTO 总理事会通过《修改〈与贸易有关的知识产权协定〉议定书》,对 TRIPS 协定进行第一次修订。该次修订增加了第 31 条之二,使成员有权通过强制许可生产并出口药品至最不发达国家及其他已通报成员,用于公共健康目的。对 TRIPS 协定的重新解释和修改是国际社会对 TRIPS 协定偏重知识产权人单方利益立法的矫正,是对失衡体制的调整。在知识产权法的价值体系中,人本主义即人的

---

　　① 《世界人权宣言》第 27 条:"人人都有权自由参与社会文化生活,分享文化艺术和科技进步带来的利益;人人对由他所创作的任何科学、文学或艺术作品而产生的精神的和物质的利益,有享受保护的权利。"

　　② See WTO, *Ministerial Declaration*, WT/MIN(01)/DEC/1, 20 November 2001.

　　③ See WTO, *Declaration on the TRIPS Agreement and Public Health*, WT/MIN(01)/DEC/2, 20 November 2001.

全面发展处于统领地位,知识创造的自由价值实现的是人全面发展的前提,知识市场的秩序价值实现是人全面发展的保障,而知识分享的正义价值实现是人全面发展的重要判断标准。①

　　国际知识产权法的执法制度既要保护发达国家的知识产权人利益,更应重视发展中国家学习知识、使用知识并自主创新知识的利益,应该不给发展中国家施加过重的知识产权执法义务。国际知识产权法的执法制度应关注知识产权人利益的执法保护,也应重视使用者利益的执法保护,从而确保广大社会公众使用知识的权益。当前,知识产权最大化运动来势汹汹。它以激励创新和保护智力成果为名,却给人的知识获取权、健康权和隐私权等带来前所未有的挑战。后 TRIPS 时期,《反假冒贸易协定》《跨太平洋伙伴关系协定》等发达国家强化知识产权执法制度的动议给个人的健康权、隐私权和知识获取权等人权形成巨大的挑战。强调人本价值,对平衡发达国家和发展中国家之间利益,以及平衡知识生产者和使用者之间利益显得格外重要。

二、发展价值

　　发展价值既得到学者广泛认同,②也得到国际法的肯定。发展价值的国际法依据可以追溯到《联合国宪章》和《世界人权宣言》。1974 年 12 月联合国大会通过《各国经济权利与义务宪章》,明确将发展作为所有国家的一致目标和共同义务。1986 年 12 月联合国大会通过《发展权宣言》,确认发展权是一项不可剥夺的人权,发展机会均等是国家和组成国家的个人一项特有权利。2015 年 9 月在联合国成立 70 周年之际,联合国大会通过《变革我们的世界:2030 年可持续发展议程》,宣布经济、社会和环境三个

---

　　① 参见吴汉东:《知识产权法价值的中国语境解读》,《中国法学》2013 年第 4 期。
　　② 参见邵沙平:《国际法与构建和谐国际社会》,《法学家》2007 年第 1 期;杨泽伟:《当代国际法的新发展与价值追求》,《法学研究》2010 年第 3 期。

方面17个可持续发展目标和169个具体目标。在 WTO 法律体系中,《建立世界贸易组织协定》开宗明义规定了其目标:提高人民生活水平,保证充分就业,保证实际收入和有效需求大幅增长,依照可持续发展的目标,认识到保证发展中国家在国际贸易增长中获得相当的份额。促进世界经济发展和维护和平是 GATT 最初的双重目标。而 WTO 为促进世界经济发展目标增加新的内容,它包括促进世界经济发展与福祉、保护环境以实现可持续发展、降低世界上最贫穷地区的贫困程度、控制可能由于全球化和相互依赖程度提高而引发的经济危机。① TRIPS 协定在序言中承认各国知识产权制度中强调的发展目的,并承认最不发达国家成员最高灵活性的特殊需要,使其能够建立健全和可行的技术基础。TRIPS 协定第65条为发展中国家成员、向市场和自由经济转型中的成员提供了较长过渡性安排。各国在知识产权的国际保护与权利实施方面合作,目的就是促进有利于公共利益的社会经济技术与文化发展。② 2001 年多哈《部长宣言》重申促进经济发展和解除贫困的目标,并将广大发展中国家的利益和需要放在工作计划的中心位置。因此,发展价值尤其应体现在广大发展中国家的发展之上。

在管理知识产权的另一重要国际组织中,2004 年阿根廷和巴西代表"发展之友集团"(Group of Friend of Development)提出设立 WIPO 发展议程的建议(WO/GA/31/11)。③ 2005 年 7 月 15 日摩洛哥代表非洲集团也提交"关于制定 WIPO 发展议程的非洲提案"。④ 2007 年在 WIPO 总理事会上,WIPO 成员国接受了由发展议程建议临时委员会拟订的45项建

---

① 参见[美]约翰・H.杰克逊:《国家主权与WTO:变化中的国际法基础》,赵龙跃等译,社会科学文献出版社 2009 年版,第102—103 页。

② 参见古祖雪:《国际知识产权法》,法律出版社 2002 年版,第162 页。

③ WIPO. The 45 Adopted Recommendations under the WIPO Development Agenda, 2013-11-01,http://www.wipo.int /ip-development/en/agenda/recommendations.html.

④ 参见 WIPO,摩洛哥代表非洲集团提交的题为"关于制定 WIPO 发展议程的非洲提案"的提案,IIM/3/2,18 July 2005.

议。① WIPO 发展议程的目的是将发展放在 WIPO 工作的中心。WIPO 的
发展议程第 45 项专门针对知识产权执法问题,"提案集 F:其他问题 45"根
据 TRIPS 协定第 7 条的规定,从更广泛的社会利益以及与发展有关的问题
入手,处理知识产权执法问题,以便"知识产权的保护和执法应有助于促
进技术创新和技术的转让与推广,使技术知识的生产者和使用者共同受
益,有利于社会和经济福利,并有助于权利和义务的平衡"。目前,WIPO
发展与知识产权委员会及执法咨询委员会主要在树立尊重知识产权风尚
领域开展有关国际政策与合作、立法援助、技术援助与能力建设和提高认
识方面实施发展议程第 45 项。②

独立国际咨询机构 IQsensato 主席穆逊顾(Sisule F. Musungu)呼吁发
展议程第 45 项建议应该关注如下方面:"执行知识产权执法程序时公平和
公正。防止知识产权执法程序滥用。执行知识产权执法措施的灵活
性。"③因为这些方面关系到发展价值的实现。就国际知识产权法的执法
制度而言,发展价值的内涵就是国际知识产权法的执法制度应有利于各个
国家的经济、社会和文化发展,尤其是能促进广大发展中国家在这些方面
的发展。知识产权的执法应特别有助于发展中国家技术革新,有助于技术
向发展中国家转让和传播。知识产权的执法应有助于技术知识的创造者
和使用者双方的利益,而不仅仅是创造者的利益。知识产权的执法应有助
于整个社会和经济福利。知识产权的执法应不仅包括创造者权利的执法,
也应包括使用者权利的执法。

知识产权法的发展价值在我国立法中有明确宣示,反映它们保护的制

---

① 参见 WIPO,"WIPO Development Agenda:Background (2004—2007)",2013-11-01,ht-tp://www.wipo.int/ip-development /en/agenda/background.html。

② 参见 WIPO,发展与知识产权委员会(CDIP)实施 45 项发展议程建议的进展报告,CDIP/31/2,2023 年 9 月 26 日。

③ Sisule F. Musungu,The Contribution of, and Costs to, Right Holders in Enforcement, Taking into Account Recommendation 45 of The WIPO Development Agenda,WIPO/ACE/5/10,28 September 2009.

度利益。我国《专利法》《著作权法》《商标法》分别把"促进科学技术进步和经济社会发展""促进社会主义文化和科学事业的发展与繁荣"和"促进社会主义市场经济的发展"作为其终极目标。不同种类知识产权在实现发展价值中的具体作用不同。专利法保护新的技术方案,主要促进科学技术进步。著作权法保护文学、艺术和科学作品,主要促进文化和科学事业发展与繁荣。商标法保护具有显著性的商业标志,促进社会主义市场经济发展。在新时代,发展价值有新的内涵。党的十八届五中全会正式提出新发展理念,即创新、协调、绿色、开放、共享的发展理念。创新是新发展理念的第一要义,是新时代发展的根本动力,也是知识产权法的核心价值。

三、程序正义价值

罗尔斯说,正义是社会体制的第一美德。正义也是法律的基本价值。虽然正义有着一张普罗米修斯似的脸,一般来说,正义用来评价法律制度的内容及其对人类的影响,以及增进人类幸福的作用。正义关注群体的秩序是否适合实现它的基本目标,这个基本目标就是满足个人的合理需要、促进生产进步和提高社会凝聚力。自亚里士多德以来,通过一定程序实现了什么样的结果才合乎于正义,一直是正义理论的中心问题。但当时人们关心的仅仅是"实体正义"或"实质正义"。

对法律程序价值标准和价值目标的探讨首推英国的杰罗米·边沁(Jeremy Bentham),20世纪70年代程序价值的研究达到高潮。程序正义(Procedual Justice)观念以"正当程序"(Due Process)思想为背景形成和发展。正当程序思想最初产生于英国法,在1354年爱德华三世的时代出现了正当程序的概念,后为美国法继承,并不断发达。程序正义和正当程序两个概念存在相通性。正当程序的基本要求就是"恰当的告知和听取"。①

---

① [日]谷口安平:《程序的正义与诉讼》,王亚新等译,中国政法大学出版社2002年版,第1—4页。

对正当程序的含义,《布莱克法律辞典》给予了全面的界定:任何权益受到判决结果影响的当事人,都享有被告知和陈述自己意见并获得听审的权利;合理的告知、获得听审的机会和提出主张及抗辩等都包含在"法律的正当程序"当中。① 对于评价程序是否正义的标准,美国学者泰勒提出六项价值标准:程序和决定的参与性、结果与过程的一致性、执法者的中立性、决定和努力的质量、纠错性和伦理性。② 萨默斯还增加了程序法治等内容。③

对于程序正义与实体正义的关系,早期的学者持程序工具主义理论。他们认为,程序是实现实体正义的工具。但是,在晚近出现了程序本位主义理论。他们认为,程序正义独立于实体正义,程序正义具有独立性。当前,程序法学者更加强调程序正义价值的独立性。④ 无论如何,"程序正义"和"实体正义"是正义理论体系中不可或缺的两个重要部分。⑤

就国际知识产权法的执法制度来说,程序正义价值应成为其追求的目标。执法不仅包括行政执法程序,还包括司法程序。当事人平等参与,执法者中立,以及对错误程序的纠正是程序正义的基本要求。程序正义是知识产权法行政执法和司法过程都必须遵循的基本原则。⑥ 遵循程序正义才能确保知识产权法的执法程序,不会因为执法者的偏私,而损害知识产

---

① Bryan A. Garner, *Black's Law Dictionary*, New York: Thomson Reuters, 2009. p. 575.

② 参见 Tom R. Tyler, "What is Procedual Justice Law and Society Review",转引自周佑勇:《行政法的正当程序原则》,《中国社会科学》2004 年第 4 期。

③ 参见 Robert S. Summers, "Evaluating and Improving Legal Procedure—A Plea For 'Process Values'",转引自周佑勇:《行政法的正当程序原则》,《中国社会科学》2004 年第 4 期。

④ 参见陈瑞华:《论程序正义价值的独立性》,《法商研究》1998 年第 2 期。常怡:《民事程序价值之管见》,《现代法学》1999 年第 2 期。马怀德:《行政程序法的价值及立法意义》,《政法论坛》2004 年第 5 期。

⑤ 参见[美]约翰·罗尔斯:《正义论》,何怀宏等译,中国社会科学出版社 1988 年版,第 80—85 页。

⑥ 参见刘晴辉:《正当程序视野下的诉前禁令制度》,《清华法学》2008 年第 4 期。周佑勇:《行政法基本原则研究》,武汉大学出版社 2005 年版,第 59—97、238—272 页。

权人的利益,或者损害涉嫌侵权人的利益,尤其是损害被不当纳入执法程序的正当使用者利益。遵循程序正义才能确保正当使用者的利益,不因发达国家过分强调知识产权人利益,而受到损害。遵循程序正义才能确保受到程序滥用侵害的使用者得到有效救济。

第三节　执法制度利益平衡的原则要求

"原则"是"被采纳或公开承认为行动指南的普遍法律或规则"。① 国际知识产权法执法原则应是体现国际知识产权法的执法制度本质和内容的基本出发点和指导思想。Reichman 和 Geivais 都指出 TRIPS 协定第 41条包含这样一项一般原则:有效执法。② 有效执法原则作为知识产权执法的原则也得到我国学者的肯定。③ 但他们对有效原则的解释,偏离了有效执法原则的真正含义,对实践会产生错误导向。知识产权法天生就是垄断与限制的法律悖论。"知识产权在充分、有效基础之上的适度与合理"是知识产权法利益平衡的基本原则。④ 笔者认为,知识产权法的基本理论及有关知识产权执法的条约中也包含适当执法的原则。对有效执法和适当执法原则的解释会影响国家的利益,因此,笔者在此就这两个原则的含义进行探讨,期待为学术研究和国家实践提供参考。

---

① 陈福利:《中美知识产权 WTO 争端研究》,知识产权出版社 2010 年版,第 242 页。

② See J.H. Reichman, "Enforcing the Enforcement Procedures of the TRIPS Agreement", *Va. J. Int'l L.*, No. 33(1997), p. 340. Daniel Gervais, *The TRIPS Agreement: Drafting History and Analysis*, England: Thomson Reuters Limited, 2012, p. 564.

③ 参见刘科:《〈与贸易有关的知识产权协定〉刑事措施义务研究》,中国人民公安大学出版社 2011 年版,第 321 页。赵丽:《国际多边条约知识产权执法研究》,华东政法大学 2012 年博士学位论文,第 118—119 页。

④ 参见冯晓青:《知识产权法的价值构造:知识产权利益平衡机制研究》,《中国法学》2007年第 1 期。

一、有效执法原则

尽管有效执法原则已经得到很多学者肯定，[①]但是在理解上还存在偏差。美国贸易代表长期错误指责中国，"知识产权的有效执法尚未达到，在整个中国知识产权侵权仍然是一个严重问题"。[②] 国外有学者认为有效执法是一种结果导向规则，也就是从本质上界定欲达到的目标，而不是规定应履行义务的具体细节。[③] 在国内，有学者认为 TRIPS 协定第 41.1 条规定 WTO 成员知识产权执法的一般义务的履行效果是"有效执法"，即有效地制止任何侵犯 TRIPS 协定所覆盖的知识产权。[④] 也有学者进一步将"有效执法"解释为各成员的国内执法程序应能保证达到预定效果，也就是有效地制止侵权行为，包括及时防止侵权或防止其进一步扩大。[⑤] 下文，笔者考察有效执法原则的渊源，结合 WTO 专家组的分析，对有效执法原则作出更为合理的阐释。

"有效"（Effective）一词有多种含义，其通常的意思就是"有效果、有作用"。[⑥] 但是，对该词的解释应以相关法律为依据。执法程序有效性的要

---

① Gervais 也指出这条一般原则：行动的有效性（the effectiveness of action），包括及时制止侵权的救济和构成有效威慑进一步侵权的救济。See Daniel Gervais, *The TRIPS Agreement: Drafting History and Analysis*, England: Thomson Reuters Limited, 2012, p. 564. 刘科博士认为 TRIPS 引言部分和第 41 条中有原则性规定，即知识产权保护要达到"有效、适当"的原则性要求。刘科：《〈与贸易有关的知识产权协定〉刑事措施义务研究》，中国人民公安大学出版社 2011 年版，第 321 页。

② USTR, 2012 Report to Congress on China's WTO Compliance, 2012-12-01, https://ustr.gov/sites/default/files/ uploads/2012%20Report%20to%20Congress%20-%20Dec%2021%20Final.pdf.

③ See Meir Perez Pugatch, "Intellectual property policy-making in the 21st century", *W.I.P.O. J.*, No.1(2011), pp. 71-80.

④ 参见张乃根：《WTO 争端解决机制论——以 TRIPS 协定为例》，上海人民出版社 2008 年版，第 213—214 页。

⑤ 参见赵丽：《国际多边条约知识产权执法研究》，华东政法大学 2012 年博士学位论文，第 118 页。

⑥ "Effective"有三种基本含义，一是产生预期的结果，产生成功的结果；二是现实的；三是（法律或规则）生效。"有效"在汉语中的意思是：有成效，有效果，有效力。

求可以追溯到《巴黎公约》,在《北美自由贸易协定》中得到强化,经 TRIPS
协定而确立为具有特定内涵的原则,在"因特网条约"和《欧盟知识产权执
法指令》等后续条约中得到重申。① 在不同时期,不同层面,执法程序有
效的内涵并不相同。《巴黎公约》(1967 年)第 10 条之三规定成员国承
诺保证其他成员国国民获得有效制止第 9 条、第 10 条和第 10 条之二所
述行为的适当法律救济手段。该条是在 1925 年海牙修订会上增加的内
容。在海牙修订会议上成员国已经取得一致意见,本国法在保证有效制
止上述规定行为时,可以区分两种不同规定:一是准许提起损害赔偿的
诉讼,二是对被控告的行为发布禁令。对于善意所做的行为可以不给予
损害赔偿,但仍然适用禁令措施。②《巴黎公约》第 10 条是协调知识产权
执法的很大进步,它提出了执法的标准:即适当和有效。最初,《巴黎公
约》对于何谓"有效"没有界定,这其实就留给了成员执行的自由。1925
年海牙修订会议对"有效"的含义达成一致:即准许提起损害赔偿诉讼及
发布禁令两种具体行为即可。从而使其不再是无限度的宽泛词汇,而是
有具体要求的原则。

原来适用于美国、加拿大和墨西哥的《北美自由贸易协定》第六部分
(知识产权)第 1701 条规定了义务的性质和范围:(1)每一成员应当在其
境内为其他成员的国民提供充分和有效的知识产权保护及执法,但应确保
实施知识产权的措施本身不成为合法贸易的障碍。(2)为了给知识产权
提供充分和有效的保护和执法,每一成员应当至少使本章有效及下列条

---

① 在《欧盟知识产权执法指令》(Directive 2004/48/EC)第 3 条(一般义务)第 1 款第一句
要求:"成员国提供必需的措施、程序和救济确保本指令涵盖的知识产权得以实施。"第 2 款规
定:"那些措施、程序和救济也应当有效、适当且有警戒性(dissuasive)……。"在欧盟,发展出了
"均等和有效"原则和"有效司法保护原则"。See George Cumming, etc.: *Enforcement of intellectual
property rights in Dutch*, *English*, *and German civil procedure*, Netherlands: Kluwer Law International
BV, 2008, pp. 4-7.

② 参见[奥]博登浩森:《保护工业产权巴黎公约指南》,汤宗舜等译,中国人民大学出版社
2003 年版,第 98—99 页。

约的实体条款有效:保护录音制品制作者免受未经授权复制录音制品侵害的日内瓦公约(1971)、《伯尔尼公约》(1971)、《巴黎公约》(1967)和《保护植物新品种国际公约》(UPOV)。《北美自由贸易协定》第1701条第1款使知识产权执法的原则偏离了《巴黎公约》,变"适当和有效"为"充分且有效"。尽管第2款中"至少"一词使得执法的有效性显得漫无边际,该款还是明确了成员国的义务只是使该章中的执法条款有效。

TRIPS协定首先在序言中声明,促进知识产权有效、充分保护和执法是协定目的之一。TRIPS协定第41.1条第一句进一步要求各成员采取有效措施。[1] 该条款的模糊性遭到批评,[2]也引起许多疑惑。聂建强教授就提出一系列问题:当成员方已经采用了TRIPS协定规定的所有相关程序,该成员是否已经履行了执法义务? 有效的标准是什么? 在多大程度上,成员方应该为有关知识产权私人行为负责? 由于TRIPS协定下的知识产权执法条款包括强制和选择性两种类型,如何判断有效? 谁有权判断有效,是总理事会通过立法程序,还是专家组或上诉机构通过TRIPS协定解释机制来判断是否有效? 此外,是根据个案的效果还是根据系统性的效果来判断是否有效? Abbott教授似乎倡导系统失灵的方法。他认为,在争端解决中申诉方需从个案失灵证明系统失灵。可是,如果系统失灵可以作为申诉的理由,判断系统失灵的标准是什么,如何证明系统失灵的存在?[3]

在WTO的司法实践上,"中国—影响知识产权保护和执法的措施"案

---

① "各成员应确保其国内法中包括本部分规定的执法程序,以便对任何侵犯本协定所涵盖知识产权的行为采取有效行动,包括防止侵权的迅速救济措施和制止进一步侵权的救济措施。"石广生:《乌拉圭回合多边贸易谈判结果法律文本》,人民出版社2011年版,第339页。英文本、法文本和西班牙文本为正式文本,中文译文仅供参考。

② See J.H. Reichman, "Enforcing the Enforcement Procedures of the TRIPS Agreement", *Va. J. Int'l L.*, No. 33(1997), p. 345.

③ 参见 Nie Jianqiang, "Several New issues relating to the enforcement of the enforcement provisions of the TRIPS Agreement under the WTO System",《武大国际法评论》2006年第2期。

（DS362）涉及有效执法的问题，但是专家组没有对其进行解释。在2007
年DS362案中，美国就指称中国没有使执法程序可获得，没有提供有效行
动打击侵犯著作权和相关权的行为。[①] 加拿大也称："过多的假冒和盗版
产品不断地在中国被生产、复制、分销和出口的事实显然说明，中国没有提
供有效措施打击商业规模的故意侵权，也没有提供措施威慑后续侵权，因
此违反了TRIPS协定第41.1条。"[②]中国却认为，完全禁止作品出版是"有
效行动"的一种形式，"某种意义上，它是实施制止侵权的替代形式"。由
于美国认为中国违反第41.1条的理由，是中国《著作权法》第4条拒绝保
护的作品不能获得执法程序和救济。也就是说，美国诉请的是执法程序和
救济的可获得性问题，不是执法的有效性问题。因此，专家组没有对有效
的含义进行解释，也没有对中国执法程序的有效性进行衡量。不过，专家
组指出："第41.1条处于TRIPS协定第三部分。因此，提及的执法程序特
定为'本部分'。也就是TRIPS协定第三部分具体规定的执法程序。"[③]规
定程序及救济的可获得性是可以具体衡量的，而有效性是难以衡量的。就
提供有效措施制止侵权而言，强调的并不是实际执法结果，也不是达到预
期的效果，更不是降低国内知识产权侵权率。它强调的是成员方提供协定
明确规定的程序与措施。这些程序与措施包括民事或行政程序、临时措
施、边境措施和刑事程序。除了提供这些程序和措施外，成员方没有达到
降低知识产权侵权率这一效果的义务。沃特尔（Jayashree Watal）解释说，
在TRIPS协定下执法条款的谈判过程中，包括发达国家在内许多国家不
愿意承诺额外资源来实施知识产权。而且，贸易谈判者关注平衡有效执

---

① WTO, China-Measures Affecting the Protection and Enforcement of Intellectual Property
Rights-Request for Consultations by the United States, *WT/DS362/1*, 16 April 2007.

② WTO, China-Measures Affecting the Protection and Enforcement of Intellectual Property
Rights, *WT/DS362/R*, 26 January 2009.

③ WTO, China-Measures Affecting the Protection and Enforcement of Intellectual Property
Rights, *WT/DS362/R*, 26 January 2009.

法的条款和滥用这些条款阻碍合法贸易及竞争的可能性。因此,主要是确保能够获得程序及主管机关执法的权力,而不是确保程序的有效使用。莱因伯特和莱温斯基说,执法程序不过于复杂、费用不过于高昂以及不花费不合理时间,或者能满足某些其他正当程序要求(TRIPS 协定第 41 条第 3、4 款及第 42 条),执法程序就是有效的。① 当然,严格来说,学者的解释不是有权解释,该条具体含义有待总理事会或者争端解决机构来解释。②

欧洲法院在雷威(Rewe)、可米特(Comet)和圣乔治(San Giorgio)等案件中确立了平等和有效原则,而且欧洲法院进一步认为这两个原则是同时适用的而不是单独适用的。有效性原则要求所设定的要件不能导致权利人实际上不可能行使共同体权利或者难以行使权利。有效性原则仅仅要求正确适用共同体法律,并且对共同体权利侵权实行充分的救济。但是,这个原则的适用并不是没有限制的,它也许取决于比例均衡,必须在诸如保持法律确定性、正确实施公平性和法律审理案件有序性等考量中保持平衡。③

通过考察有效执法条款的历史和现实,结合国内外学者的观点,笔者认为,有效执法原则并不可以任意夸大。有效执法原则强调的并不是执法效果,更不是减少甚至消除知识产权侵权。④ 有效执法的重点是条约规定的执法程序和措施可获得。只要成员在国内法律与实践中提供条约规定的具体程序与措施就满足了有效执法原则的要求。即使对最不发达国家,

---

① 参见[德]莱因伯特等:《WIPO 因特网条约评注》,中国人民大学出版社 2007 年版,第 225 页。

② 参见 Nie Jianqiang, "Several New issues relating to the enforcement of the enforcement provisions of the TRIPS Agreement under the WTO System",《武大国际法评论》2006 年第 2 期。

③ 参见[法]乔治·卡明等:《荷兰、英国、德国民事诉讼中的知识产权执法》,张伟君译,商务印书馆 2014 年版,第 4—6 页。

④ 而且,如 TRIPS 协定第 41.1 条第二句所说,有效行动应不成为合法贸易的障碍,并应提供制止其被滥用的保障措施,这种要求可以通过适当执法原则来设定。

TRIPS 协定理事会在 2013 年 6 月再次延长最不发达国家成员的实施日期,也取消了 2005 年决定曾规定"不退回义务"。① TRIPS 协定没有给成员设定一项普遍的"不退回义务"。这一结论也说明,美国以中国存在侵权或盗版个案就在 301 条款报告中指责中国没有有效执法,是没有国际法依据的。

二、适当执法原则

知识产权法利益平衡要求知识产权法的执法既有效又适当。适当执法原则在 1925 年订进《巴黎公约》的第 10 条之三。第 10 条之三第 1 款规定成员国承诺保证其他成员国国民获得有效制止第 9 条、第 10 条和第 10 条之二所述行为的适当的法律救济手段(appropriate legal remedies)。除了提出有效执法的要求外,《巴黎公约》同时提出了适当执法的原则要求。1989 年 WIPO 主持缔结了《关于集成电路的知识产权条约》。《关于集成电路的知识产权条约》约定了保护布图设计的义务。《关于集成电路的知识产权条约》第 3 条明确要求成员采取适当的措施以保证防止第 6 条规定的非法行为,并在发生非法行为时采取适当的法律补救办法。1994 年 TRIPS 协定在多处要求知识产权的执法必须是适当的。首先,TRIPS 协定在序言中阐明制定有关新规则与制裁措施:"(c)涉及与贸易有关知识产权执法的有效且适当的措施规定,并顾及各国法律制度的差异。"第 8 条是 TRIPS 协定的原则规定,其第 2 款规定成员可以采取"适当措施"防止知识产权人滥用知识产权,防止不合理限制贸易的行为或有消极影响的行为。与第 8 条相对应,第 40 条也授权成员采取"适当措施"防止或控制限制竞争的行为。TRIPS 协定第三部分关于知识产权执法的具体制度中多次提出了适当性要求。《区域全面

---

① 不退回义务,non-rollback commitment,要求最不发达国家成员不降低现有知识产权保护标准。

经济伙伴关系协定》第58条(一般义务)第三款要求缔约方遵守比例适当原则,即侵权行为的严重性与救济措施、惩罚措施的比例适当,并且考虑第三方利益。

对于何谓"适当",现有国际条约没有界定。对于条约的解释,《维也纳条约法》在第31—33条作了具体规定。条约的解释应根据它的用语,按照它的上下文,参照条约的目的和宗旨,所具有的通常意义,善意解释。这一解释规则也被WTO争端解决机构视为国际习惯而经常引用。对"适当"进行解释时应遵守上述解释规则。知识产权法执法的目的应是促进知识创新、传播和使用;确保知识产权人与使用者互利;促进社会和经济福利。在衡量适当性时应秉持上述目标。适当的执法措施也要顾及各国法律制度的差异。不应要求各国采取完全相同的程序和措施来保护知识产权。在履行条约执法义务时,各国有权在其法律制度和实践中确定履行义务的适当方法。在衡量国内执法制度的运行是否适当时,应当尊重成员的自主决定。①

而在国际立法时,国际知识产权法的执法制度设置的义务应兼顾各国的利益,应该与各国经济、社会及法治水平相适应,不应设置太高的知识产权执法义务,而超出发展中国家可承受的范围。国际知识产权法的执法制度对知识产权人的利益和使用者的利益应适当保护。在知识产权保护和技术进步的关系上,知识产权强保护给知识产权以牢固的保护,从而削弱了通过竞争来刺激创新的作用。强保护将减少技术转移和使用,甚至可能减少对创新的激励。Maskin、Bessen和Lerner等的研究证明:知识产权强保护与增加创新力或技术扩散是负相关的关系。实际上,技术的国际扩散并不是自动的,它与一个公司或国家的吸收能力相关。② 知识产权保护和

---

① 参见刘科:《〈与贸易有关的知识产权协定〉刑事措施义务研究》,中国人民公安大学出版社2011年版,第82页。

② WTO, *World Trade Report* 2013, 2014-03-06, http://www.wto.org/english/res_e/booksp_e/world_trade_report13_e.pdf.

执法应严防偏离激励创新的轨道,而越加变成巩固强势地位和贸易优势的政策工具。①

从《区域全面经济伙伴关系协定》第 58 条的规定看,适当原则还包括比例原则,即侵权行为的严重性与救济措施、惩罚措施符合比例,或者说罚当其过。对于故意侵权,可以处以惩罚性赔偿。对于严重损害公共利益的故意侵权,可以处以刑事处罚。而对于过失侵权,对于非商业性侵权,则应当从轻处理。

小结

国际知识产权法的执法制度协调各国知识产权利益,同时影响知识产权人和使用者之间的利益。而且,由于各国知识产权利益的差异,国际和国内两个层面的利益存在互动关系。强化知识产权人的利益,则更有利于发达国家。关注使用者利益,则能增进发展中国家的利益。利益平衡是知识产权法的基石和理论基础。知识产权人和使用者之间的利益应该平衡。利益平衡是知识产权法价值构造的核心,国际知识产权法的执法制度应具有人本价值、发展价值和程序正义价值。有效执法和适当执法是国际知识产权法执法制度利益平衡的原则要求。有效执法原则强调的并不是执法效果,更不是减少甚至消除知识产权侵权。有效执法的重点是条约规定的执法程序和措施可获得。适当的执法措施要符合知识产权法的目的,要顾及各国法律制度的差异,还应符合比例原则。

---

① 参见张平:《对知识产权若干问题的讨论——有感于一再加强的知识产权执法现状》,载中国社会科学院知识产权中心等编:《完善知识产权执法体制问题研究》,知识产权出版社2008 年版,第3—11 页。

第三章 国际知识产权法执法制度的失衡史

历史考察反映,国际知识产权法的执法制度经历各国自主知识产权执法标准阶段、最低知识产权执法标准阶段和强化知识产权执法标准阶段。国际知识产权执法制度的强化,只是单边强化知识产权人利益的执法,而忽视知识使用者利益的执法。以利益平衡原则来衡量,这种单边强化的历史反映了国际知识产权法的执法制度利益失衡史。

第一节 各国自主知识产权执法标准阶段

1474 年威尼斯国通过世界首部专利法:《威尼斯参议院 1474 年法令》。1709 年英国通过世界首部版权法:《珍妮法令》。1857 年法国通过世界首部商标法:《关于以使用原则和不审查原则为内容的制造标记和商标的法律》。地域性是知识产权的基本特性,资本主义国家跨国贸易要求其他国家保护资本主义国家的知识产权。但是,一些国家没有知识产权法,国家间的知识产权制度迥异,这就客观上要求对迥异的知识产权制度进行国际协调,建立国际统一的知识产权法律制度。为实现此目的,一些国家建立互惠制度,主动为外国知识产权提供互惠保护。1838 年英国制订的《国际版权法》序言中阐明，为外国作品的作者提供互惠保护，即如果某外国为首次在英国出版的作品的作者及其受让人提供保护，则英国在其境内为首次在该国出版作品的作者及其受让人提供保护。这毕竟是在国内法层面努力，其效果并不满意，有待以双边甚至多边条约的方式建立国际知识产权法律制度。

一、双边初步协调知识产权执法

国际知识产权法始于双边条约。1843 年意大利分别与奥地利、法国签订了保护版权的双边协定。1846 年英国与普鲁士签订了保护版权的双边协定。到 1886 年《伯尔尼公约》缔结前，这种双边协定在欧洲达到 30 多个。[①] 1851 年《英法版权条约》第 7 条规定，对于违反条约规定的盗版作品或文献应当予以扣留和销毁，对于违法人员应当根据国内法予以惩罚。1880 年《西班牙和英国版权条约》第 7 条与《英法版权条约》第 7 条内容相同，而且该条约第 1 条还约定，缔约一国的作者应当在缔约另一国有与该国授予给本国作者相同的司法救济。[②] 这就在双边条约中提出了知识产权执法的义务。

由上可见，在此阶段，一是提出了知识产权执法的国民待遇原则，二是提出了知识产权执法的措施要求，即扣留和销毁盗版作品或文献，以及惩罚违法人员。但是如何惩罚违法人员，完全由国内法规定。

二、多边初步协调知识产权执法

19 世纪上半叶，由于技术转移越来越向国际发展，专利和商标两个领域的国际协调显得非常迫切。1873 年在奥地利维也纳有关发明的国际展览会对外国发明缺乏充分保护使问题变得更加突出。当年的专利改革大

---

① 参见古祖雪：《国际知识产权法》，法律出版社 2002 年版，第 26—29 页。

② L. Bently，"Primary Sources on Copyright（1450-1900）"，http://www.copyrighthistory.org.

会通过决议,敦促各国尽快就专利保护问题达成国际谅解。① 1883 年在巴黎外交会议上法国、比利时和巴西等 11 个国家签订了《巴黎公约》(1884年生效)。该公约开启了知识产权国际多边保护的先河,也开启了知识产权执法国际多边协调的先例。

(一)《巴黎公约》

《巴黎公约》(1967 年文本)中有四个条款协调成员国执法制度,分别是第 2 条、第 9 条、第 10 条和第 10 条之二。1883 年《巴黎公约》第 2 条规定给予其他成员国国民以国民待遇,其他成员国的国民应享有和本国国民同样的保护。1925 年海牙修订会议上补充规定,国民待遇包括权利被侵犯时享有同样的法律救济手段。不过,第 2 条第 3 款申明:关于司法和行政程序、关于管辖权和关于指定送达地址或委派代理人的规定,均明确予以保留。也就是说,在司法和行政程序、管辖权和制定送达地址或委派代理人几个方面可以不给予国民待遇。例如:要求外国人缴纳诉讼费保证金,在原告住所地国家的法院控诉其他国家国民的权利,要求在国内选择送达地址或委派国内的代理人。② 简单来说,1925 年开始《巴黎公约》才要求缔约国在知识产权执法措施上给予国民待遇,执法程序、管辖权、指定送达地址和委派代理人方面明确予以保留。

《巴黎公约》第 9 条的一些内容在 1883 年原始文本中就已经有了,之后又作了部分修改。第 9 条第 1 款要求成员国在进口时扣押非法带有商标或厂商名称的商品;第 2 款要求非法粘附上述标记的国家及该商品已经进口的国家同样应予以扣押;第 3 款规定扣押行为应由主管机关依职权或

---

① 参见世界知识产权组织:《知识产权法教程》,高卢麟译,专利文献出版社 1990 年版,第37—38 页。

② 参见[奥]博登浩森:《保护工业产权巴黎公约指南》,汤宗舜等译,中国人民大学出版社2003 年版,第 19 页。

由利害关系人请求而进行,扣押的具体条件和程序还是由各国国内法规定,对于过境商品各机关没有扣押的义务;不过,第 5 款和第 6 款又做了一个让步规定,第 5 款规定如果成员国的法律不准许在进口时扣押,应代之以禁止进口或在进口后在国内扣押;第 6 款规定,如果上述执法行为均为国内法禁止,则在修改法律前,代之以该国国民可以采取的诉讼和救济手段。虽然公约第 5 条之四、第 6 条之二和第 6 条之七规定,在侵害工业产权时应采取措施,但是公约一般把制止侵权所应采取的制裁和救济手段问题留给成员国的本国法解决。虽然公约前几款的规定表面上非常严格,实际上对公约第 2 条和第 3 条所包含的一般规则(国民待遇原则)没有增加什么内容。因为国民待遇原则包括利害关系人的工业产权受到侵害时的制裁和救济手段在内。而且,第 9 条第 6 款规定在国内法禁止扣押的情况下,以该国国民可以采取的诉讼和救济手段。该款其实还是国民待遇原则的体现。"在法律作出相应修改前"的说法,只是请求成员国制定符合前几款的法律,但是并不产生任何义务,甚至不产生道义上的义务。当然,如果国内法采用这些措施,公约规定的这些措施就必须采用。无论如何,第 9 条第 1 款的执行完全依赖于成员国国内法和行政程序或法律程序。执行扣押的标准也由有关国家的国内法决定。①

　　第 10 条规定:第 9 条应适用于使用虚假商品原产地、生产者、制造者或商人的标记的情形。第 10 条还具体规定了利害关系人的范围。1883 年原始文本已经包括了该条的主要内容。不过,当时仅适用于虚假产地标记。1900 年后多次修订扩大适用如今的范围。其意义和局限性如第 9 条。

　　值得重视的是第 10 条之三。该条是在 1925 年海牙修订会上增加的内容。第 10 条之三第 1 款进一步规定成员国承诺保证其他成员国国民获

---

　　①　参见[奥]博登浩森:《保护工业产权巴黎公约指南》,汤宗舜等译,中国人民大学出版社 2003 年版,第 91—92 页。

得有效制止第 9 条、第 10 条和第 10 条之二所述行为的适当法律救济手段;第 2 款规定成员国承诺规定措施,准许集体管理组织代表利害关系人向法院或行政主管机关提出控诉。第 1 款应理解为制定、完善或保持有效制止规定行为的法律义务。第 2 款应理解为立法的义务。① 《巴黎公约》第 10 条之三是协调知识产权执法制度的很大进步,因为它提出了执法的标准:即适当和有效。不过,何谓适当和有效,《巴黎公约》没有提出具体标准。

总体来说,《巴黎公约》对执法制度的协调是处于国家自主决定阶段。需要说明的是,国家自主决定知识产权执法程序和措施需要符合国民待遇原则,其他缔约国国民的工业产权被侵犯时享有与本国国民同样的法律救济手段。除非公约明确规定的例外,缔约国不能给予其他缔约国国民歧视待遇。

(二)《伯尔尼公约》

1886 年《伯尔尼公约》原始文本就有了扣押侵权复制品的规定,即第 16 条。该条最初规定:各成员国对受到其法律保护作品的侵权复制品,可以进行扣押。侵权复制品的扣押是依照各国的法律规定进行。1908 年修订时补充了一款作为第 2 款,规定:前款规定适用于来自不保护和不再保护该作品的国家的复制品。② 也就是说,对于原属国不保护或已经进入公有领域的作品,只要在保护国还受到法律保护,就可以扣押侵权复制品。

另外,1908 年增加了第 13 条第 3 款。该款规定:根据第 13 条第 1 款(强制许可)和第 2 款(过渡性规定)制作的录音制品,如果未经有关方面批准进口到视此种录音为侵权录音制品的国家,该国可以进行扣押。

---

① 参见[奥]博登浩森:《保护工业产权巴黎公约指南》,汤宗舜等译,中国人民大学出版社 2003 年版,第 98—99 页。

② 参见[法]克洛德·马苏耶:《保护文学和艺术作品伯尔尼公约(1971 年巴黎文本)指南》,刘波林译,中国人民大学出版社 2002 年版,第 76—77 页。

这两条使用的都是"可以"扣押,因此对成员国来说,并不产生扣押的强制义务。

另外,《伯尔尼公约》第 6 条之二第 3 款规定,保障该条承认的权利(作者的精神权利)而采取的补救方法由被要求给予保护的国家法律规定。该款从 1928 年罗马修订会议增加以来没有变更。

简言之,《伯尔尼公约》将所有关于侵权的救济都留给成员国国内法去决定,成员国可以自行确定扣押的条件和程序。

(三)《世界版权公约》

联合国教科文组织主持缔结的《世界版权公约》①第 3 条第 3 款:"本条第 1 款②的规定,不得妨碍任何缔约国作出如下的规定:凡要求司法救助者,必须在起诉时履行程序性要求,诸如起诉人须通过本国辩护人出庭,或由起诉人将争讼的作品送交法院或行政当局,或兼送两处;但未能履行上述程序性要求,不应影响版权的效力,而且如对要求给予版权保护的所在地国家的国民不作这种要求,也不应将这种要求强加于另一缔约国的国民。"《世界版权公约》也没有对成员国执法提出最低标准要求。

(四)《保护原产地名称及其国际注册里斯本协定》

《保护原产地名称及其国际注册里斯本协定》(1958)的目的是防止任何原产地名称的假冒和仿冒。第 8 条规定了保护原产地名称的诉讼。该条首先明确,是为保护原产地名称可以在里斯本联盟各国提起诉讼;其次说明,诉讼适用的法律是受诉国国内法;最后列举了诉讼的发起方式包括:由主管机关请求或由公诉机关提起;或者由任何利害关系人(包括自然

---

① 1952 年在日内瓦缔结,1955 年生效。1971 年在巴黎修订过一次。1992 年 10 月 30 日对中国生效。

② 第 3 条第 1 款规定,外国作品只要符合公约规定带有版权标志,就应视为符合国内法对版权保护手续的要求。

人、公私法人）提起。

（五）《保护表演者、录音制品制作者和广播组织国际公约》

《罗马公约》是于 1961 年 10 月 26 日在罗马召开的外交会议结束时定稿，于 1964 年 5 月 28 日生效。《罗马公约》没有特别规定邻接权的执法条款。其第 2 条、第 4 条、第 5 条和第 6 条仅要求在邻接权保护上给予其他缔约国国民以国民待遇。国民待遇也包括在邻接权的执法上给予国民待遇。第 7 条还规定了表演者的特别权利，即提供可以防止未经表演者同意播放、录制表演或复制表演录制品的行为保护。至于具体的保护方式，完全留给缔约国自由来选择。①

（六）《保护录音制品制作者防止未经许可复制其录音制品公约》

20 世纪 60 年代，唱片和盒式带获得巨大成功，激起一些企业谋取非法利益的强烈欲望。它们大量复制录音制品，并进行销售。这种盗版活动还不断扩散，占据了正版市场的份额。据估算，每年有大约一亿张侵权唱片在销售，极大地侵害了录音制品制作者的权利。《罗马公约》只赋予了录音制品制作者授权或禁止复制其录音制品的专有权，但没有提到进口或擅自发行，除非与复制行为相关联。WIPO 和联合国教科文组织 1971 年 3 月召集了会议，拟订了草案，只用了不到 18 个月的时间制定并通过了一项新的国际公约:《保护录音制品制作者防止未经许可复制其录音制品公约》（简称《录音制品公约》,1973 年生效）。该公约第 2 条规定:各缔约国应保护属于其他缔约国国民的录音制品制作者，防止未经其许可而制作、进口和公开发行复制品。第 3 条规定各缔约国可以确定实施该公约的方

---

① 参见［法］克洛德·马苏耶:《保护文学和艺术作品伯尔尼公约（1971 年巴黎文本）指南》，刘波林译，中国人民大学出版社 2002 年版，第4—26 页。

式,但不是一种完全自由的选择。它要求在赋予著作权或其他特别权、制止不正当竞争及刑事制裁中选择一种或一种以上的方式。不过,如克洛德·马苏耶所解释的,缔约国必须针对进口给予保护这一要求,并不意味着他们有义务增加海关工作人员,扣押所有抵达边境的复制品。公约禁止的仅仅是为公开发行目的的商业进口。对于不是为了营销的个人携带侵权复制品,没有没收的义务。①

(七)《关于集成电路的知识产权条约》

集成电路布图设计是随着计算机技术的产生而出现的智力成果。《巴黎公约》和《伯尔尼公约》等传统知识产权条约没有涉及。为此,1989年 WIPO 主持缔结了《关于集成电路的知识产权条约》(简称《华盛顿条约》)。条约约定了保护布图设计的义务,即缔约方保证在其领土内按照本条约对布图设计(拓扑图)给予知识产权保护。它尤其应当采取适当的措施以保证防止按照第 6 条的规定被认为是非法的行为,并在发生这些行为时采取适当的法律补救办法(第 3 条)。另外第 5 条规定了国民待遇。与《巴黎公约》类似,《关于集成电路的知识产权条约》还约定:就指派代理人或者指定送达地址的义务而言,或者就法院程序中外国人适用的特别规定而言,任何缔约方应有不适用国民待遇的自由。可见,在知识产权执法上,《关于集成电路的知识产权条约》也只规定授予国民待遇,而且还给了成员国一定保留空间。

当然,笔者也发现从 20 世纪 70 年代开始至 80 年代,一些国家寻求制定统一的知识产权国际标准,但是都没有成功。20 世纪 70 年代,假冒商品激增,受害行业给政府施加压力,寻求控制假冒商品贸易的措施。为此,发达国家开始提议修改《巴黎公约》等知识产权公约。美国、加拿大和西

---

① 参见[法]克洛德·马苏耶:《保护文学和艺术作品伯尔尼公约(1971 年巴黎文本)指南》,刘波林译,中国人民大学出版社 2002 年版,第 73—83 页。

欧国家强调,知识产权执法措施无效必然鼓励知识产权盗版和假冒。20世纪80年代开始,WIPO 非常关注知识产权执法问题。① 1980 年开始修改《巴黎公约》第一次协商会议。1980 年至 1984 年,《巴黎公约》缔约国进行了几次会议,但都没有成功。因为,发达国家希望打击假冒和盗版,而发展中国家希望获得技术的强制许可和降低支付给权利人的使用费。1985 年WIPO 成立了反假冒和盗版措施专家委员会。1988 年召开了正式专家委员会会议,详细制定了反盗版和假冒的措施,并成为 WIPO 起草《WIPO 版权示范法》草案的参考材料。1992 年,专家委员会讨论的《WIPO 保护录音作者示范法》草案,其中包括权利执法章节,规定了保护措施、民事补救和刑事制裁,以及禁止滥用版权保护技术措施的处罚等。② 但是,这些举措并没有形成有效的国际知识产权执法统一规范。由于在 WIPO 制定统一知识执法国际标准受阻,发达国家 20 世纪 70 年代末至 80 年代还寻求在 GATT 中制订反假冒法典,但是在当时也没有成功。③

综上,大约自 1843 年出现协调知识产权执法的双边条约,提出了国民待遇原则和知识产权执法措施的基本要求,即扣留和销毁盗版作品或文献,以及惩罚违法人员。但是如何惩罚违法人员,完全由国内法规定。自

---

① 关于 TRIPS 缔结前 WIPO 管理的知识产权执法国际规则及 WIPO 针对假冒和盗版的行动,参见 WIPO 提供给 TRIPS 谈判工作组的文件 WIPO, Existence, Scope and Form of Generally Internationally Accepted and Applied Standards/Norms for the Protection of Intellectual Property, *MTN. GNG/NG11/W/24*, 5 May 1988。

② 参见世界知识产权组织:《知识产权指南——政策、法律及应用》,北京大学国际知识产权研究中心译,知识产权出版社 2012 年版,第 171 页。

③ 除了上述 WIPO 和 GATT 两个多边国际组织外,其他国际组织也涉及知识产权执法制度。联合国教科文组织(UNESCO)与 WIPO 还一起组织会议讨论邻接权、计算机软件。联合国教科文组织在 1985 年发布了一份研究报告,介绍了盗版状况,盗版的范围、原因和解决之道(*MTN.GNG/NG11/W/5/Add. 2*)。海关合作委员会(*CCC*)在 1987 年通过了《国内立法授予海关执行商标和版权法权力的示范法》(MTN.GNG/NG11/W/5/Add. 5. 25 January 1988.)联合国贸发会议(*UNCTAD*)从 1974 年开始拟订《国际技术转让行动守则》工作。拟订的草案尤其关注发展中国家的利益和关切。1980 年通过了《关于控制限制性商业惯例的公平原则和规则多边协议》(无法律约束力)。*See GATT, Activities in other International Organizations of Possible Interest in Relation to Matters Raised in the Group*, MTN.GNG/NG11/W/20, 8 February 1988.

1883 年到 1990 年,国际多边条约对各国的知识产权执法进行初步协调,但是没有提出统一的最低标准,允许国家自主决定知识产权执法。多边条约一般只要求缔约国对相关的知识产权进行保护,尽管在实体方面条约提出了最低标准,在知识产权执法方面条约一般没有提出具体的要求。即使《巴黎公约》第 10 条之三提出了有效制止和适当救济的要求,《巴黎公约》没有提出衡量有效性和适当性的具体标准,是否有效和适当还是由缔约国自行判断。具体执法行为和程序由各国自行决定,国家可以根据本国需要自主选择知识产权执法措施。国内知识产权执法标准只要遵守国民待遇原则就可。甚至在《巴黎公约》和《关于集成电路的知识产权条约》还明确规定执法程序方面的国民待遇例外,这些例外包括:指定送达、委派代理人、司法程序,甚至行政程序和管辖权。这种状况的原因是,传统国家主权理论认为,国内行政执法和司法是主权国家的绝对主权范围,决定是否执法和如何执法问题是主权国家至高无上的权威。[1]

第二节　最低知识产权执法标准阶段

1982 年后美国改变国内知识产权保护方法,寻求通过把知识产权纳入美国 1984 年和 1988 年贸易法修正案,从而使知识产权全球化。美国采用贸易威胁的战略,用贸易制裁和取消贸易优惠的手段胁迫其他国家。此外,美国通过双边手段与其他国家或地区协商并签订双边条约。20 世纪 80 年代,美国先后与日本、新加坡等磋商,希望对方遏制假冒和盗版。从 20 世纪 80 年代后期开始,美国给予知识产权执法优先关注,[2]还重新定义

---

[1]　参见[美]汉斯·摩根索:《国际纵横策论》,卢明华译,上海译文出版社 1995 年版,第 389 页。

[2]　See Timothy P. Trainer, *Customs Enforcement of Intellectual Property Rights*, New York: Thomson Reuters, 2011, p.8.

了"国家利益"。① 进入 90 年代后,新的国际知识产权执法规则首先在北美达成,随后在全球范围建立。

一、NAFTA:区域最低知识产权执法标准

《北美自由贸易协定》(简称 NAFTA)被认为是美国应对欧洲一体化及其他区域联盟而实施关税同盟与自由贸易区政策的产物。1991 年 2 月美国、加拿大和墨西哥三国宣布进行建立自由贸易区的谈判。1992 年 8 月 12 日三国签署《北美自由贸易协定》,协定于 1994 年 1 月 1 日生效。《北美自由贸易协定》以美加自由贸易协定为蓝本,但增加了知识产权保护的内容,主要目的是提高墨西哥的知识产权保护水平,保障美国和加拿大厂商的知识产权利益。② 该协定的第六编(第 17 章)规定知识产权的保护,要求成员国为各方的国民提供充分、有效的知识产权保护与执法。协定第 1714—1719 条首次在区域国际条约中详细地规定了知识产权执法义务。《北美自由贸易协定》第 1714—1719 条包括:第 1714 条:知识产权执法的一般义务;第 1715 条:民事和行政程序方面的特别程序和救济;第 1716 条:临时措施;第 1717 条:刑事程序和处罚;第 1718 条:边境执法。《北美自由贸易协定》要求:各成员方必须保证知识产权执法的程序公正、公平,便于当事人,没有不合理的期限或无保障的迟延。各成员国应授权其司法机关采取禁令的执法方式以阻止侵犯知识产权的行为,主管机关还可以采取临时禁令阻止被控侵权产品进入商业渠道。各成员国必须提供刑事程序和处罚来至少惩治故意商业规模的假冒和盗版。成员甚至还可以针对知识产权侵权提供刑事程序和处罚。各成员国必须采取程序和措施禁止被控侵权产品进口。附件第 1728.14 条给予了墨西哥履行第 1718

① 参见[美]苏姗·K.赛尔:《私权、公法——知识产权的全球化》,董刚等译,中国人民大学出版社 2008 年版,第 13 页。
② 参见张乃根:《国际贸易的知识产权法》,复旦大学出版社 2007 年版,第 178 页。

条(边境执法)义务三年的过渡期,三年内墨西哥应极尽所能符合第 1718 条的要求。

《北美自由贸易协定》下的知识产权执法制度的源头是美国在 1990 年 5 月提出的 TRIPS 协定草本,与 TRIPS 协定 1990 年 12 月草本(布鲁塞尔文本)知识产权执法规则没有实质差别。《北美自由贸易协定》第 1714—1719 条的结构与 TRIPS 协定第三部分基本相同,除了刑事执法与边境执法的顺序调换了,其原因可能是墨西哥对边境执法享有三年过渡期。《北美自由贸易协定》每条的内容大致相当于 TRIPS 协定第三部分的一节,两者的字数也相当。

虽然《北美自由贸易协定》知识产权执法制度源于 TRIPS 协定草本,但是从生效时间看,《北美自由贸易协定》,而不是 TRIPS 协定,首次给成员国的知识产权执法制度设定了系统的最低标准。在知识产权执法方面,缔约国不仅要给予其他缔约国国民待遇,还要按照《北美自由贸易协定》设定的统一标准提高本国标准,为知识产权人提供条约规定的救济程序和措施。迪纳将《北美自由贸易协定》的协调模式称为最低纲领主义。迪纳说,随着区域贸易协定的出现,世界正在被全球的、区域的和国家的三股竞争力量推动。推行自由贸易已经导致区域贸易协定内部成员国之间出现一定程度的趋同,包括立法上的趋同。新自由主义犹如一种"统一力",把成员国带入减弱其独特性的合作安排之中。① 《北美自由贸易协定》知识产权规则生效后,美、加、墨三国的知识产权实体法都面临修改的压力。但在知识产权执法方面,压力则主要是在墨西哥和加拿大两国。②

---

① 参见[美]弗朗切斯科·迪纳:《自由贸易的社会建构:欧洲联盟、北美自由贸易协定及南方共同市场》,黄胜强等译,中国社会科学出版社 2009 年版,第 181—197 页。

② See Bruce Zagaris, Alvaro J. Aguilaw, "Enforcement of Intellectual Property Protection Between Mexico and the United States: a Precursor of Criminal Enforcement for Western Hemispheric Integration?", *Fordham Intellectual Property*, *Media and Entertainment Law Journal*, No. 5 (1994), pp. 41-124.

2020 年 7 月 1 日《美国—墨西哥—加拿大协定》(简称"《美墨加协定》")正式生效,替代了《北美自由贸易协定》。

二、TRIPS 协定:全球最低知识产权执法标准

TRIPS 协定缔结前,知识产权的国际协调主要是在 WIPO 中进行的。在 GATT 东京回合(1973—1979)前,知识产权基本被视为自由贸易可接受的障碍。受代表跨国公司利益的 12 人组成的知识产权委员会等团体的推动,美国和欧共体热切希望在 GATT 中引入知识产权执法的多边纪律。在乌拉圭回合谈判(1986—1994)之初以及 TRIPS 协定的谈判中,它们明确表达了这种意愿。这是因为各国知识产权执法方式存在巨大的差异,从而影响了美、欧发达国家知识产权的保护。为此,它们希望达成统一知识产权执法的新规则。在 1987 年和 1990 年,欧共体和美国先后提交谈判建议。1990 年 3 月和 5 月,欧共体和美国相继提出 TRIPS 协定草本,两份草本结构类似。尽管印度等发展中国家反对在 GATT 中引入知识产权统一规则,两份草本还是没有经过多少修改就成为 TRIPS 协定的基础。1990 年 6 月,TRIPS 协定谈判组向谈判各方散发题为"主席草案"或"综合草本"的 TRIPS 协定起草文本。经过多次磋商和相应修改。1994 年 4 月 15 日谈判各方代表正式签署 TRIPS 协定文本。TRIPS 协定第三部分(即知识产权执法)基本上就是以欧共体和美国的提案为模板,显得没有太大争议地达成了。①

1995 年 1 月 1 日,TRIPS 协定生效,国家和单独关税区成员 76 个。2001 年 12 月 11 日,中国正式加入 WTO,成为 WTO 第 143 个成员。截至 2022 年 11 月 22 日,成员共 164 个。TRIPS 协定第 1 条要求,成员应使本

---

① See Carlos M. Correa, *Trade Related Aspects of Intellectual Property Rights: a Commentary on the TRIPS Agreement*, Oxford:Oxford University Press,2007,p. 409;参见张乃根:《TRIPS 协定:理论与实践》,上海人民出版社 2005 年版,第 91—101 页。

协定的规定生效,可在域内法上规定严于本协定要求的保护。据此,TRIPS 协定为各个成员设定了知识产权执法的最低标准,各个成员应该按照规定的时间在国内执行该最低标准,一些成员建立了更高标准。以TRIPS 协定为标志,全球性知识产权执法标准得以建立。美国、欧共体、日本等发达国家或地区实现了其制订知识产权执法国际最低标准的意图。发展中国家成员由此就应当按照 TRIPS 协定的要求为发达成员的知识产权人提供有效执法保护。但是,保护知识使用者利益的执法程序和措施却被发达国家限制了。

第三节　强化知识产权执法标准阶段

后 TRIPS 时期,国际知识产权法的执法制度呈现超 TRIPS 协定(TRIPS-Plus)的发展趋势。这种发展趋势已经引起国内外学者的关注。TRIPS-Plus 针对的是 TRIPS 协定规定的最低标准,是 TRIPS 协定生效后,在国际法律框架中设定比 TRIPS 协定最低标准更高、范围更广、效力更强的知识产权保护要求,以及限缩权利限制和例外范围的措施。[1] 至 2021年 6 月 1 日,WTO 备案 350 项已经生效的区域贸易协定,其中 241 项区域贸易协定包括知识产权条款。[2] 这种强化国际知识产权法执法制度的推动力源自美国、日本和欧盟等发达国家和地区,并通过双边、区域性及多边条约在国际范围内展开。知识产权执法强化有如下特点:一是从内容上增强刑事、民事、行政及边境知识产权执法力度;二是从方式上推行TRIPS-Plus 知识产权执法多样化;三是在效果上形成知识产权执法全球

---

① 参见王弈通:《论美国双边自由贸易协定中的知识产权保护制度》,《美国问题研究》2011 年第 2 期。

② 参见古祖雪:《RCEP 知识产权章节与 TRIPS 协定的关系:基于条约法的分析》,《湖南师范大学社会科学学报》2022 年第 4 期。

棘轮效应;四是以美国、欧盟域内标准为模板迫使发展中国家接受相同或类似的知识产权执法标准;五是具有场所转移的特征。①

一、双边强化知识产权执法标准

（一） 双边自由贸易协定强化

国际知识产权法的执法制度在双边层面的强化主要是通过自由贸易协定的方式实现。美国在双边层面强化中起了核心作用。2000 年 10 月 24 日美国与约旦签署自由贸易协定(《美国—约旦自由贸易协定》),它是美国与阿拉伯国家签署的第一个自由贸易协定。与 1985 年美国与以色列签署的第一个建立自由贸易区协定②不同,《美国—约旦自由贸易协定》首次包括了"知识产权执法"部分,即第 24—28 段。而且相对于 TRIPS 协定的知识产权执法制度,该协定提高了标准。它规定,在计算损害时,应根据合法产品的建议零售价或权利人估算授权产品价格的其他同等措施确定。它要求每方应当至少在盗版和假冒商标的情形下,使其主管机关可以依职权主动发起刑事行动和边境措施。另外第 28 段要求,即使没有直接或间接营利目的,明显故意盗版侵权行为应被认为是商业规模的故意盗版。③ 在《美国—约旦自由贸易协定》关于知识产权保护议题的谅解备忘录中,明确要求约旦单方提高其刑事处罚金额,以足够高的处罚来遏

---

① 参见余敏友、廖丽:《简评 TRIPS-Plus 知识产权执法及其合法性》,《法学杂志》2011 年第 12 期。

② 美国对外签订的第一个建立自由贸易区协定是 1985 年 4 月 22 日与以色列签订的,该协定于 1985 年 8 月 19 日生效。在美国与以色列的自由贸易协定第十四条规定了知识产权的保护,不过没有明确约定知识产权执法义务。See USTR, "Israel Free Trade Agreement", 2013-10-15, http://www.ustr.gov/trade-agreements/free-trade-agreements/israel-fta.

③ See USTR, "Agreement between the United States of America and the Hashemite Kingdom of Jordan on the Establishment of a Free Trade Area", 2013-10-10, http://www.ustr.gov/sites/default/files/Jordan%20FTA.pdf.

制侵权。①

2002 年 8 月美国总统签署《2002 年双边贸易促进法案》,延长国会对总统的贸易促进授权,包括签署自由贸易协定以及在 WTO 框架下签署多边协定。这使得美国对外自由贸易协定飞速发展。2002 年以来,美国先后与新加坡、智利、澳大利亚、巴林、哥伦比亚、哥斯达黎加、多米尼加、萨尔瓦多、危地马拉、洪都拉斯、摩洛哥、尼加拉瓜、阿曼、巴拿马、秘鲁和韩国等16 个国家签订了双边自由贸易协定。②

2004 年 1 月 1 日生效的《美国—智利自由贸易协定》及《美国—新加坡自由贸易协定》都扩大了知识产权执法范围,提高了知识产权执法标准。智利属于中等发展水平国家。《美国—智利自由贸易协定》的第十七章专门规定知识产权。该协定首先在序言及实体性条款中设定了知识产权执法义务。它强调知识产权的保护和执法是知识产权法的基本原则。其次,该协定第 17.11 条专门规范知识产权执法,实质提高了知识产权执法标准。它在 TRIPS 协定第三部分之上,规定了互联网服务提供者(ISP)责任限制。在自由贸易协定中规定"互联网服务提供者责任限制"是《美国—智利自由贸易协定》和《美国—新加坡自由贸易协定》的创举。第17.11 条第 23 段反映了规制网络服务提供者责任限制的目的,即提供执法程序以允许针对任何版权和邻接权侵权行为采取有效行动。为此,它要求各方应规定,促使服务提供者与版权人合作,以遏制未经授权的储存和传播版权材料;还应在法律中规定服务提供者的责任限制条件。这些规定基本源自美国《数字千禧年版权法》(DMCA)中关于网络服务提供者的

---

① See USTR, "Memorandum of Understanding on Issues Related to the Protection of Intellectual Property Rights under the Agreement between the United States and Jordan on the Stablishment of a Free Trade Area", 2013 - 10 - 10, http://www.ustr.gov /sites/default/files/uploads/agreements/fta/jordan/asset_upload_file120_8462.pdf.

② See USTR, Free Trade Agreements, 2022 - 11 - 22, https://ustr.gov/trade - agreements/free - trade - agreements.

"避风港"及"通知——删除"制度。关于民事、行政程序和救济,它规定至少在侵犯商标、版权和相关权的情况下,侵权者因侵权所得利益不能用来计算损失,司法机关尤其应考虑被侵权产品的合法零售价。边境措施中,当有理由相信或怀疑进口、出口或转运中的商品系假冒或盗版商品,每一方应规定,主管当局被允许依职权主动发起边境措施。关于刑事程序和救济,对商业规模的盗版和假冒进行了界定,包括以显著大的货物总价值故意非法复制和发行(含电子方式)复制品,侵权商品货值的计算以合法零售价为基础。

美国正是以其国内法为模板,以自由贸易协定为其拓展知识产权保护的手段。① 美国推进双边及区域自由贸易协定是服务于其国家安全及整体贸易战略,它以高效的贸易谈判和决策机制为自由贸易协定谈判的基础,并以政策预警和事后评估机制为辅助。② 美国与新加坡的自由贸易协定对东盟其他国家也产生示范效应,自由贸易协定成为美国在东盟推行其知识产权保护高标准,和出口美国知识产权制度的新手段。③

（二） 双边经贸协定强化

2013 年开始,美国又着手与欧盟商谈《跨大西洋贸易与投资伙伴协定》(TTIP),目的是建立自由贸易区并促进双边投资。2013 年 7 月美国与欧盟进行了 TTIP 的第一轮谈判。根据美国的说明,发展知识产权规则、原则和新的合作模式是目的之一,而且也是未来部署的一个关键性因素。④

---

① 参见朱颖:《美国知识产权保护制度的发展——以自由贸易协定为拓展知识产权保护的手段》,《知识产权》2006 年第 5 期。

② 参见王红霞:《服务于国家安全及整体战略——美国双边及区域自由贸易协定的战略目标及启示》,《国际贸易》2004 年第 10 期。

③ 参见杨静:《自由贸易协定:美国在东盟国家推行知识产权高标准保护的新手段》,《云南大学学报法学版》2009 年第 1 期。

④ See USTR, "White House Fact Sheet: Transatlantic Trade and Investment Partnership (T-TIP)", 2013 - 10 - 20, http://www.ustr.gov /about - us/press - office/fact - sheets/2013/june/ wh-ttip.

美国和欧盟都致力于维护和促进包括知识产权执法在内的高级别的知识产权保护，并增强这方面的工作。然而，最近的消息是 2016 年 10 月 3 日至 7 日美国和欧盟举行第十五轮谈判，①但是双方至今没有达成协议。其原因包括 2017 年后特朗普政府的贸易保护主义及 2020 年以来的新冠疫情。

不过，美国成功逼迫中国签订新的经贸协定，并单方面提高中国知识产权执法标准。2018 年 3 月，美国贸易代表（USTR）发布《301 报告》，指责中国存在强迫技术转让、窃取美国知识产权等问题，特朗普据此对华加征关税。此后，中美贸易摩擦升级至贸易、科技、金融、外交、地缘政治、国际舆论、国际规则等全领域。中美经贸摩擦的本质是美国遏制经济实力上升为世界第二的中国。美东时间 2020 年 1 月 15 日，中美双方在美国华盛顿签署《中美经贸协议》，暂时缓解了中美双方的摩擦。

《中美经贸协议》的第一章就是知识产权，共 11 节 36 条。第 1 节为一般义务，重申了 TRIPS 协定的执法要求。

第 2 节用 7 条约定商业秘密和保密商务信息，除了提高商业秘密实体保护标准外，还要求规定民事程序中举证责任转移，临时措施，取消以权利人确定发生实际损失为启动刑事调查的前提，中国应显著降低刑事执法所有门槛，设置侵犯商业秘密罪，免于中国政府未经授权的披露。

第 3 节约定双方为药品审批数据提供有效保护和执法，单方面要求中国建立药品专利纠纷早期快速解决有效机制。

第 4 节要求中国新增专利延长和补偿规则。

第 5 节约定双方合作打击电商平台上的盗版与假冒，中国应规定吊销屡次未能遏制假冒或盗版商品销售的电商平台网络经营许可证。

第 6 节未专门对地理标志执法提要求。因为地理标志不是美国的优

---

① See USTR, "T-TIP Round Information", 2022 - 11 - 22, https://ustr.gov/ttip/ttip-round-information.

势知识产权。

第 7 节关于盗版和假冒产品的生产与出口,要求中国给美国分享药品原料场地信息及执法信息,每年在网上发布执法数据,显著增加执法行动数量,每季度在网上发布执法效果数据;海关及法院销毁假冒或盗版商品而不仅仅按照 TRIPS 协定要求排除商业渠道。海关应减少包括转运或出口的假冒和盗版商品数量,中国海关应重点对转运或出口的假冒和盗版商品执法,持续增加执法人员,显著增加执法培训和行动数量,并在网上更新执法信息。对实体市场,中国显著增加执法数量,每季度在网上更新执法信息。中国应聘用第三方审计政府机构及政府拥有或控制的实体软件正版化,并在网上公布审计结果。

第 8 节确保对恶意注册商标行为进行执法保护,也就是说将执法范围扩展到注册程序。

第 9 节,基于合理嫌疑,中国就应要求行政部门移交刑事执法。第 1.27 条要求中国一味地以接近或最高法定处罚方式从重处罚侵犯知识产权的行为,提高法定赔偿金、监禁刑和罚金。第 1.28 条规定确保法院判决得到迅速执行,中国应公布执行工作指南、实施计划及执行结果报告。第 1.29 条关于著作权和相关权,中国应仅仅以署名就推定著作权人或相关权人,而且仅仅在此基础上举证责任转移至被诉侵权人证明有权使用作品,否则免除署名人提供转让协议或其他文书。第 1.30 条关于文书认证,民事程序中,宣誓就应确认证人证言真实性,而不得要求证据认定。第 1.31 条规定中国应给予当事人在民事案件中邀请证人或专家,和质询证人证言的机会。

第 10 节规定,中国应制定行动计划加强知识产权保护。

《中美经贸协议》特别对中国知识产权执法程序和措施,提出相对 TRIPS 协定更高的要求。例如,要求中国设立侵犯商业秘密罪,不以知识产权人实际损失为刑事立案前提,显著降低刑事门槛,持续增加执法人员和显著增加执法数量,海关对过境假冒和盗版产品进行执法,第三方审计中国政府及国有企事业单位软件正版化,定期网上公布执法数据,前置打击恶意商标注册行为,一味地从重处罚侵犯知识产权侵权行为,提高法定赔偿金、监禁刑和罚金,仅以署名就证明著作权人或相关权人并实施举证责任转移,证人宣誓就应确认证人证言真实性并免除认证,等等。

最后要说明的是,与双边自由贸易协定不同,根据 TRIPS 协定最惠国待遇原则,美国通过《中美经贸协议》从中国获得的知识产权执法利益,自动无条件授予给 WTO 其他成员的国民。

二、区域强化知识产权执法标准

(一) 欧盟《知识产权执法指令》强化知识产权执法

在 20 世纪 90 年代后期欧盟委员会开始检查知识产权执法问题。为了协调成员国执法措施方面存在的很大差异,也为了落实 TRIPS 协定的要求,欧共体理事会于 2004 年 4 月通过了《知识产权执法指令》(Directive 2004/48/EC),并要求在 2006 年 4 月 29 日前实施。但至 2009 年,全部成员国才在国内执行。[1]

《知识产权执法指令》涉及民事措施、临时措施和边境措施,不涉及行政措施和刑事措施。由于在欧盟大多数的案件由法院处理,也就是民事救济,而不是行政程序救济,因此它没有协调行政措施。[2]《知识产权执法指令》包括:32 段的引言及 22 个条款,共五章。分别规定了目的和范围;措施、程序和救济;成员国的制裁;行动守则和行政合作;最后条款。第二部分(措

---

[1] See Christophe Geiger etc., "What Developments for the European Framework on Enforcement of Intellectual Property Rights? A Comment on the Evaluation Report Dated December 22, 2010", *E.I.P.R.*, No. 9 (2011), pp. 543-549.

[2] 参见康保罗等:《欧盟和中国知识产权立法和执法比较研究》,欧洲联盟欧洲委员会 2005 年,第 41—44 页。

施、程序和救济）是重点之一，规定了一般义务、有权利用相关程序的主体、作者或所有权的推定、证据、保存证据的措施、信息权、临时和预防措施、纠正性措施（corrective measures）、禁令、替代措施、损害、法律成本、司法裁判的公开。

《知识产权执法指令》好像打开了潘多拉盒子。一系列有关知识产权执法的规定、策略和建议相继出台。[1] 2003 年 7 月欧盟通过了新的《海关知识产权保护条例》。针对转口侵权货物采取海关措施，TRIPS 协定没有设定义务。《海关知识产权保护条例》的"重述"将侵权转口货物列入应当禁止的范围，成员国也如此采取措施。[2] 2007 年 4 月 25 日，欧洲议会通过《欧洲议会和欧盟理事会关于旨在确保知识产权执法的刑事措施指令》，增加了刑事措施规范，统一欧盟各国对侵犯知识产权行为的处罚标准。该指令规定，凡是仿冒音乐、电影及药品等专利产品以获取商业利益的行为将被作为刑事犯罪处理。[3] 欧盟强化知识产权执法保护，不仅涉及具体的执法措施，还涉及执法机构。依据《欧共体条约》成立的海关联盟基本实现欧共体海关组织的一体化。在司法机关方面，欧盟要求成员国指定专门的商标法庭和外观设计法庭，很多成员都已经这样做了。尤为突出的是，2023 年 6 月 1 日欧盟统一专利法院正式运行。它对欧洲统一专利有专属管辖权，对某些传统欧洲专利有管辖权。

《知识产权执法指令》服务的主要是国际唱片业协会、国际录像联合会、欧洲互动软件联盟、欧洲独立音乐协会及欧洲电影公司联盟著作权产业集体组织的利益。对于《知识产权执法指令》自由信息基础设施基金会、欧洲竞争电信协会、英国信息政策研究会和知识产权正义组织提出了严厉的批评。他们认为，指令的超 TRIPS 条款削弱了欧盟的自由贸易，使欧盟本地企业更难挑战微软等具有垄断地位的权利持有人。而且由于未

---

① 参见余敏友、廖丽：《欧盟〈知识产权执法指令〉述评》，《欧洲研究》2009 年第 6 期。
② 参见李明德等：《欧盟知识产权法》，法律出版社 2010 年版，第 122—126 页。
③ 参见张彤：《欧盟法概论》，中国人民大学出版社 2011 年版，第 323 页。

规定必要的合理使用,对于文化、隐私和司法体制会造成不利影响。指令的超 TRIPS 条款不仅使权利人与消费者和第三人不平衡,而且导致一般民法和知识产权法不平衡。指令违反欧共体条约中的必要性原则、辅助性原则和相称性原则。针对瑞典实施《知识产权执法指令》的新反盗版法,48%的瑞典人反对,只有 32%的人支持。德国学界怀疑该指令,普遍认为立法过程太快,质疑该指令对所有类型知识产权提供相同执法措施,既涵盖商业行为,又涵盖私人行为。德国政界也是缓慢执行该指令的。最后执行期后的 2007 年 4 月德国联邦议院才一读《知识产权执法改进法》(2008 年 9 月 1 日实施)并导致欧共体委员会在 2007 年 8 月 23 日对德国提起诉讼,请求欧洲法院宣告德国没有如期履行该指令。2007 年 5 月 1 日荷兰才完全执行了该指令。荷兰知识产权法专家对该指令的批评主要涉及三个方面。一是指令的适用范围,指令除了适用于商业目的侵权还适用于诚信的竞争者,知识产权人可以调用全部执法措施而被告不能调用,是否公正和有效? 二是辅助性原则的批评,诉讼法是成员国主权范围内的事务,然而该指令却深入协调。三是平衡性的关注。知识产权能够得到比其他权利更多的保护,指令引入普通法上的审前证据开示制度,导致知识产权诉讼花费高昂和时间冗长。① 欧盟在 TRIPS 协定的基础上进一步强化了知识产权人利益的保护,使权利人与使用者的利益失衡加剧。

第一,在证据保全措施上,《知识产权执法指令》第 7 条具体规定,查封侵权产品、用于制造和销售侵权产品的材料、设施及相关文件。在必要时,可以在不通知对方当事人的情况下采取临时措施,即安东·皮勒命令(Anton Piller Orders)。这无疑是偏向于产业利益集团,加大被告方的责任。第二,在信息权上,TRIPS 协定只是规定成员"可以"规定司法当局有权责令侵权人将涉及侵权的第三人身份及其销售渠道等信息提供给权利

---

① 参见[法]乔治·卡明等:《荷兰、英国、德国民事诉讼中的知识产权执法》,张伟君译,商务印书馆 2014 年版,第 106—267 页。

人。《知识产权执法指令》要求成员国"应当"保证适用,并扩大了信息来源的主体范围,除了侵权人外,还包括其他人。第三,在临时措施上,指令纳入了玛瑞瓦禁令(Mareva Injuction),规定司法当局可对被告的动产和不动产采取包括冻结银行账号和其他财产的临时措施。第四,在赔偿上,指令规定确定损害时应考虑的因素扩大到有关案件的非经济损失,例如侵权对权利人造成的精神损害。指令还规定在有关案件中还可考虑采用知识产权许可费总额赔偿。第五,指令还要求侵权者收回其投放在市场上的侵权产品,召回、转移或销售侵权的费用由侵权者来承担。《知识产权执法指令》还存在销毁成本高的问题。① 第六,边境措施上,《海关知识产权保护条例》授权成员国针对转口侵权货物采取海关措施。第七,《知识产权执法的刑事措施指令》提高了刑事处罚标准。

(二)《美墨加协定》强化知识产权执法

2018 年 11 月 30 日,美国、墨西哥、加拿大三国领导人签署《美国—墨西哥—加拿大协定》(简称《美墨加协定》)。《美墨加协定》于 2020 年 7 月 1 日正式生效,替代《北美自由贸易协定》。总体而言,《美墨加协定》保留了《北美自由贸易协定》的框架,但是大量吸收了《跨太平洋伙伴关系协定》的内容。特朗普政府积极发动《北美自由贸易协定》重新谈判,主要是基于墨西哥的贸易逆差和就业机会竞争。②

《美墨加协定》体现了特朗普政府的"美国优先"立场和单边主义倾向。不过,美国的单边主义不是真正的"去全球化",而是重塑全球经贸规

---

① European Commission, Report from the Commission to the European Parliament, the Council, the European Economic and Social Committee and the Committee of the Regions: Application of Directive 2004/48/EC of the European Parliament and the Council of 29 April 2004 on the enforcement of intellectual property rights. Brussels, 2010 – 12 – 22, https://eur – lex. europa. eu/ LexUriServ/LexUriServ.do? uri=COM:2010:0779:FIN:EN:PDF.

② 参见魏红霞:《〈美墨加协定〉谈判中的各方利益博弈》,《拉丁美洲研究》2019 年第 2 期。

则,构建符合美国利益的新一代"全球化"规则。①

　　关于《美墨加协定》的性质,有研究者认为《美墨加协定》不同于《北美自由贸易协定》这一区域自由贸易协定,它不再是区域经济一体化协定。一是它的名称抛弃了"自由贸易协定",仅仅是国家间协议;二是它包括的"毒丸条款"排除与非市场经济国家签订自由贸易协定。② 其实,《美墨加协定》是取代《北美自由贸易协定》,内容涵盖贸易、知识产权和投资,提供比 WTO 协定更高标准的贸易自由化、更高标准的知识产权保护和更高标准的投资自由化。因此,《美墨加协定》与《北美自由贸易协定》一样,都是自由贸易协定。美国政府也仍然将该协定归类为自由贸易协定。

　　《美墨加协定》第 20 章(知识产权)J 节为执法,从第 20.78 条至第 20.88 条共 11 条,包括一般义务、推定、知识产权执法实践、民事和行政程序及救济、临时措施、边境措施的特殊要求、刑事程序和惩罚、卫星加密节目和有线信号的保护、软件的政府使用、网络服务提供者、法律救济和安全港。其中的推定、执法实践、卫星加密节目和有线信号的保护、软件的政府使用、网络服务提供者和安全港的内容是 TRIPS 协定没有的。第 20.83 条第 5 款规定:"各缔约方应规定,其主管机关可以依职权对涉嫌假冒商标商品或盗版商品采取边境措施,这些海关管制货物是:(a)进口的;(b)目的为出口;(c)过境;和(d)准入或者出入保税区或者保税仓库的。"过境货物以及保税区货物知识产权执法是 TRIPS 协定没有要求的。

　　有研究者将我国知识产权执法措施与《美墨加协定》进行比较,得出符合或者有差距的结论。③ 这种研究忽略了《美墨加协定》仅仅对美墨加

①　参见廖凡:《从〈美墨加协定〉看美式单边主义及其应对》,《拉丁美洲研究》2019 年第 1 期。

②　参见翁国民、宋丽:《〈美墨加协定〉对国际经贸规则的影响及中国之因应》,《浙江社会科学》2020 年第 8 期。

③　参见刘迪、阮开欣:《〈美国—墨西哥—加拿大协定〉知识产权章节评介之知识产权执法条款》,《中国发明与专利》2019 年第 4 期。

三个缔约国有效,对我国没有效力。而且,《美墨加协定》也不是全球知识产权执法惯例,我国没有看齐的必要。

(三)《区域全面经济伙伴关系协定》强化知识产权执法

《区域全面经济伙伴关系协定》(RCEP)是全球规模最大的自由贸易协定。它由东盟十国①发起,并有中国、日本、韩国、澳大利亚和新西兰五国(10+5)参加。2011 年 2 月东盟经济部长会议上形成了协定草案,2020年 11 月 15 日东盟十国及中国等 15 个国家签署《区域全面经济伙伴关系协定》(2022 年 1 月 1 日生效)。

《区域全面经济伙伴关系协定》知识产权章是其篇幅最长,内容最为详尽的一个部分。第 11 章(知识产权)第 10 节专门规定知识产权执法,有一般义务、民事救济、边境措施、刑事救济、数字环境下的执法五小节,从第58 条至第 75 条,共 18 条。相对于 TRIPS 协定,大的方面多了数字环境下的执法。第 2 小节民事救济虽然在标题上没有像 TRIPS 协定一样标明行政程序,也没有专门的行政程序条款,不过根据其注解,成员国也可以不采用民事救济而提供行政救济来履行该小节的义务。这样的话,《区域全面经济伙伴关系协定》对行政程序也提出与民事救济一样的要求。

第 1 小节为一般义务,只有第 58 条这一条。相对于 TRIPS 协定,第 5款要求缔约方以署名作为推定作品作者的方式。

第 2 小节规定民事救济,它也适用于行政程序,涵盖第 59—64 条。第60 条规定损害赔偿。相对 TRIPS 协定不同的是,它要求缔约国授权司法机关考虑知识产权人任何合法的价值评估,即以市场价格评估被侵权商品或者服务的价值。这是 TRIPS 协定没有的。"任何合法的价值评估方法",是由日本和韩国提议的。不过,工作组还是将合法的价值评估限定

---

① 东盟十国包括:文莱、柬埔寨、印度尼西亚、老挝、马来西亚、缅甸、菲律宾、新加坡、泰国、越南。印度参与了近 30 轮谈判,却在 2019 年 11 月退出 RCEP 的谈判。

为市场价格。日本、澳大利亚和韩国曾提议以建议零售价认定损失,但最终没有被纳入。以建议零售价作为评估被侵权商品或服务的价值,是《跨太平洋伙伴关系协定》采纳的方法(第18.74条第4款)。一般来说,建议零售价往往高于市场价格,不能真正反映被侵权商品的价值。

第4小节规定刑事救济,仅有第74条。第74条第1款要求缔约方对商业规模的故意侵犯著作权或相关权或商标的行为适用刑罚。《区域全面经济伙伴关系协定》第74条第2款将犯罪行为扩展至进口、分销、销售行为。第4款特别要求对从电影院放映中复制电影作品的行为适用刑事处罚,当然缔约方有设定犯罪门槛的自由。它在TRIPS协定第61条之外,增加给侵犯相关权定罪的义务。TRIPS协定第61条的用语是"版权盗版"(copyright piracy)。TRIPS协定对版权和相关权是分开表述的,因此版权盗版就不包括相关权盗版。

第5小节规定数字环境下的执法,要求缔约方将民事救济、刑事救济程序适用于数字环境中侵犯著作权、相关权利以及商标的行为。另外,《区域全面经济伙伴关系协定》第12条(保护广播组织和载有加密节目的卫星信号)的规定其实也属于数字环境下的执法。

《区域全面经济伙伴关系协定》的知识产权执法标准高于TRIPS协定,但低于《全面与进步跨太平洋伙伴关系协定》和《美墨加协定》。它相对具备利益平衡性,表现了与时俱进的特点,对于TRIPS协定的修改具有示范作用。①

三、多边强化知识产权执法标准

知识产权执法标准的强化,并非按照双边、区域和多边的顺序。实际上,后TRIPS时期,知识产权执法标准的强化,首先是在多边层面进行的,

---

① 参见张乃根:《与时俱进的RCEP知识产权条款及其比较》,《武大国际评论》2021年第2期。

即通过 WCT 和 WPPT 两个互联网条约将传统的版权及相关权国际保护扩展至数字环境。为了强化知识产权执法,发达国家还采取了"论坛转移"和"多点攻取"的策略。一些传统上与知识产权标准制定没有关系的多边机构或论坛成为发达国家新的阵地。已经提出超 TRIPS 标准的多边机构包括:打击假冒与盗版全球大会,该大会为加强执法机制与行动为政府主管机关出谋划策;世界海关组织(WCO)的海关统一知识产权执法的临时标准工作组(SECURE),为增强海关知识产权执法作用的超 TRIPS 标准谈判;国际反假冒医药产品任务组(IMPACT),世界卫生组织为其提供秘书处;国际刑警组织,打击知识产权犯罪;万国邮政联盟,推动邮政管理部门更多地参与知识产权执法;经济合作与发展组织,进行反假冒和盗版的数据和经验研究;八国集团,协调知识产权执法战略。①

(一) WCT 和 WPPT 协调数字环境下知识产权执法

计算机的逐渐普及和互联网的推广给传统国际知识产权法提出了新的挑战。尽管有观点认为,TRIPS 协定的执法条款也适用于数字环境,但是,TRIPS 协定没有这样明确规定。1989 年 9 月 WIPO 总干事卡米尔·伊德里斯提出了 WIPO 数字议程。美国、欧共体和日本先后提出规范技术保护措施和权利管理信息的方案。在多次研讨和一系列会议后,1996 年在 WIPO 外交会议上通过了 WCT 和 WPPT(统称"因特网条约")。② 制订因特网条约过程中,知识产权执法问题是争议焦点之一。WCT 第 14 条协调知识产权执法,该条其实有两个备选方案:一是对 TRIPS 协定第三部分全部条款作技术上的修改,作为附件整体纳入到 WCT 中。二是要求缔约各方比照适用 TRIPS 协定第三部分。但是,各方对此问题存有严重分歧。

---

① 参见李轩、[阿根廷]卡洛斯·M. 柯莱亚:《知识产权实施:国际视角》,知识产权出版社2011 年版,第 7—8、49—60 页。

② 参见[匈]菲切尔:《版权法与因特网》,郭寿康等译,中国大百科全书出版社 2009 年版,第 522—591 页。

最终,WCT 第 14 条舍弃两个备选方案,约定:(1)缔约各方承诺根据其法律制度采取必要措施,确保条约的适用。仅要求成员国采取必要措施确保该条约的适用。(2)确保依照其法律可以提供执法程序,以便采取制止侵犯本条约包含权利的行为的有效行动,包括防止侵权的快速补救和遏制进一步侵权的补救。第 14 条第 2 款来源于 TRIPS 协定第 41 条第 1 款,仅作了细微的、技术上的修改。

从上述规定不能推断,"因特网条约"在知识产权执法上没有提出比 TRIPS 协定更高的要求。因为,"因特网条约"设置了保护权利管理信息和制止规避技术措施的义务,这就扩展了成员国执法义务的范围。WCT 第 11 条规定了关于技术措施的义务,第 12 条规定关于权利管理信息的义务。第 11 条约定:缔约方应规定适当的法律保护和有效的法律补救办法,来制止规避作者为行使 WCT 和《伯尔尼公约》规定的权利而采用的有效技术措施。第 12 条约定:缔约方应规定适当和有效的法律补救办法,制止非法破坏权利管理信息及非法发行、进口、传播该种复制品的行为。就第 12 条还发布了两项议定声明。WPPT 的第 18 条和第 19 条也分别规定了与 WCT 第 11 条和第 12 条大致相同的两个条款。"因特网条约"明确将成员国的知识产权执法义务扩展到数字环境,而且给成员国提出了具体执法要求,因此强化了知识产权人在数字环境下的利益保护。

（二）《反假冒贸易协定》

在后 TRIPS 时期,宣传假冒与盗版威胁全球的言论大行其道,发达国家和产业界的推手对建立超 TRIPS 全球知识产权执法新标准的议程穷追不舍且遍地开花。发达国家还着手建立新的国际机制,专门强化知识产权执法国际制度。得到 30 多个国家签署的《反假冒贸易协定》就是发达国家意图用来专门提高国际知识产权执法标准的多边协定。它全面规定了知识产权执法的一般义务、民事执法、边境执法、刑事执法和数字环境下的知识产权执法。其民事与行政措施扩张标准提高,民事禁令和临时措施适用范围扩张,损害赔偿标准细化且赔偿额增加,销毁侵权产品成为主要救济方式,边境措施扩张与力度加强,刑事措施扩张与门槛降低,数字环境下知识产权执法强化。《反假冒贸易协定》还规定成立"反假冒贸易委员会"这一多边国际机构,来监督各成员实施条约义务。由于遭遇各方面的反对,《反假冒贸易协定》已经被搁置了 10 多年。但是,《反假冒贸易协定》的规则通过《跨太平洋伙伴关系协定》和《全面与进步跨太平洋伙伴关系协定》等条约蔓延甚至升级。

（三）《跨太平洋伙伴关系协定》/《全面与进步跨太平洋伙伴关系协定》

2015 年 10 月新西兰和美国等 12 个缔约方达成《跨太平洋伙伴关系协定》(TPP),于 2016 年 2 月签署。但是,美国国内反对意见大,奥巴马任期未能批准。特朗普任职当天就宣布退出《跨太平洋伙伴关系协定》。在日本的推动下,2018 年 3 月 8 日,《跨太平洋伙伴关系协定》11 个缔约方签订了过渡性协定——《全面与进步跨太平洋伙伴关系协定》(CPTPP),该协定在 2018 年 12 月 30 日生效。《全面与进步跨太平洋伙伴关系协定》以《跨太平洋伙伴关系协定》为基础,暂停适用特定高标准条款,以迅速实现《跨太平洋伙伴关系协定》的利益和战略经济意义。

《跨太平洋伙伴关系协定》第 18 章(知识产权)I 节专门规定执法,自 18.71 条至第 18.80 条。此外,J 节(互联网服务提供者)实际是要求缔约方把互联网服务提供者作为知识产权执法的社会机构。因此,J 节(即第 18.81 条—第 18.82 条)也属于知识产权执法规则。《全面与进步跨太平洋伙伴关系协定》实施了《跨太平洋伙伴关系协定》主要知识产权执法条款,仅仅暂停适用第 18.79 条(对载有加密节目的卫星和有线电视信号的保护)、第 18.82 条(法律救济和安全港)。这些条款将来可能"复活",从而对缔约方产生效力。

《跨太平洋伙伴关系协定》在一般义务、民事和行政程序及救济、临时措施、边境措施、刑事程序与和处罚等方面全面强化了知识产权执法。例如,民事和行政程序及救济措施明显超过了 TRIPS 协定。一是第 18.74 条第 4 款和第 5 款规定的损害赔偿计算方法。第 4 款规定以知识产权人提交的任何合理价值评估计算赔偿金额,包括利润损失、市场价或者建议零售价。二是第 6 款至第 9 款规定的额外赔偿,即惩罚性赔偿,它对侵犯版权、侵犯相关权及假冒商标案提出强制性要求。三是第 11 款规定了技术专家费用及程序应合理。四是第 12 款关于销毁侵权货物的要求比较绝对,没有 TRIPS 协定第 46 条以不违背宪法为条件;关于销毁、清除材料及工具,没有 TRIPS 协定第 46 条"主要"性的要求。五是第 13 款规定的获得信息权,相对 TRIPS 协定它要求提供的信息非常绝对,司法机关有权要求侵权人或涉嫌侵权人提供与侵权行为或涉嫌侵权行为的"任何方面"有关的"任何人"的信息。TRIPS 协定第 47 条仅仅明确要求提供制造、销售侵权商品或提供侵权服务的第三方的身份及销售渠道信息。六是第 14 款增加规定对泄露诉讼中机密信息当事方、律师、专家及其他受法院管辖人进行制裁。七是第 17 款新增关于技术保护措施及权利管理信息的民事司法中,缔约方应规定司法机关至少有权实施临时措施、责令赔偿、责令支付诉讼费、责令销毁涉及的设备和产品,图书馆等非营利实体善意侵权免除赔偿责任。

通过梳理国际条约,我们可以发现,受美国、日本和欧盟等部分发达经济体推动国际法对知识产权人的执法保护越来越强。在国际知识产权法执法制度的发展历史上,知识产权人的利益与公众利益之间的平衡点,日益向着知识产权人这端倾斜。受此影响,国内法上的平衡点也出现了这种倾斜。① 知

---

① 参见古祖雪:《国际知识产权法》,法律出版社 2002 年版,第 163 页。

识产权不断扩张,已经产生了知识产权法的合法性危机。[①] 国际知识产权法的执法制度也存在这种危机。

小结

国际知识产权法的执法制度史,实际是知识产权执法制度强化史,使用者利益执法制度几乎没有发展。从历史角度全面考察国际知识产权条约发现,在1992年前国家在符合国民待遇原则的条件下,有权自主决定执法措施;1993年开始至1995年,以TRIPS协定为代表,知识产权条约给国内知识产权执法制度设定了具体标准。国家有义务为他国知识产权人提供条约详细规定的民事、行政和刑事程序与救济。1996年后,通过双边条约、区域条约、准多边条约和多边条约,国际知识产权执法向数字环境扩展,并提高了知识产权执法义务标准。当前,这种强化的趋势还在蔓延。国际知识产权执法强化的历程,正是利益平衡点向发达国家倾斜的历程,是利益平衡点向知识产权人一端倾斜的历程。发展中国家的利益和知识使用者利益往往被忽略。值得庆幸的是,由东盟十国和中国等15个国家缔结的《区域全面经济伙伴关系协定》在知识产权执法强度方面有所缓和。

---

① 参见徐瑄:《知识产权的正当性——论知识产权法中的对价与衡平》,《中国社会科学》2003年第4期。

第四章　TRIPS 协定执法制度利益分析

第一节　TRIPS 协定的知识产权执法制度

国际知识产权法的执法制度可以分为保护知识产权人利益的执法制度和保护知识使用者利益的执法制度。前者是制裁侵犯知识产权行为的制度,后者是制裁侵犯使用者利益的制度,也可称之为制裁滥用知识产权行为的制度。按此分类,TRIPS 协定的执法制度也应包括这两大方面。不过,TRIPS 协定第三部分以"知识产权执法"为标题,规定知识产权执法一般义务的第 41 条将知识产权执法限定为制止侵犯知识产权行为的程序,即限于保护知识产权人利益的执法制度。

TRIPS 协定第三部分是规范知识产权执法制度的核心部分,包括五节内容,共 21 条(第 41—61 条),在 TRIPS 协定总共 73 条中占 28.8%。TRIPS 协定第三部分第 1 节至第 5 节分别规定了知识产权执法的一般义务、民事与行政程序及救济、临时措施、有关边境措施的专门要求、刑事程序。由于临时措施和边境措施在知识产权执法程序中具有特别重要的作用,TRIPS 协定对其进行专门规定。通过这些规定,TRIPS 协定要求各成员保证 TRIPS 协定规定的执法程序在国内法上行之有效,以便采取有效措施制止任何侵犯 TRIPS 协定保护的知识产权的行为。各成员应为知识产权人提供行政与司法保护,包括及时防止侵权的救济,以及阻止进一步侵权的救济。

另外,序言、第一部分(总条款与基本原则)、第二部分(有关知识产权的效力、范围及利用的标准)也有知识产权执法规定,例如:第 32 条(撤销或无效宣告专利)和第 34 条(侵犯方法专利的举证责任)。TRIPS 协定中的某些辅助条款也适用于执法程序。例如:第 62 条关于知识产权维持及有关当事人之间的程序规定;第 63 条透明度的规定;①第 64 条争端解决的规定;第 67 条技术合作的规定;第 69 条建立联络处进行国际合作的规定。② 这些内容共同构成 WTO 法下庞大的知识产权执法体制。③ 此外,一些成员还承担知识产权执法特殊义务。TRIPS 协定下知识产权人利益执法制度庞大,范围广泛,标准严格,反映出 TRIPS 协定倡导者对知识产权人利益的偏重。

一、一般义务

TRIPS 协定第三部分第 1 节仅有第 41 条,规定知识产权执法一般义务。第 41 条与本部分其他条款的关系,可以理解为总分关系。该条是 TRIPS 协定中除了第 3 条(国民待遇)之外涉诉最多的条款,共有 13 个案件援引了该条。④ 这说明各成员对知识产权执法特别重视。

第 41.1 条要求成员在国内法上实施第三节规定的执法程序,同时要

---

① 透明度实际上是防止争端产生的重要条件。参见郑成思:《WTO 知识产权协议逐条讲解》,中国方正出版社 2001 年版,第 178 页。

② See J.H. Reichman, "Enforcing the Enforcement Procedures of the TRIPS Agreement", *Va. J. Int'l L.*, No.33(1997), p.339.

③ 参见 Nie Jianqiang, "Several New issues relating to the enforcement of the enforcement provisions of the TRIPS Agreement under the WTO System",《武大国际法评论》2006 年第 2 期,第 147 页。

④ DS82, DS115, DS124, DS125, DS174, DS176, DS186, DS290, DS408, DS362, DS409, DS567, DS611.

求执法程序避免阻碍合法贸易和防止程序滥用,从而保持保护知识产权与促进自由贸易的平衡。需要注意的是,第 41.1 条规定了 TRIPS 协定下知识产权执法的内涵及种类,即制止任何侵犯知识产权的行为,包括防止侵权的救济和阻止进一步侵权的救济两种类型。第 41.1 条是否规范当前盛行的知识产权禁诉令呢? 在 DS611 案中,欧盟投诉中国的知识产权禁诉制度违反了第 41.1 条第二句。然而,笔者认为,第 41.1 条第二句是针对第 一 句 要 求 的 程 序 而 言,因 为 第 二 句 指 明 是“ 这 些 程 序 (These procedures)”。根据第一句,这些程序是指成员制止侵犯知识产权行为的程序,包括及时防止侵权的救济以及阻止进一步侵权的救济两种类型。在 DS174 案中,专家组解释,TRIPS 协定第三部分的义务是适用于侵犯包括地理标志在内知识产权的行为。[1] 在 DS567 案中,专家组也解释,TRIPS 协定第 41.1 条是要求成员针对侵犯知识产权的行为采取有效措施。[2] 中国的禁诉令是暂时限制中国知识产权人的行为,是防止知识使用者权益受损的行为,而不是制止侵犯知识产权的行为。因此,中国的禁诉令根本就不是 TRIPS 协定第 41.1 条第二句所规范的程序,没有进一步评价是否构成合法贸易的障碍或者防止滥用执法程序的前提。这种分析看似悖论,实际原因是 TRIPS 协定的倡导者,即美国、日本和欧盟,当时关注的重点是强化制止侵犯知识产权的行为,而不是制止知识产权滥用的行为。虽然,在 TRIPS 协定第三节及其他章节有制止侵犯知识产权滥用的行为规范,作为一般义务的第 41.1 条仅对制止侵犯知识产权的行为提出要求。[3]

第 41.2 条要求知识产权执法程序公平合理,不得过于复杂或花费过高,不得包含不合理的时效或无保障的拖延,从而便利知识产权人维权。

---

①　See WTO, European *Communities-Protection of Trademarks and Geographical Indications for Agricultural Products and Foodstuffs*, *WT/DS174/R*, 15 March 2005, p.163.

②　See WTO, *Saudi Arabia-Measures Concerning the Protection of Intellectual Property Rights*, *WT/DS567/R*, 16 June 2020, pp.103-104.

③　参见谢光旗:《论欧盟诉中国知识产权禁诉令案的应对》,《时代法学》2023 年第 6 期。

第41.3条要求成员的判决应当优先采用书面形式并应当说明理由。这说明TRIPS协定也允许采用口头形式判决,但应限于特殊情形并有正当理由。判决应及时送达当事人。判决应仅仅根据证据,应给当事人质证机会。

第41.4条要求成员对于行政决定以及初审司法判决中的法律问题,应提供司法复审程序。不过,对宣布无罪的判决,成员可不提供复审程序。

第41.5条规定第3节知识产权执法义务,并不要求成员建立知识产权专门法院之类特殊司法制度,不影响执行一般法律的能力,不要求成员加大投入保护知识产权的财力和物力比例。

二、提供民事程序及救济的义务

TRIPS协定对民事司法程序与救济的规定包括三个方面:民事程序、证据规则及民事救济。民事程序规范体现在第42条(公平合理程序),它要求成员为知识产权人提供所有类型知识产权执法的民事司法程序。该条还具体规定了当事人、通知、代理、证明权利及秘密信息保护的要求。

证据规则主要体现在第43条(证据的提供),也包括第34条(侵犯方法专利的举证责任)。第47条规定成员可以授予法院责令侵权人将卷入侵权的第三方身份及销售渠道等信息提供给权利人。该条的目的是为了便利权利人确定其他侵权人及掌握相应诉讼证据。

民事救济包括禁令(第44条)、损害赔偿(第45条)及其他救济(第46条)。第44条要求成员司法当局应该有权力责令当事人立即停止侵权,从而避免权利人的损失扩大。该条中的禁令应是诉后禁令,不同于第50条规定的诉前或诉中禁令(临时措施)。该条中的禁令,也不同于禁诉令。禁令是制止侵犯知识产权行为的措施,禁诉令主要是暂时防止知识产权人提起诉讼或申请执行判决的措施,因此DS611案中欧盟投诉的中国禁诉令并不受第44条规范。第45条要求,对于已知或应知侵权,法院应有权责令侵权人向权利人支付损害赔偿费,以及赔偿其他开支,其他开支可以包括律师费在内。对于不知或不应知侵权,也可以授权法院责令侵权人返还利润或支付法定赔偿,或者两者并处。第 46 条规定,法院应有权将侵权商品排除出商业渠道,或者责令销毁,还应有权将主要用于制作侵权商品的原料和工具排除出商业渠道。第 48 条规定原告对被告的赔偿,属于保护知识使用者利益的规范。另外,第 70 条(对已有客体的保护)既包括适用 TRIPS 协定前已有客体知识产权的获得与维持,也包括知识产权司法保护问题。① 它规定,只要某一客体在某一成员适用 TRIPS 协定之日受保护,或已符合或即将符合保护条件,该成员应保护适用 TRIPS 协定之前已有客体。

以上规定反映,为了确保知识产权人获得充分救济,TRIPS 协定不仅给成员的民事救济程序提出要求,还对救济的标准提出要求。关于禁令的救济措施是英美法上的制度,是很多成员国内法上之前没有的制度。为了履行 TRIPS 协定设定的这一义务,很多成员必须修改法律,满足 TRIPS 协定的要求。对于无过错侵权,TRIPS 协定也规定成员可授权责令侵权人返还利润或支付法定赔偿,或者两者并处。这对知识产权人利益保护显然过度。因为,对于无过错侵权人,在侵权责任法上一般只要求停止侵害、返还利润即可,TRIPS 协定规定返还利润或法定赔偿,或者两者并处不符合侵权责任法原则。

三、提供行政程序及救济的义务

TRIPS 协定以行政程序为标题的条款仅有第 49 条,但是 TRIPS 协定涉及行政程序的条款不少。关于知识产权执法的行政程序规范主要有:第 3 条(国民待遇及其例外)、第 23.1 条(对葡萄酒和烈酒地理标志的附加保

① 参见蒋志培:《TRIPS 协议对知识产权执法机制的要求》,《人民司法》2001 年第 1 期。

95

护)、第 41.4 条(司法复审)、第 48.2 条(国家赔偿)、①第 49 条(行政程序)、第 50 条(临时措施)、第 51—60 条(有关边境措施的专门要求)、第 62 条(知识产权的撤销、异议、注销程序及其审议)、第 63 条(透明度)。由于临时措施可以迅速为知识产权人提供救济,边境措施可以将侵权产品在海关这一重点场所就及时予以查扣,TRIPS 协定第 50 条及第 51—60 条进行专门规定,这种体例并不说明临时措施和边境措施不属于行政程序。

第 49 条规定,当行政程序确认案件的是非并责令予以民事救济时,该行政程序应基本符合民事程序的原则。简单来说,就是行政程序准用民事程序的原则。从 TRIPS 协定对行政程序规范的体例看,虽然 TRIPS 协定对民事司法程序显得更加关注,实际上如果成员采取行政程序保护知识产权的话,也得符合 TRIPS 协定的规定。在一些国家,主要就是采取行政执法程序。第 49 条说明,TRIPS 协定无意区分司法与行政措施,相反它反映两者适用相同的原则和规则。无论决定是由行政机关还是司法机关作出,都需要遵守第 42 条至第 48 条的规定,这主要是防止采取行政执法程序的国家不加强知识产权保护。② 我国对知识产权人提供行政和司法的双轨制保护。一些学者把第 49 条作为我国双轨制的条约依据。笔者认为,第 49 条只是对成员双轨制的肯定和规范,而不是提供条约依据。

四、提供临时措施的义务

TRIPS 协定第三部分第 3 节(第 50 条)专门规定了临时措施。临时措

---

① 该条规定,只有在政府采取救济措施时属善意才能免除其对相对人过失赔偿责任。1990 年的草案中,就针对政府的民事和行政程序与救济曾规定,当政府被诉侵犯了一项知识产权,因为政府使用或为了政府使用了该知识产权,成员方可以限制要求政府给权利人支付充分或足够赔偿的救济。See GATT, Status of Work in the Negotiating Group, *GNGMTN. GNG/NG*11/*W*/76, 23 July 1990, p. 27.

② See Peter-Tobias Stoll etc., *WTO Trade-Related Aspects of Intellectual Property Rights*, Netherlands: Martinus Nijhoff Publishers, 2008, p. 737.

施为知识产权人的利益提供迅速有效保护,阻止侵权行为延续,防止损失扩大。它主要要求成员使司法机关有权采取迅速和有效的临时措施,以达到两个目的:(1)制止侵犯任何知识产权活动的发生,尤其是制止海关放行的侵权商品进入商业渠道;(2)保存被诉为侵权的有关证据。按照第50.8 条的规定,如果在行政程序中采取临时措施,也应该符合与第 50 条基本相同的原则。

临时措施也就是临时救济(provisional remedies),是西方国家民事诉讼理论和立法上的概念。它是保全程序和其他临时性措施的总称,是相对于终局性救济而言。在中国,狭义上的临时救济主要包括财产保全、行为保全和先予执行制度与程序。行为保全包括诉前禁令。诉前禁令起源于英国,是指法院在诉讼提起前,应权利人或利害关系人的请求,采取措施制止正在实施或即将实施的侵权行为,以保障权利人利益的一种临时救济行为,在中国也称诉前停止侵权行为。[①] 结合第 50.1 条,临时措施针对的对象包括侵权活动、侵权商品和侵权证据。因此,TRIPS 协定下的临时措施除了包括通常理解的临时措施外,还包括证据保全。可见相对于中国的保全制度,TRIPS 协定规制的范围更大。第 50.2 条规定,司法当局应该有权在开庭前采取这些临时措施。所以,临时措施包括诉前和诉中临时措施。第50.3 条—第 50.7 条分别规定了采取临时措施的证据要求、担保、通知与审查、货物信息、期限和对被告的赔偿。

TRIPS 协定下的临时措施不包括知识产权禁诉令。欧盟在请求设立专家组的申请中主张,中国的禁诉令是临时措施。国内也有研究者认为,我国作出的禁诉裁定是 TRIPS 协定第 50 条规定的临时措施。[②] 然而,TRIPS 协定第 50 条第 1 款第一句首先就明确了临时措施是用于制止侵犯

---

① 参见江伟:《民事诉讼法》,中国人民大学出版社 2008 年版,第 235—243 页。

② 参见孙益武:《〈TRIPS 协定〉下的禁诉令措施——欧盟诉中国知识产权执法措施案探讨》,《武大国际法评论》2022 年第 4 期。

知识产权的行为,如前所述知识产权禁诉令并不就是用于制止侵犯知识产权的行为。我国的禁诉令是限制知识产权人在境外诉讼,是保护知识使用者利益的措施。因此,临时措施与禁诉令在目的和对象上不同,临时措施不包括禁诉令。

五、提供边境措施的义务

边境是进出口货物的必经通道,对于查处假冒和盗版货物特别有效。因此,边境措施成为美、欧关注的重点。TRIPS 协定第三部分第 4 节第 51—60 条共 10 个条款是边境措施的专门要求。在性质上,边境措施属于行政措施,也称之为"准司法"措施。进一步说,边境措施是对尚处在海关监管之下的货物采取的临时措施,对边境措施的特别要求实际上是对临时措施要求的具体化。① 协定首先就海关中止放行提出基本要求。它要求成员授权海关依照权利人的申请中止进口的假冒商标的货物及盗版货物进入流通环节。是否中止侵犯其他知识产权的进口货物,以及出口的侵权货物,则由成员自己选择。其后,协定就申请的条件、保证金或相当的担保、中止放行通知、期限、误扣商品的赔偿、检查权及获得信息权、依职权的行为、救济和微量进口作出规定。

在 DS362 案中,美国投诉我国《知识产权海关保护条例》第 27 条。该条规定海关可以在消除侵权特征后依法拍卖。专家组认为,中国涉案海关措施违反了第 59 条纳入的第 46 条第 4 句所列原则,即"对于冒牌货,除例外情况外,仅除去非法加贴的商标并不足以允许该货物放行进入商业渠道"。一般认为,去除非法加贴的商标后,该货物就不再属于冒牌货,不再侵犯他人商标权,应该可以进入商业渠道发挥财产价值。不过专家组认为,冒牌货不仅仅加贴假冒商标,还可能模仿正品的整体外观。在去除假

---

① 参见唐广良、董炳和:《知识产权的国际保护》,知识产权出版社 2006 年版,第 231 页。

冒商标后,货物的状态可能与正品相似,因此该货物被再次加贴假冒商标继续侵权的可能性很大。谈判者明显认为,进一步侵权的风险要求采取额外措施以有效制止进一步侵权。仅去除商标是指货物状态没有做任何其他改变,如果货物的状态被充分改变,去除商标就不是仅去除商标。专家组在第 59 条第二句找到对上述理解的支持点。[①] 不过,笔者认为如果冒牌货模仿了正品的整体外观,则应根据工业品外观设计法或者保护知名商品的特有包装装潢法律认定是否侵权。在不侵犯正品外观设计权或者特有包装装潢权的情况下,去除侵权商标后,则没有必要销毁侵权商品。因此,专家组的这一解释还是不合理地偏向了知识产权人利益。

在 DS409 案中,巴西认为欧盟与荷兰的扣押过境仿制药的措施违反了 TRIPS 协定边境措施规范,即第 51、52、53.1、53.2、54、55、58（b）和 59 条。DS408 也是扣押过境仿制药争议。[②] 第 51 条就成员授权海关扣押进口假冒商标商品及盗版商品设定了强制性义务,对其他侵犯知识产权的行为以及对出口的侵权商品设定了任择义务。对于过境仿制药,TRIPS 协定第三部分第 4 节没有明确规定,这也是各成员争议的原因之一。

根据协定规定,成员必须授权海关采取的边境措施限于依知识产权人申请而采取。依职权主动采取边境措施属于成员自主选择的措施。

六、提供刑事程序的义务

TRIPS 协定专门规范刑事司法程序的只有一条,即第 61 条。该条要求成员至少对故意以商业规模假冒商标或版权盗版这两种行为应当提供刑事程序及刑事惩罚。处以的刑罚应符合相应严重罪行的惩罚标准,应包括监禁、罚金,适当情况下,还应包括扣留、没收或销毁侵权商品以及主要

---

① 参见陈福利:《中美知识产权 WTO 争端研究》,知识产权出版社 2010 年版,第 262 页。

② See WTO, European Union and a Member State – Seizure of Generic Drugs in Transit, *WT/DS408/1. 19 May 2010. WTO, European Union and a Member State–Seizure of Generic Drugs in Transit*, *WT/DS409/1.19 May 2010.

用于上述犯罪活动的原料和工具。以上规定属于刑事措施的强制性规定。对于其他知识产权侵权行为,例如侵犯专利权的行为,成员也可以自主将其列为犯罪行为。

刑事处罚是国家法律中对侵犯知识产权行为最严厉的处罚。对于刑事处罚,国家一般都非常谨慎。TRIPS 协定对成员的刑事司法设定义务,是对一国主权的削弱。在 TRIPS 协定谈判时对该条的争论是最激烈的。讨论从经济学上的疑问,到运用政府资源保护私权的关注,再到对刑事制裁效果的质疑。对该条的激烈争议持续至 TRIPS 协定生效后,至今有 7 个案件援引该条。①

首先对于必须给予刑事处罚的知识产权侵权类型意见不一。发展中国家要求仅限于商业规模故意假冒商标和盗版,发达国家主张适用于所有类型商业规模故意侵犯商标及版权的行为,甚至要求适用于所有类型商业规模知识产权侵权。②

其次是"商业规模"的含义。关键问题是,是否任何为了获得商业利益的知识产权侵权行为都属于商业规模的范畴?③ 美国就主张将所有获得商业利益的知识产权侵权行为纳入刑事制裁范围。对此,DS362 专家组认为,从通常含义看,"商业的"本质上意味着从事买卖,或涉及买卖,是一个定性概念。"规模"是"相对规模或程度、比例,常用于盛大的、过度的、小的规模等"。它是一个数量概念。如果仅将"商业的"理解为定性的措辞,涉及所有有关或涉及商业的行为,将"具有商业规模"直接理解为"商业的",这就会使"规模"失去存在的价值。这种解释不能赋予条约中所有措辞以意义,违反了有效解释条约的规则。结合上下文及谈判历史,专家

---

① DS28、DS82、DS115、DS124、DS125、DS362、DS567。

② See GATT, Status of Work in the Negotiating Group, *GNGMTN.GNG/NG11/W/76*, 23 July 1990.

③ WTO, China - Measures Affecting the Protection and Enforcement of Intellectual Property Rights, *WT/DS362/R*, 26 January 2009.

组认为,"商业规模"是典型或通常商业活动的数量或规模。"具有商业规模"的假冒商标或盗版指的是在特定市场中,针对特定产品,以典型或通常商业活动的数量或规模进行的假冒商标或盗版。什么是典型的或通常的是一个灵活的概念,取决于具体环境。专家组注意到,TRIPS 协定第1.1条规定:"各成员有权在其各自的法律制度和实践中确定实施本协定规定的适当方法。"因此,只要成员事实上对具有商业规模的假冒商标和盗版案件规定了刑事程序和处罚,就履行了第61条的义务。美国没有能够证明中国的刑事门槛违反了第61条。①

最后是刑事处罚的限度,即符合适用于相应严重罪行的惩罚标准。争论主要是在发达国家和发展中国家之间,发达国家要求扩大刑法打击范围,提高制裁力度。Gervais 客观地评论说,刑事处罚范围的设定必须铭记 TRIPS 协定序言中知识产权是私权的界定,以及 TRIPS 协定第41.5条给成员自主分配执法资源的授权。任意扩大刑事处罚的范围,就是滥用公共资源保护私权,不符合知识产权的性质。而且,刑事处罚对于遏制知识产权侵权的效果也需要进一步讨论。专利侵权如此复杂,给专利侵权施加刑事处罚既不公平也不有效。②

七、知识产权执法特殊义务

《建立世界贸易组织协定》第11条和第12条区分了创始成员和加入成员,并规定了各自的义务来源。131个创始成员的知识产权义务限于履行《建立世界贸易组织协定》、TRIPS 协定、《关于争端解决规则与程序的谅解》(DSU)和《贸易政策审议机制》(TPR),它们的知识产权执法义务主要是履行 TRIPS 协定。

---

① 参见陈福利:《中美知识产权 WTO 争端研究》,知识产权出版社 2010 年版,第 210—229 页。

② See Daniel Gervais, *The TRIPS Agreement*: *Drafting History and Analysis*, England: Thomson Reuters Limited, 2012, p. 643.

　　加入成员除了履行创始成员的义务外,还应履行:总理事会允许加入的决定、加入议定书和工作组报告。按常理,这些文件应与 WTO 各协定内容一致。实际上,一些文件设定超 TRIPS 义务,规定具体义务,从而减少 TRIPS 协定本身允许的灵活性。尽管最不发达国家成员目前还可享有履行 TRIPS 协定的过渡期,最不发达国家加入成员在过渡期需要遵守额外的条件:按照 TRIPS 协定的规定授予专利权、商标权、版权、药品及农业化学品销售许可;不退回原则,防止侵权率大量增加;批准 TRIPS 协定没有要求的国际条约。[①]

　　中国的知识产权执法义务除了 TRIPS 协定和《建立世界贸易组织协定》的规定外,还包括《中国入世议定书》和《中国加入工作组报告书》中的承诺。在 DS611 案中,欧盟就提出中国违反了《中国入世议定书》第 2 条 A 款第 2 项。表面上看,中国入世承诺只是对 TRIPS 协定一般义务的具体化,没有超出 TRIPS 协定的标准。[②] 然而,实质上,这些具体承诺使中国的义务具体化,缺乏适用 TRIPS 协定本身设定的灵活性。例如:在《中国加入工作组报告书》第 259 段,中国承诺提高侵犯版权的法定赔偿金额,强化制止侵权行为的措施。该承诺对应于 TRIPS 协定第 45 条对损害赔偿的要求。而 TRIPS 协定第 45 条并无"提高"法定赔偿金额这种前后比较程度的要求。报告第 299 段中,中国承诺将继续加强执法努力,包括采取更有效的行政处罚措施。此段"继续加强"和"更有效"表明了前后的比较关系,也不是 TRIPS 协定的要求。此外,中国承诺,中国的行政主管机关将建议司法机关作出必要调整,降低刑事诉讼金额标准。"降低"也表明了

---

　　① Ermias Tekeste Biadgleng, "Accession to the WTO, Intellectual Property Rights and Domestic Institutions", in Carlos M. Correa, *Research Handbook on the Interpretation and Enforcement of Intellectual Property under WTO Rules*, Massachusetts: Edward Elgar Publishing, Inc. USA, 2010, pp. 80-121.

　　② 参见张乃根:《WTO 争端解决机制论——以 TRIPS 协定为例》,上海人民出版社 2008 年版,第 156 页。

前后比较关系。TRIPS 协定没有要求成员降低刑事门槛,而且争端解决机构在"中国知识产权保护与执法措施案"(DS362)中肯定了刑事门槛,且认定刑事门槛没有统一具体的标准。因此,实际上,中国的具体承诺超出了TRIPS 协定本身为美国和日本等创始成员设定的义务标准。这其实是对中国等加入成员的不公。

第二节 TRIPS 协定的使用者利益执法制度

一、TRIPS 协定下使用者利益执法条款

前已论及,TRIPS 协定第三部分(知识产权执法)的根本目的是制止侵犯知识产权行为,是为知识产权人利益提供执法保护。TRIPS 协定第 7 条(目标)也宣示要促进技术知识的生产者与使用者互利,促进权利与义务平衡。一些条款是为知识使用者利益要求成员予以执法。序言第一句,要求成员保证知识产权执法的措施与程序不至于变成合法贸易的障碍。第 8 条(原则)规定,一是要保护公众健康与发展,增加公益;二是要防止知识产权人滥用知识产权,防止限制贸易的行为或有消极影响的行为。第 40 条,也就是第二部分第 8 节唯一的一条,规定了对协议许可证中限制竞争行为的控制。第三部分的第 41 条第 1 款第二句规定,制止侵犯知识产权行为的程序的应用方式应避免造成合法贸易的障碍,同时应能够为防止有关程序的滥用提供保障。第 48 条规定了对被告的赔偿。第 50 条第 7 款规定了司法当局应有权责令申请人赔偿被申请人因错误临时措施所受赔偿。第 53 条规定知识产权人提供保证金或与之相当的担保,以防止知识产权滥用执法程序,必要时弥补知识使用者的损失。第 56 条规定知识产权人对进口人及商品所有人的赔偿。尽管 TRIPS 协定一些条款顾及知识使用者利益,但是相对于知识产权人利益的执法制度,知识使用者利益

的执法制度存在严重不足：执法概念未包括使用者利益执法；防止程序滥用不得力；限制强制许可使用；对限制或排除竞争行为控制弱。

二、执法概念未包括使用者利益执法

TRIPS 协定没有界定执法，不过第 41.1 条规定了执法目的、执法种类和各成员应履行第三部分规定的执法义务。这些程序的目的都是制止侵犯知识产权的行为，相应的措施包括及时防止侵权的救济以及阻止进一步侵权的救济两种类型。在 DS174 案中，专家组解释，TRIPS 协定第三部分的义务是适用于侵犯包括地理标志在内知识产权的行为。[1] 在 DS567 案中，专家组也解释，TRIPS 协定第 41.1 条是要求成员针对侵犯知识产权的行为采取有效措施。[2] 对于 TRIPS 协定下的执法，郑成思先生曾解释，Enforcement 既有知识产权权利人行使自己权利，以禁止他人非法利用的含义，也有主管当局依法保护知识产权，以制止非权利人的非法利用的含义。[3] Correa 在解释 TRIPS 协定知识产权执法措施时，认为其是用来制止任何侵犯知识产权的措施。[4]

关于执法的种类，第 41.1 条规定，"包括及时的防止侵权的救济，以及阻止进一步侵权的救济"。虽然，该句没有明确为"侵犯知识产权"，但是受执法目的限制，该句中的"侵权"就是"侵犯知识产权"，而不包括侵犯知识使用者权益。

关于执法的义务，TRIPS 协定第三部分具体规定了民事、行政、边境、临时和刑事程序与措施，这些程序与措施都是为制止侵犯知识产权行为的

---

[1] See WTO, European Communities-Protection of Trademarks and Geographical Indications for Agricultural Products and Foodstuffs, *WT/DS174/R*, 15 March 2005, p.163.

[2] See WTO, Saudi Arabia-Measures Concerning the Protection of Intellectual Property Rights, *WT/DS567/R*, 16 June 2020, pp.103-104.

[3] 参见郑成思：《WTO 知识产权协议逐条讲解》，中国方正出版社 2001 年版，第 148 页。

[4] See Carlos M. Correa, *Trade Related Aspects of Intellectual Property Rights: a Commentary on the TRIPS Agreement*, Oxford: Oxford University Press, 2007, p.411.

措施。以禁令为例,TRIPS 协定第 44.1 条要求成员司法当局有权责令停止侵权。第 44 条第 1 款第一句就明确,禁令是责令当事人停止侵权即责令当事人停止侵犯知识产权。这反映 TRIPS 协定规定的执法内涵与外延,小于执法本身的内涵与外延。TRIPS 协定在此方面构成坏的模板,后 TRIPS 时期《跨太平洋伙伴关系协定》《区域全面经济伙伴关系协定》都受其不良影响,也使得学术界误以为执法就是知识产权执法。

三、防止程序滥用不得力

在知识产权执法程序中,使用者的利益容易因知识产权人及执法机关滥用执法程序而受到损害。TRIPS 协定在第二部分和第三部分对防止知识产权人滥用执法程序作了一些要求。[①] 它首先提出了防止滥用的原则性要求,然后对程序滥用的防止和制裁作了具体规定。这些规定当然有利于使用者利益的保护。TRIPS 协定第 8 条第 2 款授权成员方采取措施,防止知识产权人滥用知识产权,防止借助国际技术转让合同中不合理限制贸易行为或有消极影响的行为。

然而,该规定只是防止滥用知识产权的任意性规定。除第三部分明确规定的防止程序滥用措施外,成员方没有采取更多防止程序滥用的义务。第 41.1 条提出防止滥用知识产权执法程序的总要求,它要求知识产权执法程序的应用方式应避免对合法贸易造成障碍,且应为防止滥用执法程序提供保障措施。该条给成员施加了防止滥用知识产权执法程序的条约义务。但是,从该条的规定看,成员没有义务提供第 42—61 条规定的具体保障措施之外的措施。在具体保障措施中,TRIPS 协定为防止知识产权人以及国家机关滥用程序规定了一定保障。此外,TRIPS 协定用四个条款对滥用程序的制裁以及对使用者的救济作出了具体规定。综合来看,TRIPS 协

---

① 参见张伟君、单晓光:《TRIPS 协议对知识产权滥用的规制探析》,《WTO 动态与研究》2007 年第 10 期。

定设定了防止程序滥用的具体义务,而且为使用者遭受程序滥用损害设定了救济制度。然而,TRIPS 协定在防止程序滥用方面至少存在如下不足:

1. TRIPS 协定对使用者的利益保护不足

首先,TRIPS 协定为遭受具体程序滥用的被申请人设定的救济义务不充分。申请人滥用临时措施、[①]边境措施[②]这样的具体程序,开支不属于必须赔偿的范围,律师费没有列为可以赔偿的范围。然而,据 TRIPS 协定第 45 条,在权利人受损的情况下,司法当局应有权责令向权利人支付损害赔偿费和其他开支,可以包括适当律师费。权利人能够获得的赔偿项目多于被申请人。其实,在被申请人遭遇临时措施或海关措施的情况下,也会产生差旅费、住宿费、律师代理费等开支。TRIPS 协定这样的规定就对被申请人明显不公平。

其次,在 TRIPS 协定下使用者的可得利益等间接损失没有明确列入赔偿范围。TRIPS 协定第 48 条规定,受程序滥用侵害的使用者可以获得因滥用造成的损害之适当赔偿,包括支付的开支,其中可包括适当的律师费。从该条看,可得利益等间接损失没有明确列入赔偿范围。在知识产权案件中,因权利人错误或恶意起诉,导致使用者的产品遭到限制或禁止而产生的间接损失非常巨大。使用者可能因此对第三人承担违约责任,还可能丧失可得利益。在美国,根据美国联邦民事程序规则,受程序滥用损害一方只能获得直接产生的合理律师费用及其他开支。在他国使用者遭受美国权利人滥用 337 条款损害时,只能就直接损失请求赔偿,对于巨大的可得利益等间接损失反而不能请求赔偿。这显然对使用者不利。全部赔

---

① TRIPS 协定第 50.7 条规定:"如果临时措施被撤销,或如果因申请人的任何行为或疏忽失效,或如果事后发现始终不存在对知识产权侵犯或侵权威胁,则根据被告的请求,司法当局应有权责令申请人就有关的临时措施给被告造成的任何损害向被告提供适当赔偿。"

② 第 56 条(对进口商和货物所有权人的赔偿):"有关主管机关有权责令申请人向进口商、收货人和货物所有权人对因货物被错误扣押或因扣押按照第 55 条放行的货物而造成的损失支付适当的补偿。"

偿原则是确定财产损害赔偿范围的总原则。财产损害赔偿数额的确定,以财产所损失的利益为客观标准,损失多少就赔偿多少。我国原《侵权责任法》第 19 条及现行《民法典》第 1184 条就反映了这一原则。全部赔偿包括直接损失和间接损失。正常情况下实际上可以得到的利益,即间接损失也在赔偿的范围之内。因为,在正常情况下,被侵权人本应得到这些利益,只是由于侵权人的损害致使可得利益没有得到。对于间接损失如果不能全部予以赔偿,被侵权人得不到全部保护,侵权人的违法行为也没有给予应有的制裁。[1] 恶意诉讼对被告可得利益所造成的消极性财产损害,原告应予赔偿。[2] 从 TRIPS 协定的规定看,它没有将可得利益等间接损失纳入赔偿范围。此外,相对知识产权人可获得的赔偿,第 48 条也不公平。第 45 条规定,即使当事人不知或没有充分理由应知自己从事的活动是侵权,成员仍然可以授权司法当局责令返还利润或支付法定赔偿,或两者并处。

再次,在 TRIPS 协定下,使用者的利益可能因司法当局滥用裁量权而无从获得赔偿。TRIPS 协定的数个条款仅要求成员方使"司法当局应有权"(the judicial authorities shall have the authority)责令滥用程序的原告或申请人提供赔偿。对此,杰维斯解释:TRIPS 协定给成员设定了义务标准,即司法当局必须有权力(power)作出特定措施的命令。大多数情况下,成员授予司法当局这种权力就足够了。虽然司法当局系统拒绝运用这种权力可以构成取消和损害,或者更加准确地说是对根据 TRIPS 协定有理由期待的利益的非违反取消。[3] 从杰维斯的解释看,TRIPS 协定要求授予司法当局的是权力,而不是职责,这就给了司法当局完全自由裁量的权力。此外,系统性拒绝很难证明,尤其是 TRIPS 协定目前不适用非违反之诉。因此,对于某些成员司法当局拒绝责令滥用程序的原告或申请人对使用者

---

[1]　参见杨立新:《侵权责任法》,法律出版社 2020 年版,第 143—144 页。

[2]　参见于海生、贾一峰:《论恶意诉讼侵权责任中的损害》,《学术交流》2010 年第 9 期。

[3]　See Daniel Gervais, *The TRIPS Agreement: Drafting History and Analysis*, England: Thomson Reuters Limited, 2012, p.573.

进行赔偿的情况,TRIPS 协定其他成员无法追究其责任。在此情形下,使用者的合法利益也无从保障。

最后,TRIPS 协定免除了行政机关错误执法应当承担的部分责任。TRIPS 协定第 48.2 条和第 58 条规定,成员可以免除公共机构出于善意保护知识产权的目的而损害行政相对人利益的过失责任。中国《国家赔偿法》采用的归责原则是违法责任原则。① TRIPS 协定采过错责任原则,这样的规定不利于有效防范和制裁知识产权强势国家的执法机关为保护知识产权滥用执法程序损害使用者利益的行为。

2. TRIPS 协定没有将以诉讼相威胁的行为纳入协定之下

知识使用者可能因知识产权人以诉讼相威胁,被迫接受苛刻的和解条件或放弃使用。就规制的滥用类型,TRIPS 协定仅明确规制滥用起诉权和滥用具体程序两种类型。对滥用民事或行政执法程序的规制体现在第 48.1 条。② 需要注意的是,此处不包括以诉讼相威胁而未实际起诉的行为。因为它规定的情形是"如应一当事方的请求而采取措施且该当事方滥用执法程序"。如果知识产权权利人没有提出请求,或者即使提出请求但司法机关没有采取措施,而只是以诉讼相威胁的情形就不属于第 48.1 条适用的情形。

以诉讼相威胁的行为不仅存在,而且一些国家作了法律规制。作为现代专利制度的发源地,英国的专利法早期重视规范利用专利权威胁竞争对手的行为。在审理 Wren v. Weild(1869 年)案时,英国法院认为,受到专利权人恶意威胁诉讼的一方可以提起损害赔偿之诉。英国《1883 年专利法》规定了"制止威胁的诉讼"(Action to Restrain Threats),从而把这一判例上

---

① 参见申明:《国家赔偿责任归责原则比较研究》,《行政与法》1996 年第 1 期。
② 第 48 条(对被告的赔偿):"1.如应一当事方的请求而采取措施且该当事方滥用执法程序,则司法机关有权责令该当事方向受到错误禁止或限制的当事方就因此种滥用而受到的损害提供足够的补偿。司法机关还有权责令该申请当事方支付辩方费用,其中可包括适当的律师费。"

升为成文法。英国《1949 年专利法》更为详细地规定:任何人通过传单、广告或其他方式,以提起专利侵权诉讼威胁任何他人,任何遭受侵扰的人都可以提起诉讼要求解除威胁。除非被告证明原告侵权,原告还可以宣布该威胁是不公正的声明;禁止继续威胁的禁令;遭受的损害赔偿。后来,英国《1977 年专利法》对起诉威胁的范围作了限制。排除了以侵害专利产品制造权、进口权和专利方法使用权的理由威胁起诉的情形。英国的制止威胁的诉讼针对的是诉讼威胁行为,它采取举证责任倒置的证明方法,且能为受威胁方提供威胁禁令、损害赔偿,为使用者提供了一定保障。①

21 世纪以来,诉讼威胁成为知识产权主张实体常用的手段。保守估计 2012 年专利主张实体在美国发出了 10 万多份威胁诉讼的索赔函。其中一个专利主张实体给咖啡连锁店、宾馆及零售商发送了八千份专利侵权索赔函。事实上,专利主张实体据以索赔的专利常为无效专利、过期专利、不可实施专利、假冒专利或者收函人不侵犯专利。MPHJ 是一家在特拉华州注册的有限公司,其目的就是进行商业维权,而不求实施专利。MPHJ 有 101 个附属有限公司。这些附属有限公司的经理与注册地和 MPHJ 相同。MPHJ 及其附属公司都是专利主张实体。2012 年 9 月,MHPJ 从另一家专利主张实体收购了 4 项美国授权专利及 1 项已申请专利。MPHJ 收购这些专利后,立即在 2012 年 9 月至 2013 年 6 月期间以 81 家附属空壳公司的名义向全美 10 000 多家小企业发送了 30 000 多封警告函。MPHJ 或其附属有限公司在警告函中直接或间接,明确或暗示陈述,大量被警告人已经同意支付许可费。MPHJ 称,收函人涉嫌侵犯它的专利权,应支付许可费,否则提起侵权诉讼。事实上,其既未准备提起诉讼,也未对任何收函人提起过诉讼。②

---

① 参见张伟君、单晓光:《规制知识产权权利人滥用诉权法律制度比较研究》,《重庆工学院学报(社会科学版)》2009 年第 2 期。

② See Federal Trade Commission, Decision and Order, *Docket No. C*-4513, 13 March 2015.

3.没有明确要求成员规定司法机关及法官滥用执法程序的责任

第48条规定对被告的赔偿,就执法机关在保护知识产权的过程中损害相对人的责任,第48条规定了公共机构(public authorities)及官员(officials)的赔偿责任。此处的公共机构是否包括司法机关,官员是否包括法官? TRIPS 协定多处使用公共机构与司法机关(judicial authorities)相区别。在郑成思研究员看来"public authorities"就是"政府当局",是从事"行政执法"(administration of any law)活动的机关。① 第58条②规定边境措施中公共机构依职权主动执法损害进口人利益的责任。由于边境措施由海关采取,第58条中的公共机构难以包括司法机关。

4.防止刑事程序滥用规则缺失

TRIPS 协定第61条要求成员为商业规模的故意假冒和盗版提供刑事程序采取刑事措施,但对滥用刑事程序损害使用者利益的行为根本没有规制。

四、对强制许可使用进行限制

强制许可使用,是根据法律的规定,经国家机关同意,无需权利人许可,仅支付适当使用费而利用知识产权客体的行为。强制许可使用包括专利强制许可使用、版权强制许可使用、植物新品种权强制许可使用、集成电路布图设计权强制许可使用等。③《巴黎公约》(1979年)第5条明确规定"本联盟各国都有权采取立法措施规定授予强制许可,以防止由于行使专利所赋予的专有权而可能产生的滥用,例如:不实施"。《伯尔尼公约》

---

① 参见郑成思:《WTO 知识产权协议逐条讲解》,中国方正出版社 2001 年版,第214—217页。

② 第58条(依职权的行动):"(c)只有在采取或拟采取的行动是出于善意的情况下,各成员方可免除公共机构和官员采取适当救济措施的责任。"

③ 参见陶鑫良、单晓光:《知识产权法总论》,知识产权出版社 2004 年版,第230—239页。

(1971 年)第 11 条之二第 2 款也准许成员国对播放权实施强制许可。[①] 第 13 条第 1 款准许成员国规定录制音乐作品的强制许可。此外,1971 年在巴黎外交会议上通过了《关于发展中国家的特别规定》,准许发展中国家在特定条件下,不受翻译权和复制权的控制,进行强制许可的自由。对于知识产权的限制,TRIPS 协定主要是通过"三步检验法"来规制。"三步检验法"的规则体现在 TRIPS 协定第 13 条、第 17 条、第 26 条和第 30 条,也包括 TRIPS 协定纳入的《伯尔尼公约》第 9.2 条。"三步检验法"其实是对知识产权限制的限制,突显的是知识产权人利益的扩张和使用者利益的限缩。[②]

TRIPS 协定第 31 条另行规定了"未经知识产权人授权的其他使用",其实就是指专利强制许可使用。第 31 条规定"如一成员的法律允许未经知识产权人授权即可对一专利的客体作其他使用,包括政府或经政府授权的第三方的使用,则应遵守下列规定"。其后,规定了 12 项条件。这些条件可以概括为:1.各案酌处;2.合理努力;3.不超越性;4.非专有性;5.非转让性;6.满足国内需求;7.情势还原;8.合理付酬;9.审查;10.反竞争补救;11.开发第二专利的非用不可。[③] 郑成思研究员就曾说,对于强制许可,与其说是 TRIPS 协定规定了权利限制,不如说是规定了对权利限制的限制。[④]

TRIPS 协定强制许可制度经历了激烈的斗争。乌拉圭回合,发达国家

---

① "二、本联盟成员国的法律得规定行使上面第一款所指的权利的条件,但这些条件的效力只限于作出这些规定的国家。在任何情况下,这些条件均不应有损于作者的人身非财产权利,也不应有损于作者获得公正报酬的权利,该报酬在无友好协议的情况下应由主管当局规定之。"

② 参见张曼:《TRIPS 协定第 13 条"三步检验法"对著作权限制制度的影响》,《现代法学》2012 年第 3 期。朱理:《后 TRIPS 时代版权限制和例外的国际标准》,《知识产权》2006 年第 1 期。

③ 参见孔祥俊:《WTO 知识产权协定及其国内适用》,法律出版社 2002 年版,第 254—259 页。

④ 参见郑成思:《WTO 知识产权协议逐条讲解》,中国方正出版社 2001 年版,第 116 页。

和发展中国家对强制许可的理由产生了严重分歧。发达国家要求严格限制强制许可的理由，而发展中国家则希望有较大的自由。① 最终，协定偏向发达国家，对专利强制许可适用的条件作了严格的限定。TRIPS 协定限制专利强制许可不仅限制了发展中国家利用专利解决国内危机的能力，也限制了使用者使用技术发明的权益，而且还导致公众获得药品维持健康的权利。实际上，TRIPS 协定对各国专利强制许可的限制还引发了公共健康危机。药品是公共健康的保障。在 TRIPS 协定将药品纳入专利保护范围，且对药品专利的强制许可设定严格限制后，专利药品价格高企。这导致了发展中国家成员和最不发达国家成员的公共健康危机。大批艾滋病和肺结核等严重传染性疾病患者因不能承受高昂的必需药品而死亡。为了缓解公共健康危机，发展中国家成员，尤其是最不发达国家成员作出了艰巨努力。在他们的推动下，2005 年 12 月 6 日 WTO 总理事会通过《修改〈与贸易有关的知识产权协定〉议定书》，增加了第 31 条之二，并对相关概念、条件进行了解释。第 31 条之二规定，出口成员在第 31 条(f)项下的义务不适用于以下情形：在为生产并出口药品至一有资格进口的成员之目的的必要范围内，并在符合 TRIPS 协定附件第 2 段所列的条件下，授予强制许可。TRIPS 协定第 31 条之二的主要意义在于放开了 TRIPS 协定原来对强制许可生产的药品出口限制。除了对各国强制许可实施限制这一根本缺陷外，TRIPS 协定下的专利强制许可制度还至少存在以下三方面的问题。

第一，多数发展中国家国内企业不具备充分的药品生产能力。得到强制许可生产药品的企业并不能得到专利权人的技术支持。而技术指导和支持是有效实现技术方案的重要因素。此外，药品的活性成分被跨国医药企业控制，它们往往拒绝提供给获得强制许可的发展中国家企业。由于实

---

① 参见张伟君、单晓光：《TRIPS 协议对知识产权滥用的规制探析》，《WTO 动态与研究》2007 年第 10 期。

施强制许可的专利有种种困难,因此阻碍了强制许可制止权利人滥用专利的效果。

第二,发展中国家成员授予强制许可面临国际医药专利巨头和发达国家成员经济和政治上的阻力和压力。为了缓解国内艾滋病药品供需矛盾,泰国政府在与拥有药品专利权的医药企业就降低价格协商多年无果的情形下,泰国政府在 2006 年 11 月以公共利益为由,向政府制药组织颁发药品 Stocrin 的强制许可证,允许该组织生产或进口该药。2007 年 1 月,泰国政府还针对 Abbott 公司的药品 Kaletra 颁发强制许可证。这引起了相关专利权利人的强烈反对。美国贸易代表办公室在 2007 年的特殊 301 报告中以泰国知识产权保护及执法全面恶化为由将泰国列入重点观察名单。[①]

第三,发达国家通过双边协定等方式限制 TRIPS 协定允许的强制许可。例如,美国与约旦等国的自由贸易协定就进一步限制了颁发条件,要求给予药品实验数据五年独占期,强制许可实施者不能利用该实验数据获得市场准入。[②] 美国与摩洛哥签署的双边贸易协定规定在专利链接制度[③]中,仿制药企业未经专利权持有人同意的情形下,药品管理部门不得给仿制药注册。即使获得强制许可,由于专利权人不同意,就不能获得药品管理部门的注册。这就使强制许可失去了意义。此外,美国对外签订双边自由贸易协定还提高了强制许可补偿标准。[④]

---

① 参见郭寿康、史学清:《WTO 协定的首次修订——Trips 协定第 31 条之修改》,《海南大学学报(人文社会科学版)》2009 年第 1 期。

② See Gaelle P. Krikorian etc., Intelleetual Property Rights in the Making:the Evolution of Intelleetual Property Provisions in US Free Trade Agreements and Aeeess to Medieine, *The Journal of world Intelleetual Property*, No. 5 (2007), pp. 388-418.

③ 即将药品上市批准与专利有效性审核相链接的制度。

④ 参见陈庆:《超〈TRIPS 协定〉条款对药品专利强制许可的变异及应对策略》,《知识产权》2013 年第 6 期。

五、对限制或排除竞争行为控制弱

限制性商业行为本质上是一种滥用知识产权的行为,它指技术提供方凭借其技术垄断地位,在许可证贸易中提出损害技术受让方正当利益的各种限制。这种行为严重阻碍技术的传播和使用。TRIPS 协定第二部分第 8 节(对协议许可证中限制竞争行为的控制)第 40 条对限制性商业行为作出了规制。该条共 4 款,第 1 款阐述全体成员的共识,即某些妨碍竞争的许可证贸易活动或条件可能对贸易具有消极影响,并且可能阻碍技术的转让和传播。该款说明了 TRIPS 协定规制限制性商业行为的原因。第 2 款规定成员可以采取适当措施防止或控制许可证贸易中滥用知识产权的限制竞争行为,该款还列举了独占性返授条件、禁止对知识产权有效性提出异议、强迫性一揽子许可三种行为。一般认为,列举的这三种限制竞争行为属于“本身违法”行为。当然这只是非穷尽式列举,成员有在符合 TRIPS 协定的前提下在国内法上自主规定其他限制性商业行为。第 3、4 款要求成员之间应就此类限制性商业行为进行协商。表面看 TRIPS 协定第 40 条成员方给予成员充分的自由来规制限制性商业行为。然而,该条其实是全面采纳发达国家的立场,存在不足。

第一,将 TRIPS 协定正式文本与布鲁塞尔文本(1990 年)比较,可以发现发展中国家提出明确列举 12 种滥用或反竞争行为的方案,包括独占交易、限制研究、限制人员利用、价格固定、限制适应、独占销售或代理协议、搭售协议、出口限制、专利囤积或交叉许可协议及其他安排、限制公开、在工业产权失效后的支付及其他义务、安排失效后的限制,但是最终被抛弃了。发达国家的理由是乌拉圭回合没有包括竞争政策议题,因此要求不采用发展中国家的提案。其实,更重要的原因还是在于发达国家成员不愿意对知识产权这一垄断权设置反竞争限制。①

第二,该条是任意性的规定,成员方没有义务防止或控制限制性商业行为。因为它使用的语句是"本协定的任何规定不得阻止各成员在其立法中明确规定在特定情况下可构成对知识产权的滥用并对相关市场中的竞争产生不利影响的许可活动或条件"。这样的话,知识产权强国必然倾向于少控制甚至不控制限制竞争的行为。而发展中国家缺乏有效规制知识产权滥用的经验,难以从 TRIPS 协定中找到有效规制知识产权滥用的完整方案,它们规制知识产权滥用的制度明显滞后。②

第三,协商程序带来外国干预的可能。第 40 条规定,如果一成员的国民在其他成员领土内因限制竞争行为被起诉,则应该给予该成员磋商的机会。这就给了发达成员干涉发展中国家成员的依据,从而给发展中国家带来外国干涉的风险。③

第四,TRIPS 协定第 40 条没有明确规定成员可以对限制竞争行为采取何种措施,给予什么救济。其实,在"W/76"草案(1990 年 7 月 23 日的综合文本)曾规定了针对不实施知识产权义务的救济,以及对许可证合同中滥用或反竞争行为成员可以撤销该合同或条款。这些规定也因发达国家反对最终被删除了。④

通过对 TRIPS 协定下知识产权执法规范全面比较和分析,笔者认为,TRIPS 协定为知识产权人利益构筑了严密的保护体系,给成员的知识产权行政执法和司法程序设定了统一要求,对临时措施和边境措施还作了特别规定。它要求各成员为知识产权提供规定的程序和措施,有效保护知识产

---

① 参见张乃根:《TRIPS 协定:理论与实践》,上海人民出版社 2005 年版,第 91 页。

② 参见张伟君、单晓光:《TRIPS 协议对知识产权滥用的规制探析》,《WTO 动态与研究》2007 年第 10 期。

③ 参见尹新天:《TRIPS 协议与制止知识产权的滥用》,《科技与法律》2000 年第 2 期。

④ See Daniel Gervais, *The TRIPS Agreement: Drafting History and Analysis*, England: Thomson Reuters Limited, 2012, pp. 553-557.

权人的利益。但是,对于防止知识产权人及执法机关滥用程序侵害知识使用者利益的行为,TRIPS 协定明显不足。对限制或排除竞争行为,TRIPS协定控制弱。对于满足使用者利益的强制许可,TRIPS 协定予以限制。这反映出,TRIPS 协定对知识产权人利益保护的偏重,对使用者利益保护的偏失。TRIPS 协定在知识产权人和使用者利益保护上的失衡,也将导致发达国家和发展中国家利益失衡。规范上的利益失衡,也在实践中反映出来。

第三节　TRIPS 协定执法制度损益考察

一、发达成员强化知识产权执法维护垄断利益

(一) 发达成员在国内外强化知识产权执法

TRIPS 协定给了美国政府在国内加强知识产权保护的依据。在 WTO中建立知识产权执法国际标准的愿望即将实现前,美国政府于 1994 年 12月 8 日制定了《乌拉圭回合协议法》。根据该法,美国修改了其专利法、商标法、版权法等法律。在修改实体法时,美国同时修改了其救济规定。例如:在修改专利法时,将专利侵权行为的范围扩大到包括未经许可进口专利产品或用专利方法制造的产品以及未经许可为他人的销售活动提供上述产品;在修改版权法时,增加了对违禁的录音或录像制品实行新的联邦法律救济规定。日本也自 1994 年起先后修改了专利法、民事诉讼法和海关关税法等。[①] 比较而言,发达国家成员在知识产权执法方面常采取职权主义主动执法,其知识产权执法标准总体上超过 TRIPS 协定标准。目前,美国、日本和欧盟等成员的立法在很多方面超出了 TRIPS 协定的标准。

---

① 参见叶京生:《WTO 与贸易有关的知识产权协议:规范与承诺》,黄山书社 2000 年版,第68—79 页。

在这些成员中,美国强化知识产权执法的影响最大。美国知识产权法律制度由其立法结构体系和法律实施体系构成,其立法体制以联邦立法为主体、其司法体制以联邦法院为中心。①

对于保护使用者利益的强制许可,美国法持排斥态度,对于滥用知识产权执法程序的行为,美国也是一种姑息的态度。尽管早在 1790 年美国有参议院议员提议:在专利权人没有在美国提供足够数量的产品、技术,或者以超过充分回报的价格销售产品,法院可以根据申请授予申请者完全生产和销售的许可。该提议遭到反对,而未被采纳。至今,美国没有强制许可立法。对于知识产权执法程序的滥用行为,理论上受害者可以提起滥用法律程序的诉讼,从滥用程序者得到赔偿。然而,美国法院并不轻易为受害者提供诉讼救济。它设置了很多条件,在一些州,苛刻的条件使提起这种诉讼几乎不可能。对这种诉讼法官常常左右为难。② 2013 年后,专利主张实体滥用侵权警告函,但是在司法程序中受到诺尔—本林顿原则(即请愿权)的庇护,虽然美国国会多个议员提出规制侵权警告函的议案,但是无一通过。防止专利主张实体挑选法院和以禁令相威胁的判例相继作出,但仍然受立法限制。③ 因此,到 2021 年,美国专利主张实体提起的专利侵权诉讼仍然超过实施实体。

但是对于知识产权人的利益,美国积极予以保护。美国知识产权执法,除了法院提供司法保护外,政府还提供行政保护和贸易保护。美国政府对知识产权有一套严格的行政管理体制,管理机构包括专利与商标局、版权署、贸易代表署、国际贸易委员会、海关和国家技术转移中心等。④ 国

---

① See WTO, Trade Policy Review Report by the Secretariat – United States, *WT/TPR/S/275/Rev.* 2, 8 March 2013, pp. 88-96.

② 参见王莹:《知识产权民事诉讼权利滥用研究》,中南民族大学 2012 年硕士学位论文,第 21—23 页。

③ 参见谢光旗:《美国应对"专利蟑螂"最新法律实践述评》,《电子知识产权》2016 年第 3 期。

④ 参见孙南申等:《美国知识产权法律制度研究》,法律出版社 2012 年版,第 1—18 页。

际贸易委员会和美国贸易代表在美国知识产权国际保护上发挥重要的作用。美国国际贸易委员会根据 1922 年美国《关税法》发展来的"337 条款",对侵犯美国知识产权的进口产品进行调查,发布强制排除令或禁止进口令,采取扣押、没收、罚款和临时措施等制裁措施。美国贸易代表负责知识产权方面的国际贸易谈判和"特殊 301 条款"的执行。每年根据产业界的意见公布"特殊 301 条款报告",确定对美国在海外的知识产权保护不力的国家名单,并采取贸易报复措施。美国国际贸易委员会和海关与边境保护局负责国外知识产权侵权产品的进口和销售的审查,并采取边境措施。

美国 301 条款的程序最大特点就是步步为营,咄咄逼人,时间短促,措施严厉。其核心是以美国市场为武器,强迫其他国家接受美国的贸易准则。它不仅有强大的贸易职能,还有为美国政治目的服务的功能。其反映的是美国攻击性的单边主义。①

1998 年 11 月 25 日,欧共体等 8 个成员将美国投诉到 WTO,指控美国 1974 年贸易法第 301—310 节违反了 WTO 多边解决知识产权争端的规则。专家组认为,美国该授权立法本身构成初步的违反 DSU 规则与程序。但是,该立法允许美国行政当局限制贸易代表在用尽 DSU 程序之前做出与 WTO 争端解决相抵触的决定。美国总统提交国会通过的《行政行动声明》规定,贸易代表以 WTO 争端解决裁定为依据认定其他成员是否损害美国利益。专家组认为,该声明限制了贸易代表不采取违反 DSU 的单边行动,从而使整个 301 条款披上了合法的外衣。

张乃根教授指出,专家组的裁决显然有利于美国。"特殊 301 条款"显然与 GATT 和 WTO 的多边协商与争端解决原则抵触。② 孙南申教授等

---

① 参见韩立余:《美国对外贸易中知识产权保护》,知识产权出版社 2006 年版,第 176—177 页。

② 参见张乃根:《国际贸易的知识产权法》,复旦大学出版社 2007 年版,第 218—225 页。

也认为,DSU 第 23 条和 TRIPS 协定明确包含了成员将知识产权纠纷提交给 WTO 争端解决机构的义务,该义务同时禁止对其他成员采取单边措施。美国的 301 条款显然与 WTO 提供的贸易保护多边规则相冲突。[①] 对美国 301 条款的根源、影响及违法性,陈安教授有深刻的剖析。美国 301 条款是美国的霸权立法,该霸权立法不许改变是美国 1994 年主权大辩论的首要结论。杰克逊(John H. Jackson)教授坦陈,"除了在程序上稍作微小修订外,301 条款仍然纹丝未动。"WTO/DSB 专家组对 301 条款的裁断是美国单边主义的再胜及 WTO 多边主义的再败。韩国的 Seung Wha Chang 对专家组的报告作出评价:"美国 301 条款案专家组报告在政治上是很精明圆滑的,但其法律根基的某些方面,却是破绽百出的。对于世贸组织争端解决机构今后的发展来说,这份审结报告所具有的政策方针含义,令人产生严重的关切和忧虑。"[②]美国国内法上的"特殊 301 条款"实质上是否认国际法所允许的制度差别,使美国国民获得的待遇高于他国国民的待遇。[③]

2013 年美国贸易代表审查了 95 个贸易伙伴,将 41 个国家列在特殊 301 名单之中。[④] 在 2013 年 WTO 审议美国贸易政策的会议上,被美国列入重点观察国名单的智利就指出,事实反映美国 301 调查的方法存在局限性,并希望美国进行调整。印度也提出美国的法律程序对于发展中国家的权利人过于昂贵。针对美国在特殊 301 报告中指责印度对药品的强制许可措施不符合国际标准的说法,印度要求美国予以解释,但美国也拿不出任何依据。印度还就美国宣称拒绝保护美国知识产权的措施是否属于 TRIPS 协定调整的范围,美国关于特殊 301 观察国名单与 DSU 之间是否一

---

① 参见孙南申等:《美国知识产权法律制度研究》,法律出版社 2012 年版,第 147 页。

② 陈安:《国际经济法学》,北京大学出版社 2011 年版,第 79—97 页。

③ 参见张乃根:《国际贸易的知识产权法》,复旦大学出版社 2007 年版,第 218—225 页。

④ 其中,重点外国:乌克兰。重点观察名单:阿尔及利亚、阿根廷、智利、中国、印度、印度尼西亚、巴基斯坦、俄罗斯、泰国、委内瑞拉。USTR, 2013 Special 301 Report, May 2013, pp. 5—6。

致提出疑问。美国并不能肯定其宣称的措施属于 TRIPS 协定调整的范围之内,美国承认特殊 301 审查不能决定一国是否违反 TRIPS 协定。① 由此可见,美国特殊 301 条款报告是按照美国权利人单方提供的信息,以美国国内法来评判和指责其他成员的知识产权保护措施,并胁迫其他成员按照美国的意愿加强知识产权执法制度。尽管美国 301 报告指责和逼迫其他国家没有国际法律义务,被审查的国家也有诸多不满,301 条款的合法性却被 WTO 争端解决机构肯定。

2022 年,美国贸易代表审查了 100 多个贸易伙伴。美国虽然承认中国为了履行《中美经贸协议》不仅修改法律还采取措施加强知识产权保护和执法,但是还是把中国继续列入重点观察名单,阿根廷、智利、印度、印度尼西亚、俄罗斯和委内瑞拉 6 个国家也被列入重点观察名单。巴西和墨西哥等 20 个国家被列为观察名单。②

后 TRIPS 时期,国际知识产权法的执法制度呈现超 TRIPS(TRIPS - Plus)的发展趋势。至 2021 年 6 月 1 日,WTO 备案 350 项已经生效的区域贸易协定,其中 241 项区域贸易协定包括知识产权条款。③ 这种强化国际知识产权法执法制度的推动力源自美国、日本和欧盟等发达国家和地区,并通过双边、区域性及多边条约在国际范围内展开。

(二) 发达国家占有较多的知识产权垄断利益

历年创新指数反映,各国创新差距非常大,而且这种差距一直在延续,全球创新指数反映,高收入经济体与低收入经济体相比,这种创新差距异常明显。所谓创新领导者仍然是高收入经济体。世界排名前十的都是发

---

① See WTO, Trade Policy Review - United States of America - Record of the Meeting, *WT/TPR/M/275/Add.*1, 15 May 2013, pp. 82 - 83, 232 - 251.

② See USTR, 2022 *Special 301 Report*, 27 April 2022.

③ 参见古祖雪:《RCEP 知识产权章节与 TRIPS 协定的关系:基于条约法的分析》,《湖南师范大学社会科学学报》2022 年第 4 期。

达经济体,先后是瑞士、美国、瑞典、英国、荷兰、韩国、新加坡、德国、芬兰和丹麦。当然,中国作为发展中国家(WIPO 将中国归为中等偏上收入国家)近十几年的创新指数排名不断提升,2022 年在 132 个经济体中排名第 11。但中国是前三十名中唯一的中等收入经济体,其他都是高收入经济体。WIPO 提醒,美洲和加勒比地区以及撒哈拉以南非洲的差距,需要迫切关注。值得密切关注的还有,COVID-19 大流行的短期和长期影响,当前的地缘政治动荡,货币政策的紧缩,以及全球供应链和全球创新网络受到的冲击对中低收入经济体中新生创新体系的影响。①

从世界知识产权贸易看,发达国家与发展中国家极不平衡,发达国家拥有的专利技术、驰名商标和计算机软件等在数量上远远超过发展中国家,发达国家是知识产权的主要输出国。世界知识产权贸易中,发达国家占据了 80%。而且,发达国家向发展中国家转让 1 亿美元的专利技术就要捆绑销售 50 亿美元的成套设备和其他硬件商品。国际知识产权贸易也加强了发达国家跨国公司对全球经济的垄断性。全球 5 万多家跨国公司及其 30 万家国外子公司遍布全球。它们控制国际技术转让 75% 的份额。微软公司的品牌和软件价值就使其资产平均每周增加 4 亿美元,2000 年微软公司的市值超过了俄罗斯的国民生产总值。英国电信公司申请的专利超过 13000 项,通过出售专利在 6 个月就创造了 1400 万美元的收入。当前的国际知识产权贸易加剧了世界经济发展不平衡,加强了发达国家跨国公司的垄断性。②

在这些发达国家中,美国获利最大。2021 年全球各国、各地区的知识产权出口金额上涨至 4336.2 亿美元。美国各大企业、机构知识产权出口

---

① 参见世界知识产权组织:《2022 年全球创新指数》,2023 年 1 月 29 日,https://www.wipo.int/edocs/pubdocs/zh/wipo-pub-2000-2022-exec-zh-global-innovation-index-2022-15th-edition.pdf.

② 参见詹宏海:《知识产权贸易》,上海大学出版社 2009 年版,第 10—13 页;李虹:《国际技术贸易》,东北财经大学出版社 2010 年版,第 19—20 页。

1246.14 亿美元,占据了全球知识产权出口金额的 28.76%,贸易顺差 812.72 亿美元。而中国知识产权贸易逆差约 351.08 亿美元,爱尔兰知识产权贸易逆差最大,达到约 1148.07 亿美元,巴林和莫桑比克等国家没有知识产权国际贸易,东帝汶等国家为纯知识产权进口国。51 个国家没有知识产权使用费收入,圣多美和普林西比、多米尼克两国的知识产权使用费收入不足 100 美元,分别支出知识产权使用费 45780 美元、1127605 美元,巴林和莫桑比克等 30 个国家没有知识产权使用费支出(见表4-1)。①

表4-1　2021 年度主要国家知识产权使用费进出口额

国家	出口额 (单位:美元)	出口排名	进口额 (单位:美元)	进口排名	净额 (单位:美元)
美国	124614000000	1	43342000000	3	81272000000
德国	58520306138	2	20894734268	6	37625571870
日本	48173859291	3	29537180653	5	18636678638
瑞士	30708931701	4	33569798893	4	-30560867192
英国	23712066443	5	17776748042	7	5935318401
荷兰	23212467781	6	17731073968	9	5481393813
爱尔兰	18207000162	7	133014053570	1	-114807053408
法国	15316537821	8	13127793210	11	2188744611
中国	11740190586	9	46848669193	2	-35108478607
新加坡	11648004565	10	17812725626	8	-6164721061
多米尼克	84		1127605		-1127521

---

①　知识产权使用费,版税与许可费是指居民和非居民之间为在授权的情况下使用无形、不可再生的非金融资产和专有权利(例如专利、版权、商标、工业流程和特许权),以许可的形式使用原创产品的复制真品(例如电影和手稿)而进行的付款和收款。数据按现价美元计。参见世界银行:《知识产权使用费》,2024 年 1 月 19 日,https://data.worldbank.org.cn/indicator/BX.GSR. ROYL.CD? most_recent_value_desc=false&view=chart。

续表

国家	出口额（单位:美元）	出口排名	进口额（单位:美元）	进口排名	净额（单位:美元）
圣多美和普林西比	4		45780		-45776
东帝汶	0		480		-480
巴林	0		0		0
莫桑比克	0		0		0

资料来源:世界银行。

（三）发达国家所述损失缺乏依据

在 TRIPS 协定生效前后,发达国家一直以假冒和盗版给它们造成重大损失为由,要求强化知识产权执法。然而,发达国家提供的假冒和盗版数据没有事实依据,相互矛盾。美国联邦调查局、美国海关与边境保护局、美国汽车和配件制造协会发布报告称:由于假冒,美国商业界每年要损失 2000 亿—2500 亿美元,由于商品货物的假冒,美国商业界和产业界每年要损失 2000 亿美元的收入和 75 万个工作岗位,美国汽车配件工业因假冒货物已损失了 30 亿美元的销售额。然而,美国审计署在 2010 年 4 月给国会提交《关于量化假冒和盗版货物对经济影响的研究报告》。该报告指出以上三个数据均缺乏依据,无法得到证实。[1] 这一经常被美国政府作为政策依据的数据缺乏证据支持,已经引起各国对美国对外政策的质疑。[2]

1998 年经济合作与发展组织(OECD)在承认不可能寻找到贸易增长规模的准确统计数据,还是说:"当前世界假冒总损失规模占世界贸易的

---

[1]　参见人民网:《假冒盗版给美经济造成巨大损失的数据缺乏依据》,2010 年 8 月 10 日,http://ip.people.com.cn/GB /12390677.html。

[2]　参见向力:《以无依据数据制定的政策值得质疑——多名知识产权专家解读美国政府承认大部分盗版损失数据缺乏依据》,《中国知识产权报》2010 年 8 月 13 日。

5%—7%。"OECD 援引国际商会 1997 年的报告,该报告以 WTO 对 1995 年世界贸易额的估算 5 万亿美元为基础,该报告还假设假冒从 1990 年的 3%增长到 1995 年的 5%,从而估计 1995 年的假冒损失为 2500 亿美元。然而,在 2007 年 OECD 发布的另一份报告中,它说,国际冒牌货和盗版货在2005 年已经达到 2000 亿美元。该数值已经超过大约 150 个经济体的国民生产总值。① 在 2005 年 5 月,国际商会报告全球假冒产品贸易达到了6000 亿美元。在同一个月,GIESCHEN CONSULTANCY 报告,假冒规模已经超过 3 万亿美元。一个反假冒和盗版商业行动组织(BASCAP)在 2011年发布研究报告,到 2015 年全球假冒和盗版价值将达到 17700 亿美元。2021 年,OECD 和欧盟知识产权办公室联合发布假货贸易报告:估计 2013年全球假货贸易占 2.5%,达到 4610 亿美元;2016 年估计占全球贸易的3.3%,达到 5090 亿美元;2019 年估计占 2.5%,达到 4640 亿美元。②

WIPO 首席经济学家 Fink 以及 Maskus 等对假冒和盗版文献进行研究后总结道:"现存的大量对假冒和盗版进行量化研究结果,大多数存在缺陷,涉及运用的数据以及采取的方法缺陷。"③发达国家提供的假冒和盗版数据,是由权利人一手炮制,统计方法不科学,数据之间相互矛盾。在WIPO 实施咨询委员会第七届会议上,全球健康安全中心高级研究顾问Clift 博士专门对假冒和盗版的各类统计信息进行了评介。他指出,海关的扣押数据不是按照统计学上的随机性来收集的。扣押品价值的计算上,各海关报告计算的基础各不相同,有的是采用进口报关价格,有的采用同一产品的零售价格。因此,这些数据不适合来估算假冒和盗版的总体规模。

---

① See OECD, The Economic Impact of Counterfeiting and Piracy, *DESTI/IND* (2007) 9/ *PART*4/*REV*1, 4 June 2007.

② See OECD, EUPIO, "Global Trade in Fakes", 2021-01-01, https://euipo.europa.eu/tunnel – web/secure/webdav/guest /document _ library/observatory/documents/reports/2021 _ EUIPO _ OECD_Report_Fakes/2021_EUIPO_OECD_Trate_Fakes_Study_FullR_en.pdf.

③ See Carsten Fink, Keith Maskus. Yi Qian, The Economic Effects Of Counterfeiting And Piracy: A Literature Review, *WIPO/ACE/*6/7, 3 September 2010.

而关于国内假冒和盗版的统计数据很少能获得。产业协会的数据经常存在很多缺陷。OECD 试图运用有限的数据来估算假冒和盗版的总体状况。其结论必须谨慎对待。在药品方面,世界卫生组织已经得出结论,事实上不可能提供可信的假冒药品的估算数据。① 其统计方法也令人难以信服。一是,提供数据的是产业界。这些数据无疑只反映产业界的意见,并不公正,而且经常人为夸大损失。例如,OECD 的数据就是根据发放给产业界的调查问卷得出来的,涉及的产业包括音乐、电影、制药和汽车。另外,损失是根据正品货物的价格来计算的。但是,如果不购买冒牌货,消费者并不都会购买相同正品。因此,权利人的损失并不等于冒牌货的数量与正品价格的乘积。② 发达国家以虚假的数据为基础,必然会作出错误的判断,提出错误的主张。

　　TRIPS 协定中的知识产权已经扩展得太远了。知识产权是必需且重要的,但是,私人利益与公众权利之间的天平已经向着支持私人利益但牺牲公共福利的方向倾斜。③ 为了促进创新,公众使用知识的利益也应予以保护。受发达国家推动,TRIPS 协定下的知识产权执法制度严重偏向知识产权人的利益。TRIPS 协定知识产权执法制度的利益失衡也将传导至国内法上。

二、发展中国家成员强化知识产权执法但未获预期收益

(一) 发展中国家成员投入高额成本强化知识产权执法

　　以巴顿教授为主席的英国知识产权委员会研究后得出结论,发展中国

① See Charles Clift, A Review of Statistical Information on Counterfeiting and Piracy, WIPO/ACE/7/5, September 2, 2011.
② See Michael Blakeney, *Intellectual Property Enforcement: A Commentary on the Anti-Counterfeiting Trade Agreement (ACTA)*, UK: Edward Elgar Publishing, 2012, pp. 4-6.
③ 参见[美]苏姗·K.赛尔:《私权、公法——知识产权的全球化》,董刚等译,中国人民大学出版社 2008 年版,第 27 页。

家成员建立知识产权执法体制要花费 250 亿—800 亿美元。TRIPS 协定知识产权执法标准造成发展中国家"不能充分实施"或者"过于充分实施"的危险状况。① 根据 TRIPS 协定第 65 条,发展中国家成员和转型过程中成员享有 5 年过渡期。目前,此类成员过渡期已过,应履行 TRIPS 协定的全部义务。TRIPS 协定给各成员设定知识产权执法最低标准。该标准是以部分发达国家国内法为模板强化知识产权人利益保护的高标准。根据 TRIPS 协定的规定,各成员必须使 TRIPS 协定关于知识产权执法的规定在国内有效。为了督促各成员达到该标准,WTO 还通过贸易政策审议机制、争端解决机制强制要求各成员履行 TRIPS 协定设定的执法义务。由于 WTO 协定对一国国内经济和法律制度介入的程度很深,各成员在 WTO 协定的适用上都有特殊制度。即使原来实行直接纳入或区分自动执行和非自动执行的国家,在 WTO 协定适用上都背离了传统做法,而选择转化方式。只有少数对国际贸易有很强依赖性的国家,对 WTO 协定采取直接适用的做法。② 为了履行 TRIPS 协定设定的知识产权执法义务,成员不仅需要在国内立法上符合 TRIPS 协定的标准,而且还需要在行政执法和司法实践中严格按照国内法的规定对知识产权进行执法保护。由于发展中国家成员过去关于知识产权执法的程序和救济标准与 TRIPS 协定差距甚大,首先它们需要大量修改法律或制定新的法律,从而与 TRIPS 协定接轨。除此之外,它们还需要在国内建立相应的执法机构,配备足够的执法人员,拨付足够的执法经费。这种负担对于发展中国家本身就薄弱的经济来说,是一项沉重的负担。在 TRIPS 协定生效前,发展中国家成员的知识产权执法水平与 TRIPS 协定差距较大。为了满足 TRIPS 协定的要求,发展中国家成员在 TRIPS 协定于 1993 年基本确定之后就开展了修法活动。

① 参见英国知识产权委员会:《知识产权与发展政策相结合》,2002-09-01,http://www.iprcommission.org/graphic /Chinese_Intro.htm。

② 参见田曼莉:《发展中国家实施 TRIPs 协议研究》,法律出版社 2012 年版,第 43—45 页。

后来加入的发展中国家成员也在加入前主动与 TRIPS 协定接轨。经过修法活动和建立相应的司法或行政救济制度，发展中国家成员的知识产权执法水平大致达到了 TRIPS 协定的要求。

中国为了与 TRIPS 协定接轨，对相关法律法规进行了修改或制定新的法律。[①] 2000 年 7 月 8 日修改《海关法》，规定"海关依照法律、行政法规的规定，对与进出境货物有关的知识产权执法保护"。2001 年 3 月 28 日颁布《集成电路布图设计保护条例》，2000 年 8 月 25 日对《专利法》进行了第二次修改，于 2001 年 6 月 15 日公布了新的《专利法实施细则》。2001 年 10 月 27 日修订了《著作权法》。2001 年 10 月 27 日通过《关于修改商标法的决定》。通过此番修法和立法活动，使中国的知识产权法律在入世前大致达到 TRIPS 协定的要求。入世以后，中国还根据 TRIPS 协定的要求，进一步修改或制定法律。我国建立了以行政执法为主、以司法为辅的知识产权保护双轨制。就知识产权行政保护体制来说，包括国家知识产权局和国家版权局等庞大的知识产权管理系统。

我国庞大的知识产权管理组织需要国家大量经费，保护国内和国外知识产权人的利益。仅中国国家知识产权局一个部门，2012 年部门预算支出总计 455035 万元，[②]2022 年国家知识产权局预算支出 1315051.55 万元，是 2012 年预算支出的 3 倍。[③] 2010 年中国海关保护的知识产权人来自 33 个国家或者地区，受到海关保护知识产权共 8408 项次，海关扣留侵犯知识产权货物约 2.1 万批，涉案货物价值达人民币 2.7 亿元。涉及知识产权较多的知识产权人分别来自美国、法国、德国、日本、芬兰、意大利、瑞

[①]　参见吴汉东、郭寿康：《知识产权制度国际化问题研究》，北京大学出版社 2010 年版，第 196—200 页。

[②]　参见国家知识产权局：《国家知识产权局 2012 年部门预算》，2012-04-23，http://www.sipo.gov.cn/yw/2012/201204/t20120423_675915.html。

[③]　参见国家知识产权局：《国家知识产权局 2022 年部门预算》，2022-03-24，https://www.cnipa.gov.cn/art/2022/3/24/art_553_174233.html?xxgkhide=1。

士、英国和荷兰。从海关截获的侵权商品数量看,瑞士、英国、美国和日本的知识产权商品居前列。中国自主品牌知识产权占保护商品的比例仅19%,81%的商品属于外国知识产权商品。[①] 2021 年,中国海关采取知识产权保护措施 8.4 万次,实际扣留进出口侵权嫌疑货物 7.92 万批,7180.28 万件。[②] 在投入巨大人力、物力和财力的基础上,2012 年全国行政执法部门共立侵犯知识产权和制售假冒伪劣商品案件 325271 件,办结203107 件,移送司法机关 6999 件。全国公安机关共破获侵权假冒犯罪案件 43773 件,抓捕犯罪嫌疑人 60306 人;全国检察机关批捕侵权假冒案件8194 件,犯罪嫌疑人 14842 人,审查起诉案件 16143 件,28429 人;全国审批机关共受理侵权假冒刑事案件 15121 件,审结 14662 件,生效判决人数17869 人。[③] 保护知识产权人利益方面的巨大投入必然减少社会公共事业建设等其他方面的投入。对中国 2007 年知识产权保护水平进行量化研究反映,中国知识产权总体保护力度已经超过中低收入国家保护水平,甚至超过一些发达国家的保护水平。[④] 这与中国的经济和社会发展水平极不匹配,超出了中国的负担。人类发展指数综合反映各国的预期寿命、受教育年限及人均 GDP。在联合国开发计划署发布的 2001 年报告中,中国得分 0.593,低于排名第 1 的挪威 0.314 分。2021 年,中国在全球 191 个经济体中排名 79,得分为 0.768,低于瑞士(第 1,得分

---

① 参见中国海关总署:《海关总署公布 2010 年中国海关知识产权保护状况》,2013 - 10 - 15,http://www.customs.gov.cn/publish/portal0/tab44247/info309134.htm。

② 参见中国海关总署:《2021 年中国海关知识产权保护状况》,2022 年 4 月 24 日,https://www.cnipa.gov.cn/art/2022/4/24/art_2863_175005.html。

③ 参见中国国家知识产权局:《二〇一二年中国知识产权保护状况》,2013 - 10 - 11,http://www.nipso.cn/bai.asp。

④ See Juan C. Ginarte, Walter G. Park, "Determinants of Patent Rights: A Cross - national Study", *Research Policy*, No. 26(1997), p. 283. 沈国兵根据 GP 方法测算中国 2007 年保护水平为4.53 分,在 1992 年得分 2.774,超过同期的加拿大(2.76)和新加坡(2.57),达到绝大多数发达国家 1990 年的保护水平。参见沈国兵:《与贸易有关知识产权协定下强化中国知识产权保护的经济分析》,中国财政经济出版社 2011 年版,第 188—218 页。

0.962)和美国(第 21,得分 0.937)。① 我国之所以不断加强知识产权保护,与 TRIPS 协定的规定及其错误导向,以及美国、欧盟等发达成员的压力分不开的。

执行 TRIPS 协定也给其他发展中国家成员带来了沉重负担。牙买加外交与外贸部对执行 TRIPS 协定作了估算,至少需要在公共部门投资 100 万美元。包括修改商标、专利等现行法律,颁布集成电路布图设计、地理标志和植物品种等方面的新法律,建立行政机构和培训执法人员。新的知识产权办公室每年需要 77.5 万美元。作为只有两百多万人口的发展中国家,这对牙买加是一项很重的负担。而墨西哥花费了 3000 多万美元提升其本已高出大部分最不发达国家成员的知识产权立法和执法水平。海关知识产权改革涉及 16 个环节,每一环节的执行都需要花费 250 万美元以上。②

最不发达(LDCs)成员因 TRIPS 协定承受了沉重的压力。最不发达国家是联合国划定的国民生产总值极低、人力资产匮乏、经济脆弱性程度高的一组国家。WTO 认可的最不发达国家是由联合国确定的。2014 年至今,联合国确定的最不发达国家名单由 49 个减少到 46 个,WTO 的最不发达成员由 34 个增加到 35 个,另有 8 个最不发达国家正在谈判加入 WTO。③ TRIPS

---

① UNDP, "Human Development Index (HDI)", 2023 – 01 – 30, https://hdr.undp.org/data-center/human-development-index# /indicies/HDI.

② 参见世界银行:《发展、贸易问题与 WTO 手册》,郭显志译,中国对外翻译出版公司 2003 年版,第 427 页。

③ 最不发达国家成员:安哥拉、孟加拉国、贝宁、布基纳法索、布隆迪、柬埔寨、中非共和国、乍得、刚果民主共和国、吉布提、冈比亚、几内亚、几内亚比绍、海地、老挝、莱索托、马达加斯加、马拉维、马里、毛里塔尼亚、莫桑比克、缅甸、尼泊尔、尼日尔、卢旺达、萨摩亚、塞内加尔、塞拉利昂、所罗门群岛、坦桑尼亚、多哥、乌干达、瓦努阿图、赞比亚和也门。WTO, "Least-developed Countries", 2023-03-14, https://www.wto.org/english/thewto_e/whatis_e/tif_e/ org7_e.htm.

协定第66.1条给予最不发达国家成员实施除第3条至第5条①外其他条款额外10年的过渡期,即至2005年12月31日。然而,由于最不发达国家一直不具备完全履行TRIPS协定的能力。在中国、印度、巴西等发展中国家成员的支持下,最不发达成员通过与美国等发达国家抗争,在2005年和2013年获得两次延长过渡期的机会。2013年6月,TRIPS协定理事会决定将过渡期延至2021年7月1日,或者摆脱最不发达国家身份时止(以先到日期为准)。该决定不影响最不发达国家成员继续寻求延长过渡期。从上述决定看,最不发达国家成员只需要履行TRIPS协定下国民待遇和最惠国待遇义务,而无须履行TRIPS协定第三部分设定的知识产权执法义务。然而,TRIPS协定生效后加入的最不发达国家成员实际上并不完全享有上述过渡期。尼泊尔、柬埔寨和佛得角等最不发达国家加入成员在过渡期需要按照加入文件遵守额外的条件:按照TRIPS协定的规定授予专利权、商标权、版权、药品及农业化学品销售许可;不退回原则,防止侵权率大量增加;与知识产权人合作,并在知识产权人的帮助下迅速处理任何知识产权侵权行为;批准TRIPS协定没有要求的国际条约。② 此外,由于最不发达国家成员过渡期是分多次被延长的,在延长前它们并不确定能否延长。加上美国等发达国家成员鼓动甚至胁迫,它们不得不在原定过渡期内修改国内法律或制定新法,或者加入其他公约。③ 然而这些法律实际上往

---

① 也就是说,最不发达国家成员应遵守第3条国民待遇原则,第4条最惠国待遇原则。第5条规定国民待遇和最惠国待遇不适用于WIPO主持缔结的多边协议中有关获得或维持知识产权的程序。

② See Ermias Tekeste Biadgleng, "Accession to the WTO, Intellectual Property Rights and Domestic Institutions", in Carlos M. Correa, *Research Handbook on the Interpretation and Enforcement of Intellectual Property under WTO Rules*, Massachusetts:Edward Elgar Publishing, Inc. USA, 2010, p. 114.

③ 根据美国2002年开始实施的《非洲增长与机遇法案》(AGOA),非洲国家要享有免关税、免配额进入美国市场的权利,必须在保护知识产权及消除对美国贸易和投资歧视性壁垒等方面取得进步。WTO, Trade Policy Review‐Report by the Secretariat‐East African Community, *WT/TPR/S/271*, 17 October 2012.

往高于它们的经济和法治水平。即使过渡期再次延长,它们也不便废除新立法律和删除新增规定。受国民待遇和最惠国待遇条款的约束,它们也不能对其他国家歧视待遇。例如,2002 年 TRIPS 协定理事会给予最不发达国家成员关于药品专利权及测试数据保护至 2016 年的过渡期。然而,最不发达国家成员享有该过渡期存在困难。因为,最不发达国家至少70%的人口生活在对药品提供专利保护的国家内。这些国家就必须修改本国法律,删除有关药品专利保护的条款。但是,法律的修改还受到"不退回义务"及其他双边或多边条约的限制。① 再次,与发达国家签订的其他协定的知识产权执法标准比 TRIPS 协定更高、更严。导致一些最不发达国家成员的过渡期落空。类似产品的进口、强制性许可证、专有权的例外许可及公平交易等灵活性进一步被侵蚀。下文,笔者以卢旺达和孟加拉两个最不发达国家成员为例,反映最不发达成员为执行 TRIPS 协定付出的高昂代价。

2009 年 10 月 26 日卢旺达制定的《知识产权保护法》生效,对一系列的知识产权进行保护。它还发布了《知识产权政策》。然而,至 2012 年卢旺达批准 114 件专利权,国内专利仅 2 件(占 1.7%),外国专利 112 件(占 98.3%)。授予国内商标权仅 875 项(占 14.5%),国外商标权 5430 项(占 85.5%)。由此可见,卢旺达的知识产权立法和执法几乎完全是保护他国利益。虽然本国知识产权极少,卢旺达还是建立了严格的知识产权执法制度,它对一些伪造工业产权的行为进行刑事处罚。对侵犯工业产权的行为给予停止侵权和赔偿的救济,还可以给予 5 万卢旺达法郎至 50 万卢旺达法郎的罚款,甚至 5 年的监禁。对侵权产品给予扣押、没收、销毁处理。在工业活动中盗用或欺诈使用他人独创配方处以 1—5 年的监禁以及所获利益 5—10 倍的罚款。对于版权和邻接权的盗版将处以 5—10 年的监禁以

---

① 参见英国知识产权委员会:《知识产权与发展政策相结合》,2002-09-01,http://www.iprcommission.org/graphic /Chinese_Intro.htm。

及罚款。2008 年 5 月卢旺达还建立商事法院作为高级法院的分支机构，审理知识产权案件。卢旺达还成立了发展部，负责知识产权行政管理，另外贸易和工业部（MINICOM）专注于政策的制定、执法和监管。然而，发展部没有专利审查的能力，而且也没有能力设立审查机构，它只能希望加入非洲地区知识产权组织（ARIPO）由该组织负责审查。而且，卢旺达海关机构有权应申请或者依职权主动中止侵犯知识产权货物入关。可是，海关没有能力区分假冒货物，依赖世界海关组织来发现侵权货物。① 在 WTO 于 2019 年对卢旺达等东非经济体国家进行贸易评审时，WTO 还是认为卢旺达等东非成员面临严峻的反假冒贸易困难，东非经济体专门起草了反假冒贸易条约。②

（二）发展中国家成员在创新力、外资引进等方面利益受损

执行 TRIPS 协定也没有普遍促进发展中国家提升创新能力。发展中国家成员投入巨大资源执行 TRIPS 协定并没有给所有发展中国家成员带来发达国家宣传的利益。知识产权保护和执法的目的是促进创新。创新指数是衡量一个国家创新能力的标准。由 WIPO、康奈尔大学和英国国际商学院联合发布的"全球创新指数"在国际上得到最高的认可度。报告所使用的所有数据都来自各国政府和国际组织的统计和出版物，因此，由这些组织公布的"全球创新指数"具有国际可比性。历年创新指数反映，各国创新差距非常大，而且这种差距一直在延续，全球创新指数反映，各国的排名随着国家的收入水平上升。各个地区之间也存在很大创新差距，高收入国家与非洲、亚洲以及拉丁美洲的欠发达国家相比，这种创新差距更加突显出来。全球创新指数反映所谓创新领导者仍然是发达经济体。2013

---

① WTO, Trade Policy Review – Report by the Secretariat – East African Community, *WT/TPR/S/271/RWA*, 17 October 2012.

② See WTO, Trade Policy Review – Report by the Secretariat – East African Community, *WT/TPR/S/384*, 13 February 2019.

年,瑞士、瑞典、英国、荷兰、美国、芬兰、中国香港、新加坡、丹麦和爱尔兰排在世界前十,而发展中国家和最不发达国家在创新指数排名中都远远落后于发达国家。[①] 在 2023 年,瑞士、瑞典、美国、英国、新加坡、芬兰、荷兰、德国、丹麦和韩国名列前十。[②] 在发展中国家成员中,我国因中国式现代化道路等原因,创新指数及国际排名都有较大提升,但是大量发展中国家的排名虽有提升,创新指数却下降了,例如卢旺达和孟加拉国等(见表 4-2)。

表 4-2　全球创新指数和排名比较(部分)

国家	2013 年		2023 年		备注
	得分	排名	得分	排名	
瑞士	66.59 分	第 1	67.6 分	第 1	指数略升
美国	60.31 分	第 5	63.5 分	第 3	指数略升
中国	44.56 分	第 35	55.3 分	第 12	
卢旺达	27.64 分	第 112	20.6 分	第 103	指数下降
孟加拉国	24.52 分	第 130	20.2 分	第 105	指数下降

资料来源:世界知识产权组织。

在各国知识产权申请数量中,专利申请量发展中国家与发达国家差距极大,高收入国家占 70%,中上收入国家占 26.3%,中下收入国家占 3%,低收入国家只占 0.5%;商标的申请量高收入国家占 48.3%,中上收入国家占 40.3%,中下收入国家占 10.4%,低收入国家只占 1%。[③] 该数据也反映,大量发展中国家为发达国家知识产权国际保护埋单。

---

① See WIPO, "The Golobal Innovation Index 2013", 2014-03-01, http://www.wipo.int/export/sites/www/freepublications/en/economics/gii/gii_2013.pdf.

② See WIPO, "Global Innovation Index 2023", 2023-09-27, https://www.wipo.int/edocs/pubdocs/en/wipo-pub-2000-2023-en-main-report-global-innovation-index-2023-16th-edition.pdf.

③ See WIPO, "WIPO IP Facts and Figures(2012)", 2013-01-01, https://www.wipo.int/edocs/pubdocs/en/statistics/943/wipo_pub_943_2012.pdf.

　　孟加拉国知识产权使用费进出口长期逆差,2022 年逆差 4575 万多美元。[1] 在全球创新指数排名中,2013 年孟加拉排名 130,得分 24.52 分,2023 年国际排名虽然上升到第 105 名,但是得分只有 20.2 分,这说明其创新力非升反降。[2] 对孟加拉国农业加工、纺织品和服装以及医药三个产业的个案研究证实,本地企业的革新能力都极为低下。在该国,知识产权既没有促进革新的直接刺激措施,也没有成为促进知识外溢效应的间接刺激措施(例如:许可证、进口设备或政府与企业的技术转让)。从知识产权中获益最多的是发达国家的跨国企业。医药产品的专利(在 2006 年 182 项专利中约占一半)不是本地革新发明,外国持有人获得专利的目的是战略利用,垄断利润和防止类似产品的进口。根据上述调查,Bessen、Maskin、Lerner 等得出结论,知识产权强保护与增加创新力或技术扩散是负相关的关系。实际上,技术的国际扩散并不是自动的,它与一个公司或国家的吸收能力相关。[3] 美国经济学家马斯库斯(Keith E. Maskus)的研究也反映了知识产权保护强度与经济发展水平的关系。最不发达国家几乎没有创新能力,不存在知识产权保护需求。当收入和技术能力达到中等水平后,国家才倾向于采用弱保护政策,但其主要精力仍旧在于模仿;当收入和技术能力达到发达水平后,才开始重视知识产权的保护。[4] 联合国贸发会议发布的《最不发达国家报告》也说:"知识产权并不能自然而然地带来学习和革新,而且就最不发达国家的情况而言,甚至有可能妨碍学习和革新。"张

---

①　世界银行:《知识产权使用费》,2024 年 1 月 19 日,https://data.worldbank.org.cn/indicator/BM.GSR.ROYL.CD? + most_recent_value_desc = false&end = 2022&start = 2001&view = chart。

②　See WIPO,"Global Innovation Index 2023",2023 - 09 - 27,https://www.wipo.int/edocs/pubdocs/en/wipo-pub-2000-2023- en-main-report-global-innovation-index-2023-16th-edition.pdf.

③　See WTO,"World Trade Report 2013",2014-03-06,http://www.wto.org/english/res_e-/booksp_e/world_trade_report13 _e.pdf.

④　See Keith E. Maskus,"Intellectual Property Rights and Economics Development",2000-02-06,http://www.colorado.edu/Economics/mcguire/workingpapers/cwrurev.doc.

平教授说,知识产权制度已经偏离了激励创新的轨道,越加变成巩固强势地位和贸易优势的政策工具。①

执行 TRIPS 协定也没有有效产生吸引外资和促进对外贸易的作用。智利国家工业产品联盟前主席波吉欧(Marino Porzio)报告,高执法义务给发展中国家及权利人产生了很高的成本。这些国家不能直接从知识产权制度中受益。理论上的受益是吸引国际投资和促进对外贸易。但是,这种受益实际上并不明朗。② 就知识产权对外国投资的吸引作用,世界银行报告显示,外国投资流向极不平衡。跨国公司的投资仅从自身利益出发,不利于发展中国家产业结构调整。流向拉丁美洲和加勒比地区的外国投资甚至减少。技术转让导致使用费支出增加,产品成本提高,增加了消费者的负担。对药品和农业化学品的专利保护使社会福利减少,甚至损害了公共健康。③ 知识创新和传播的失衡在当今世界造成了严重且紧张的贸易关系。发达国家创造了比发展中国家更多的创新,这些创新获得了专利权或版权。因此,发达国家关注的是用严格的知识产权法来保护创新者的收益。能使发展中国家受益的只能是低成本且广泛的技术传播。④

(三) 发展中国家成员国内使用者利益受损

发展中国家执行 TRIPS 协定,限制了公众使用技术获得技术产品的能力,引发了公共健康危机。在 TRIPS 协定前,50 多个国家对药品不实施

---

① 参见张平:《对知识产权若干问题的讨论——有感于一再加强的知识产权执法现状》,载中国社会科学院知识产权中心等编:《完善知识产权执法体制问题研究》,知识产权出版社 2008 年版,第 3—11 页。

② See Marino Porzio, Contribution of Right Holders to Enforcement and the Cost thereof, Taking into Consideration Recommendation No. 45 of The WIPO Development Agenda, *WIPO/ACE/5/9*, 28 September 2009.

③ 参见吴汉东、郭寿康:《知识产权制度国际化问题研究》,北京大学出版社 2010 年版,第 182—182 页。

④ 参见[美]罗伯特·考特、托马斯·尤伦:《法和经济学》,史晋川等译,格致出版社、上海人民出版社 2010 年版,第 109 页。

专利保护。TRIPS 协定将药品纳入专利保护范围。对于违反专利法的行为,TRIPS 协定要求各成员予以制裁。尤其是 TRIPS 协定还对各国药品专利实施强制许可进行限制。其实,强制许可是对知识产权滥用的一种制裁。《巴黎公约》肯定联盟各国都有权采取立法措施规定授予强制许可,以防止由于行使专有权而可能产生的滥用。然而,TRIPS 协定第 31 条对专利的强制许可规定了 12 项条件。该规定与其说是知识产权的限制,不如说是对强制许可使用的限制。药品是公共健康的保障。在 TRIPS 协定将药品纳入专利保护范围,且对药品专利的强制许可设定严格限制后,专利药品价格高企。这导致了发展中国家成员和最不发达国家成员的公共健康危机。大批艾滋病和肺结核等严重传染性疾病患者因不能承受高昂的必需药品而死亡。全球每年大约有 1400 万人死于传染性疾病,其中很多是可以预防或治疗的,例如急性呼吸感染、腹泻、疟疾和肺结核。发生在非洲和东南亚的大约 45% 的死亡病人是因为感染疾病造成的。贫穷,得不到必要的健康服务是原因之一。提供病人支付能力可以承受的药品是提高公共健康所必需的。① 2006 年 11 月联合国艾滋病规划署报告,至 2005 年,全球艾滋病病人和病毒感染者累计达 3860 万,2005 年一年就有 410 万人感染艾滋病,2005 年 280 万人死于艾滋病。在 2001 年,用于标准治疗的医药开支每年需要花费 10000—15000 美元。这样高的价格使发展中国家的病人无法承受。②

即使国内出现公共健康危机,发展中国家成员也不敢贸然实施强制许可使用。除了 TRIPS 协定的限制外,发展中国家还面临发达国家及其大型医药公司威胁。中国虽然规定了专利强制许可制度,但是目前没有一起强制许可使用的案例。在中国"非典"紧急时期,全国甲型 H1N1 流感人群

---

① 参见第三世界网络:《与贸易有关的知识产权、药品和公共健康:问题和建议》,马来西亚 TWN 第三世界网络 2003 年版,第 3 页。

② 参见史军:《权利与善:公共健康的伦理研究》,中国社会科学出版社 2010 年版,第 6 页。

在 6 万余人的基础上不断扩张,一些中国制药企业申请强制许可使用"达菲"("磷酸奥司他韦胶囊")受到阻碍,未获批准。因未获及时有效救治,中国大陆死亡 349 人。然而,在 2009 年前 9 个月里,罗氏公司"达菲"在全球收获了 20 亿瑞士法郎。① 南非政府还曾被 39 家制药公司起诉。美国则将巴西投诉到 WTO("巴西专利保护措施案",DS199)。

在 20 世纪 90 年代初期,巴西受艾滋病危机困扰。从 90 年代中期开始,巴西政府开始给本国患者提供综合性治疗,并使住院率下降 80%,死亡率下降 50%。为了降低专利药价格,解决治疗费短缺问题,巴西要求药品在本地生产。此外,巴西还对药品实施价格控制,如果药品价格过高,政府将强制许可使用。② 巴西工业产权法规定,如果专利权注册后 3 年内,权利持有人未能在巴西实施其专利,巴西政府可以中止权利持有人"市场独占权",强制许可其他企业实施该专利。如果权利人选择通过进口而不是当地加工来实施其专利,巴西工业产权法将允许他方进口受该专利保护的产品,或者根据该专利方法获得的产品。③ 该规定的目的是缓解巴西国内的公共健康危机。TRIPS 协定纳入的《巴黎公约》第 5 条规定成员国有权在专利权不实施的情况下核准强制许可。对于"不实施"的概念,《巴黎公约》没有规定,留给了成员国自己决定。而 TRIPS 协定第 27 条规定,"专利权不得因产品系进口或系本地制造的不同而给予歧视"。美国据此认为,TRIPS 协定禁止成员方将当地实施作为享有专利独占权的条件。2000年 5 月 30 日美国通知 WTO,要求与巴西进行磋商。因受到投诉,巴西政府最终不得不向美国妥协。

此外,以"发展议程"为名的 WTO 新一轮谈判经历了 20 多年,除了

---

① 参见伍静妍:《暗流汹涌达菲市场扩容 未授权企业寄望强制许可》,2009 - 11 - 19,http://news.cnfol.com/091119/101, 1280,6828138,00.shtml。

② 参见冯洁菡:《公共健康危机与 WTO 知识产权制度的改革》,武汉大学出版社 2005 年版,第 68—69 页。

③ See WTO, Brazil — Measures Affecting Patent Protection, *WT/DS199/1*, 8 June 2000.

TRIPS 协定第 31 条之二外,几乎没有收获。建立葡萄酒与烈酒地理标志国际注册体系、提高葡萄酒与烈酒外地理标志保护水平、知识产权与生物多样性的关系、传统知识和民俗的保护等谈判都处在僵局之中。在 WIPO 发展议程中,尽管其他项目都有或多或少的收获,帮助发展中国家缓解知识产权执法压力的项目却没能产生实质成果。[1] 总之,知识产权执法义务的强化给发展中国家带来了沉重负担和消极影响。[2]

小结

TRIPS 协定的执法制度利益失衡。关于知识产权执法,它给成员方设定了系统又严格的标准,内容涵盖民事程序、行政程序、临时措施、边境措施和刑事程序。而且中国等加入成员还要履行额外的知识产权执法义务。对于使用者利益执法,TRIPS 协定的执法概念未能涵盖,并且防止程序滥用不得力,对强制许可进行限制,对限制和排除竞争行控制弱。现实考察发现,美欧等发达成员强化知识产权执法,维护知识产权垄断利益;牙买加和孟加拉等欠发达成员,强化知识产权执法,但创新力下降、使用者利益执法状况堪忧。

---

[1] See WIPO, " Projects for Implementation of Development Agenda Recommendations", 2013-11-10, http://www.wipo.int/ip-development/en/agenda/projects.html.

[2] Carlos Correa, "The Push for Stronger Enforcement Rules: Implications for Developing Countries", *ICTSD Issue Paper No.* 22, (2008), p. 44.

第五章　后 TRIPS 时期执法制度利益分析

第一节　《反假冒贸易协定》执法规范利益分析

《反假冒贸易协定》是 21 世纪出现的、发达国家主导的准多边体制形成的最重要的知识产权条约。[①] 它是国际上首个专门以统一提高知识产权执法标准为目标的开放型多边条约。《反假冒贸易协定》以 TRIPS 协定为基础,但却是独立于 WTO 和 WIPO 外的"富人俱乐部协定"。美国、日本和欧盟等将主要发展中国家排除在外,秘密协商形成《反假冒贸易协定》。它高度强化发达国家知识产权人利益的执法保护,漠视发展中国家和知识使用者利益的保护。《反假冒贸易协定》不得人心。时至今日仅有日本一个签字国完成了国内批准程序。

一、《反假冒贸易协定》概述

(一)《反假冒贸易协定》秘密形成

2008 年 6 月至 2010 年 1 月,发达国家就《反假冒贸易协定》进行了七

---

① 参见薛虹:《十字路口的国际知识产权法》,法律出版社 2012 年版,第 96 页。

轮谈判。然而,这个与谈判国国民利益切实相关的协定都处在秘密的状态,谈判国官方对于谈判没有予以公开。2010 年 4 月,《反假冒贸易协定》谈判文本意外在网络泄露,国际社会和社会公众才知晓发达国家的密谋。在谈判国国民和国际社会的抗议下,谈判国政府逐步公开它们的谈判计划和官方文本。缔结一个新的知识产权执法条约想法最初源于 2004 年召开的首届全球反假冒大会。该次大会由世界海关组织主办,国际商标协会协办,并有许多商业组织参加,它们关注"猖獗盗窃知识产权"现象。在 2005年召开的第二次反假冒和盗版大会时期,日本提议制订一个"假冒和盗版产品不扩散条约"。同期,美国也有意与其他贸易伙伴一同发展一种国际策略来制止假冒和盗版。2006 年美国和日本开始联合商讨制订一个新的多边条约来打击假冒和盗版。在 2006 年和 2007 年这种商谈范围扩大到加拿大、欧盟和瑞士。2007 年 10 月 23 日,美国、欧盟、日本、韩国、墨西哥、新西兰、瑞士和加拿大宣布协商制订一个多边反假冒贸易协定。2008 年 6月 3 日和 4 日,美国贸易代表主持了首轮谈判。① 至 2011 年 4 月 15 日,经过 38 个国家和地区十一轮谈判,谈判方形成了《反假冒贸易协定》的最终文本。② 2011 年 10 月 1 日,在日本东京,美国、日本、澳大利亚、加拿大、韩国、摩洛哥、新西兰和新加坡 8 个国家的代表签署了《反假冒贸易协定》,2012 年 1 月 26 日,欧盟及其 22 个成员国代表签署《反假冒贸易协定》。根据《反假冒贸易协定》的规定,签署并批准的国家达到 6 个,《反假冒贸易协定》才生效。然而,十年来,仅有日本完成了国内批准程序。

(二)《反假冒贸易协定》结构庞大

除了序言外,《反假冒贸易协定》包括六章共 45 条。第一章是"初始

---

① See Michael Blakeney, *Intellectual Property Enforcement: A Commentary on the Anti-Counterfeiting Trade Agreement (ACTA)*, UK: Edward Elgar Publishing, 2012, pp. 55–57.

② See Ministry of Foreign Affairs of Japan, "Anti-Counterfeiting Trade Agreement", 2014-03-05, http://www.mofa.go.jp/policy/economy/i_property/pdfs/acta1105_en.pdf.

条款与一般定义",包括五个条款,分别规定了《反假冒贸易协定》与其他协议的关系、义务的性质与范围、与知识产权获得和范围标准的关系、隐私与信息披露、一般定义。第二章是"知识产权执法的法律框架",包括第 7条至第 27 条。《反假冒贸易协定》第二章是《反假冒贸易协定》的核心标准,它详细规定了成员的知识产权执法义务,包括:一般义务、民事执法、边境措施、刑事执法和数字环境下的知识产权执法。第二章在结构上与 TRIPS 协定最大的不同是,增加了"数字环境下知识产权执法"一节。第三章规定"执法实践",要求成员国发展专门执法技术、收集信息、进行国内协调、实施边境风险管理、提高透明度、增强公众意识及销毁侵权货物时进行环境考量。第四章规定"国际合作",要求进行国际合作、信息共享、能力建设和技术援助。第五章是"机构安排",规定成立反假冒贸易委员会、建立联系点及磋商程序。最后一章即第六章是"最后条款",先后规定签署、生效、退出、修订、加入、协定文本和保管机关。这一节也是广大网络用户游行示威反对的主要对象。

从《反假冒贸易协定》的内容看,在适用的知识产权类型上,它纳入了 TRIPS 协定规定的所有知识产权。在执法标准上它对成员的知识产权行政执法、海关执法、民事司法和刑事司法都提出了全面的更高要求。在具体执法实践上,它汇集和推广美国、欧盟、日本打击知识产权侵权的最佳实践。在国际合作上,它要求各个缔约国共享信息,联合执法。在组织机构上它要建立"反假冒贸易委员会"这一独立的多边国际机构,来监督和督促各成员实施条约义务。在成员范围上,它囊括了 38 个国家和地区,并面向 WTO 其他全部成员开放。

(三)《反假冒贸易协定》四面楚歌

对于《反假冒贸易协定》,WIPO 总干事弗朗西斯·高锐(Francis

Gurry)指出,"《反假冒贸易协定》和其他区域谈判对多边体制是一个坏的发展"。① 中国、印度和巴西等发展中国家在 TRIPS 协定理事会表达了坚决反对的观点。民间组织、学者和市民社会也纷纷表示抗议。2008 年 6月,美国"公共知识组织"与"电子前沿基金会"依据美国《信息公开法》要求美国贸易代表公开《反假冒贸易协定》的信息。在没有得到回应的情况下,两个组织于 2008 年 9 月联合向法院起诉美国贸易代表。2008 年 9 月,"知识产权正义"等 21 个非政府组织要求美国贸易代表在《反假冒贸易协定》中限定网络问题,"必要行动"等 100 多个非政府组织和一些学者反映了他们的忧虑。谷歌公司强烈反对《反假冒贸易协定》涉及网络问题。② 2010 年 6 月美国六个州 90 名学者、从业人员和公众利益组织通过一份"紧急《反假冒贸易协定》公报",质疑谈判中的诸多问题。③ 2011 年 1 月,欧盟几十名学者提交《有关〈反假冒贸易协定〉的欧盟学术意见》。提请欧洲议会和各成员立法机关与政府慎重考虑它们提出的问题。④ 2012 年 2月,在欧盟及一些成员国签署《反假冒贸易协定》后,欧洲各地爆发抗议《反假冒贸易协定》的游行示威活动。在德国慕尼黑、柏林、科隆,法国巴黎,荷兰阿姆斯特丹,奥地利维也纳数万名欧洲人走上街头,抗议《反假冒贸易协定》。在欧盟,由于民众的反对、官方内部的异议,2012 年 7 月 4日,欧洲议会以 478 票反对,39 票赞成的压倒性多数驳回了《反假冒贸易协定》。⑤ 在美国,虽然美国贸易代表表示,《反假冒贸易协定》与一般国际

---

① 参见中国保护知识产权网:《WIPO 总干事称:ACTA 是多边体系弱化的信号》,2010-07-01,http://www.ipr.gov.cn/ gndtarticle/ttxw/201007/938416_1.html。

② 参见衣淑玲:《〈反假冒贸易协定〉谈判述评》,《电子知识产权》2010 年第 7 期。

③ 各方面的反对意见参见陈福利:《〈反假冒贸易协定〉述评》,《知识产权》2010 年第 5 期。

④ See European Academics, "Opinion of European Academics on Anti-Counterfeiting Trade Agreement", 2014-03-05, http://www.iri.uni-hannover.de/tl_files/pdf/ACTA_opinion_200111_2.pdf.

⑤ See James Love, "European Parliament votes 478 to 39 to reject ACTA", 2012-07-04, http://keionline.org/node/1454.

条约不同,仅是一个"执行协定",而且《反假冒贸易协定》不与美国现行法律体系冲突。因此,美国贸易代表决定采取与其他贸易协定一样的做法,即由行政主管机关直接通过就发生效力,无须经过国会批准或同意。[1]不过,贸易代表的观点遭到国会议员及众多学者的反对。79 名美国学者在2010 年 10 月 28 日致信奥巴马,批评美国贸易代表将《反假冒贸易协定》视为单纯行政协议的做法。2012 年 5 月,50 名学者再次联名给美国参议院出具意见书,呼吁参议院行使对《反假冒贸易协定》的审查权,从而使《反假冒贸易协定》的批准程序在美国受阻。澳大利亚条约常设委员会也认为《反假冒贸易协定》很可能不能得到六个国家的批准而不能生效,建议推迟批准。[2]墨西哥国会曾要求总统不签署《反假冒贸易协定》,参议院曾投票反对批准《反假冒贸易协定》。瑞士也作出暂缓签署的决定。《反假冒贸易协定》在多数签署国批准程序受阻。尽管,美国曾表示,即使欧盟已近离弃,美国仍然努力督促足够的国家批准《反假冒贸易协定》。[3]日本于2012 年 9 月 6 日完成了国内批准程序。加拿大议会2013 年 3 月 1 日对修改加拿大版权法、商标法和其他法律的法案(BILL C-56)进行了第一次审议,但是最终没有批准《反假冒贸易协定》。[4]

二、《反假冒贸易协定》的知识产权执法规范

虽然名称是《反假冒贸易协定》,似乎只涉及假冒商标、假冒专利产品

---

① See USTR, "ACTA: Meeting U.S. Objectives", 2014 - 03 - 05, http://www.ustr.gov/about-us/press-office/fact-sheets/2011/september/acta-meeting-us-objectives.

② 参见中国科学院国家科学图书馆:《ACTA 在欧盟和澳大利亚的新进展——欧盟投票否决 ACTA,澳大利亚议会建议推迟批准 ACTA》,2014-01-25,http://copyright.las.ac.cn/news/acta57286b2776df548c6fb3592752294e9a768465b08 fdb5c55201420146b2776df62957968542651b3acta - 6fb3592-752294e9a8bae4f1a5efa8bae63a88fdf627951c6acta.

③ See USTR, "USTR 2013 Trade Policy Agenda", 2014 - 03 - 05, http://www.ustr.gov/sites/default/files/Annual Report%20Final2013.pdf.

④ See Parliament of Canada, "BILL C-56", 2013-03-01, http://www.parl.gc.ca/House-Publications/Publication.aspx? Language =E&Mode=1&DocId=6013262,.

贸易。实际上，根据《反假冒贸易协定》第 5 条的规定，《反假冒贸易协定》所适用的知识产权是 TRIPS 协定第二部分所规定的所有类型的知识产权。因此，版权及相关权、地理标志、工业设计和集成电路布图设计等都属于《反假冒贸易协定》适用的范围。《反假冒贸易协定》第二章是核心内容，它详细规定了知识产权执法标准，涵盖了成员国的民事执法、刑事执法、边境措施和数字环境下的知识产权执法义务。在这四个方面《反假冒贸易协定》都扩大了执法措施适用的范围，并且提高了成员国的执法义务标准，进一步强化知识产权人利益的保护。打击假冒和盗版对于保护知识产权、促进创新当然必不可少。中国虽然不是《反假冒贸易协定》的缔约国，《反假冒贸易协定》对中国并不产生条约义务。然而，发达国家联合强化知识产权保护，其矛头主要就是指向中国等广大发展中国家，对发展中国家的生产和贸易将造成重大影响。此外，《反假冒贸易协定》对所有WTO 成员开放。《反假冒贸易协定》一旦生效，势必提高国际知识产权执法标准。因此，对于《反假冒贸易协定》强化知识产权执法的内容有必要细致比较，深入分析。

（一）民事与行政措施扩张标准提高

《反假冒贸易协定》第二章第二节（民事执法）包括民事程序的可用性、禁令、损害赔偿、其他救济、关于侵权的信息和临时措施六个条款。虽然第二节标题仅指民事执法，实际上根据《反假冒贸易协定》第 7 条的规定，第二节规定的原则基本适用于行政程序。在民事程序的适用范围上，成员可以排除专利和未披露信息。《反假冒贸易协定》设定的民事禁令和临时措施的适用范围、损害赔偿的计算标准、其他救济及信息权等方面都超越了 TRIPS 协定的标准。

1. 民事禁令和临时措施适用范围扩张

《反假冒贸易协定》第 8 条要求各成员应使司法机关在民事诉讼中有

权责令当事人停止侵权,特别是对该当事人或者在适当情况下对具有管辖权的第三方,作出防止侵犯知识产权的货物流入商业渠道的命令。

相对于 TRIPS 协定第 44 条(禁令),《反假冒贸易协定》关于民事禁令的要求有两点超越:一是将禁令扩张适用于第三方;[①]二是取消了禁令不适用于善意当事人的规定。《反假冒贸易协定》规定的禁令不仅扩张适用于第三人,还扩张适用于善意当事人。所谓善意是指,当事人获得或预购商品前,不知道或者没有充分理由应当知道经营有关商品会导致侵犯知识产权。第三方包括侵权产品潜在加工者、原材料的提供者、仓储者、运输者、销售者或使用者等。可能适用的第三方是权利人有理由认为第三方过去参与过侵权活动或者将来要参与侵权活动。表面上看,《反假冒贸易协定》第 8.2 条留下余地,成员可以不向善意第三方发出禁令,而代以确认侵权和充分赔偿。[②] 然而,第 8.2 条所允许的例外仅限于符合 TRIPS 协定第二部分强制许可规则的第三方,它非常有限。2011 年 1 月欧盟部分杰出知识产权学者形成了《有关〈反假冒贸易协定〉的欧盟学术意见》。[③] 该意见指出,《反假冒贸易协定》第 8.1 条的要求高于《欧盟知识产权执法指令》(Directive 2004/48/EC)。该指令规定,在符合条件时可以给予被侵害的当事人以金钱补偿,而不是必须发布禁令。[④]

《反假冒贸易协定》第 12 条要求成员应使司法机关有权责令采取及

---

① 杨鸿认为 TRIPS 协定第 44 条的禁令适用于第三方的观点与 TRIPS 协定的规定不相符。参见杨鸿:《〈反假冒贸易协定〉的知识产权执法规则研究》,《法商研究》2011 年第 6 期。

② 参见崔国斌:《〈反假冒贸易协议〉与中国知识产权法的比较研究》,《电子知识产权》2011 年第 8 期。

③ 不过,2011 年 4 月欧盟委员会发表《针对〈有关 ACTA 的欧盟学术意见〉的评论》,认为两者完全相容。See EU, "Comments on the 'Opinion of European Academics on Anti-Counterfeiting Trade Agreement'", 2013 - 10 - 01, http://trade. ec. europa. eu/doclib/docs/2011/april/tradoc_147853.pdf 5-6. 左玉茹博士也同意评论的解释,限于篇幅本书不予分析。参见左玉茹:《〈反假冒贸易协定〉与欧盟知识产权法比较研究》,《电子知识产权》2011 年第 8 期。

④ See European Academics, "Opinion of European Academics on Anti-Counterfeiting Trade Agreement", 2014-03-05, http://www.iri.uni-hannover.de/tl_files/pdf/ACTA_opinion_200111_2.pdf.

时和有效的临时措施:(a)对当事人或者在适当情况下对有管辖权的第三方,防止侵犯任何知识产权行为的发生,在特定情况下,防止涉及知识产权侵权的货物进入商业渠道。

相对于 TRIPS 协定第 50 条(临时措施),《反假冒贸易协定》扩张了临时措施适用的范围:它将临时措施扩张适用于第三方,这与《反假冒贸易协定》扩张禁令的规定相同。

2.损害赔偿标准细化且赔偿额增加

《反假冒贸易协定》更加明确、细化和具体地规定了损害赔偿规范。相比 TRIPS 协定,《反假冒贸易协定》尤其在以下两方面强化了知识产权人的保护。

第一,它明确规定了损害赔偿的计算方法。1.要求成员应授权司法机关尤其考虑权利人提交的任何合法计算方法,这种计算可以包括利润损失、以市场价格或建议零售价衡量侵权货物或服务的价值。2.至少在侵犯版权或相关权以及假冒商标权中,成员的司法机关应有权责令侵权人将其因侵权而得到的利润赔偿给知识产权人。成员可以按照上述计算损害的方法推定所得利润。3.至少在侵犯版权或相关权以及假冒商标权中,成员应建立或维持包含如下一种或多种损害赔偿的制度:法定赔偿、推定损失、至少对于版权侵权给予额外赔偿(即惩罚性赔偿)。推定方法就是可以根据如下方法推定损失:侵权货物和有销售货物与正品单位利润计算;或者合理的版税;或者总括许可费。4.如果成员设定了法定赔偿或推定损失,司法机关或者权利人应有权选择其作为代替第 1、2 项的救济。

第二,至少在版权、相关权及商标权侵权案件中,司法机关有权判决败诉方给胜诉方支付诉讼费用和适当的律师费,或者任何其他开支(也就是说被诉侵权人也应有可能获得这种赔偿)。在 TRIPS 协定中,律师费不是必须赔偿的项目。

如果不细加分析,可能认为《反假冒贸易协定》的规则与中国实践没有差别。① 根据正品价格计算赔偿额,超越了 TRIPS 协定、中国的法律,也不合理。侵权货物数量并不等于权利人实际减少的以市场价格售出的货物数量。"知识产权案件中的推定损失方法是臭名昭著的夸大做法,下载一首歌曲并不代表少卖一张 CD,有些下载者还会购买 CD。"②欧盟学者也指出,《反假冒贸易协定》所提及的标准是欧盟知识产权指令没有包含的。因为这些因素无法衡量损害,不应该被欧盟法所采用。③ 笔者认为,为了解决权利人的实际损失赔偿不足的问题,《反假冒贸易协定》的努力是可以理解的。但是,根据建议零售价计算损害赔偿额与中国实践不符。将侵权存货计入权利人的利润损失不合理,惩罚性赔偿违背损害赔偿的填平原则,对侵权人也不公。

3. 销毁侵权产品成为主要救济方式

《反假冒贸易协定》第 10.1 条规定:至少对于盗版产品和假冒商标产品,在权利人要求下司法机关应有权责令销毁侵权产品且无任何补偿,特殊情况除外。对于主要用于侵权的原料和工具,第 10.2 条在排除商业渠道之外,还增加了销毁的处理方法。

TRIPS 协定第 46 条关于其他救济的义务,对侵权产品规定了排除商业渠道或责令销毁两种方式;对于制造原料和工具只规定了排除商业渠道方式。相对于 TRIPS 协定,《反假冒贸易协定》将销毁作为主要的救济方式。

《反假冒贸易协定》对原料及工具的处理表面看与 TRIPS 协定没有实

---

① 参见崔国斌:《〈反假冒贸易协议〉与中国知识产权法的比较研究》,《电子知识产权》2011 年第 8 期。

② See Margot E.Kaminski, "An Overview and the Evolution of the Anti-Counterfeiting Trade Agreement (ACTA)", 2014-03-05, http://digitalcommons.wcl.american.edu/cgi/viewcontent.cgi?article=1019&context=research.

③ See European Academics, "Opinion of European Academics on Anti-Counterfeiting Trade Agreement", 2014-03-05, http://www.iri.uni-hannover.de/tl_files/pdf/ACTA_opinion_200111_2.pdf.

质性的差别,似乎也保留了"特殊情况"不销毁侵权产品的例外。① 但是,特殊情况例外的适用条件非常严格、适用范围非常有限。在美国诉中国知识产权保护和执法措施案中,专家组解释了"例外"。例外是"具有例外性质的或构成例外的、不平常的、不常见的、特殊的",例外应根据该条的目的进行理解。例外情况必须严格限制,而且必须很少适用该情况,以防例外变成常规或者至少变成常见情况。专家组还认定,对于冒牌货,中国海关措施规定仅除去非法加贴的商标足以允许货物放行进入商业渠道不属于例外。② 在《反假冒贸易协定》中,销毁成为一种原则,排除出商业渠道成为了例外。而这种例外情况必须严格限制,且很少适用。这显然超越了TRIPS 协定。《有关〈反假冒贸易协定〉的欧盟学术意见》也指出,《反假冒贸易协定》将处理方法从排除商业渠道变成彻底销毁,而欧盟法则提供了多种选择。③ 欧盟针对学者意见辩称,《反假冒贸易协定》谈判成员一致认为销毁假冒和盗版产品是最有效的途径。④

4.《反假冒贸易协定》设定了强制性信息披露义务

《反假冒贸易协定》第 11 条将 TRIPS 协定第 47 条下任意性信息披露条款,提高为强制性义务。在中国民事法上,没有一般性的强制要求侵权者提供第三人信息的规定。除了网络内容服务提供者有义务向执法机关披露其掌握的网络用户信息外,在其他案件中,中国法律没有强行要求当事人提供卷入侵权的第三方的信息。

---

① 参见崔国斌:《〈反假冒贸易协议〉与中国知识产权法的比较研究》,《电子知识产权》2011 年第 8 期。

② 参见陈福利:《中美知识产权 WTO 争端研究》,知识产权出版社 2010 年版,第 264—265 页。

③ See European Academics, "Opinion of European Academics on Anti-Counterfeiting Trade Agreement", 2014-03-05, http://www.iri.uni-hannover.de/tl_files/pdf/ACTA_opinion_200111_2.pdf.

④ EU. Comments on the "Opinion of European Academics on Anti-Counterfeiting Trade Agreement", 2014-03-05, http://trade.ec.europa.eu/doclib/docs/2011/april/tradoc_147853.pdf.

(二) 边境措施扩张与力度加强

1.《反假冒贸易协定》扩大了边境措施适用的知识产权类型

《反假冒贸易协定》第 13 条规定了边境措施的适用范围,它要求成员应当以不导致知识产权之间歧视以及避免造成合法贸易障碍的方式有效采取知识产权边境措施。除了明确规定:专利权和未披露信息的保护不在边境措施的范围内,《反假冒贸易协定》没有明确规定是否适用于所有其他类型知识产权。

由于《反假冒贸易协定》第 5 条规定知识产权是 TRIPS 协定涵盖的所有知识产权,而且《反假冒贸易协定》要求成员国的执法措施不导致知识产权之间歧视,《反假冒贸易协定》没有明确排除的知识产权类型就都属于《反假冒贸易协定》下边境措施保护的对象。《反假冒贸易协定》的这一要求大大超出了 TRIPS 协定,后者只要求对假冒商标的商品和盗版商品的进口采取中止放行等海关措施。欧盟学术意见也指出《反假冒贸易协定》边境措施的适用范围十分模糊,容易导致滥用。《欧盟边境措施规则》(Border Measures Regulation 1383/2003/EC)在商标侵权上,边境措施仅适用于假冒商标的产品,而《反假冒贸易协定》包括所有商标侵权行为,明显超过了欧盟法。[①] 中国的边境措施适用范围虽然较大,但是也不适用于植物新品种、地理标志、集成电路布图设计权和不正当竞争。

2.《反假冒贸易协定》增加了边境措施适用的环节

《反假冒贸易协定》第 16 条将出口和进口一同作为边境措施适用的环节。TRIPS 协定第 51 条仅要求对进口环节采取边境措施。此外,《反假

---

① See European Academics, "Opinion of European Academics on Anti-Counterfeiting Trade Agreement", 2014-03-05, http://www.iri.uni-hannover.de/tl_files/pdf/ACTA_opinion_200111_2.pdf.

冒贸易协定》还超越 TRIPS 协定,授权成员对于转运坏节和其他情形下海关控制的货物采取边境措施。《反假冒贸易协定》后面这一规定尤其会影响到合法仿制药的正常贸易,从而与 TRIPS 协定冲突。印度和巴西就曾分别在 WTO 内申诉荷兰和欧盟扣押转运的仿制药行为违反 TRIPS 协定的规定,尤其是违反《关于 TRIPS 协定与公共健康的多哈宣言第六段的执行决议》。《反假冒贸易协定》授权扣押过境货物,挑战了出口国的主权,使其国民承担货物被第三国扣押的风险。① 据《反假冒贸易协定》第 17 条,判断侵权适用的法律是提供执法程序成员的法律。在扣押转运货物情形下,适用的法律就是转运国的法律,而不是进口国的法律。而 TRIPS 协定第 52 条规定判定侵犯知识产权依据应该是进口国法律。《反假冒贸易协定》的这一规定也是对 TRIPS 协定的违背。② 在中国,即使对于出口侵权货物海关有权采取措施,对于转运侵权货物海关没有权力采取中止放行等措施。

3.扩张要求授权海关依职权采取边境措施

《反假冒贸易协定》第 16 条要求每一个成员必须使海关有权依职权主动中止侵权货物。尽管 TRIPS 协定第 58 条规定了海关依职权的行为,TRIPS 协定没有规定成员必须要求主管机关依职权主动采取行动。它只是规定,如果成员的主管机关自行采取行动应该符合一定规范。TRIPS 协定下没有海关依职权主动采取边境措施的强制性义务。③

---

① See Margot E.Kaminski, "An Overview and the Evolution of the Anti-Counterfeiting Trade Agreement (ACTA)", 2014-03-05, http://digitalcommons.wcl.american.edu/cgi/viewcontent.cgi?article=1019&context=research.

② See Ruse-Khan, "Henning Grosse, A Trade Agreement Creating Barriers to International Trade? ACTA Border Measures and Goods in Transit", 2011-07-16, http://ssrn.com/abstract=1706567.

③ 参见杨鸿:《〈反假冒贸易协定〉的知识产权执法规则研究》,《法商研究》2011 年第 6 期。

（三）刑事措施扩张与门槛降低

1.《反假冒贸易协定》降低了刑事门槛

《反假冒贸易协定》第 23.1 条第 1 句要求成员至少对商业规模的故意假冒商标和版权或相关权盗版提供刑事程序和处罚。第 23.1 条第 2 句规定："为本节刑事执法目的,商业规模的行为至少包括为直接或间接经济或商业利益目的而采取的商业行为。"

研究者指出,《反假冒贸易协定》的规定取消了"规模"这一"量"的条件。《反假冒贸易协定》的标准连门槛都算不上,甚至是"零起刑点"。① 对于"商业规模",WTO 专家组强调解释必须使"商业"和"规模"两者都具有意义,必须具备达到"质"和"量"两方面的条件。这一句对"商业规模"进行了界定,规避了 TRIPS 协定原有"量"的要求,大大降低了 TRIPS 协定下的起刑点。②《反假冒贸易协定》的刑事门槛大大低于 TRIPS 协定要求。这与中国法律也是不相容的。在欧盟,由于欧盟层面还没有知识产权刑事立法,如果要履行《反假冒贸易协定》的义务,就需要制定刑事法律。这也引起了欧盟学者的担忧。③

2.《反假冒贸易协定》扩大了刑事程序适用的范围

《反假冒贸易协定》要求成员对商业规模的进口或国内使用侵权标签、协助或教唆上述犯罪行为追究刑事责任。《反假冒贸易协定》还授权成员对不具有商业规模的未经授权复制电影的行为追究刑事责任。这两

---

① See FFII, "Copyright Criminal Measures in ACTA", 2011 - 01 - 03, http://acta.ffii.org/?p = 34;左玉茹:《ACTA 的飞跃——基于 ACTA 与 TRIPS 协定的比较研究》,《电子知识产权》2010 年第 10 期。

② 参见杨鸿:《〈反假冒贸易协定〉的知识产权执法规则研究》,《法商研究》2011 年第 6 期。

③ See European Academics, "Opinion of European Academics on Anti-Counterfeiting Trade Agreement", 2014 - 03 - 05, http://www.iri.uni-hannover.de/tl_files/pdf/ACTA_opinion_200111_2.pdf.

个方面都超出了 TRIPS 协定的要求。

（四）数字环境下知识产权执法强化

TRIPS 协定没有明确设定数字环境下的知识产权执法义务。因此，相对于 TRIPS 协定，《反假冒贸易协定》关于数字环境下知识产权义务是全新规定。WIPO 的数字议程在 1996 年达成了 WCT 和 WPPT（统称"因特网条约"）。因特网条约成为国际层面协调数字环境下的知识产权执法的开端。《反假冒贸易协定》超越 TRIPS 协定和因特网条约，纳入了美国《数字千禧年版权法》的主要制度，甚至在草案中设计了"三振出局"制度。[①]谈判方明确说明，这样规定的目的是使《反假冒贸易协定》成为强有力的且综合的协定，来更好地打击数字环境下的假冒和盗版。[②]《反假冒贸易协定》的最终文本删除了原来设计的"三振出局"方案。数字环境下知识产权执法制度规定在《反假冒贸易协定》第二章第 5 节，虽然只有第 27 条这一条，但是它通过 8 款条约严格而详细地规定了一般义务、网络服务提供者的义务、反规避措施及权利管理信息保护义务多方面的内容。除了电子权利管理信息方面，在其他多个方面《反假冒贸易协定》超越了因特网条约，强化知识产权人利益的保护。[③]

1. 在一般执法义务上强化了知识产权执法标准

《反假冒贸易协定》的要求，仅从数字环境下知识产权执法条款看，似乎并不超过 TRIPS 协定及"因特网条约"，但是，实质上《反假冒贸易协定》第二章（知识产权执法的法律框架）在禁令、临时强制措施、损害赔偿计

---

① "三振出局"是棒球比赛中的一个术语。在此指网络用户侵犯他人知识产权达三次就中止其网络账户的制度。

② See Luc Pierre Devigne etc. , "Where Is ACTA Taking Us? Policies and Politics", in Irini A. Stamatoudi, *Copyright Enforcement and the Internet*, New York：Kluwer Law International BV, 2010, p. 34.

③ 参见谢光旗:《论数字环境下知识产权执法国际法制的发展》,《法治研究》2013 年第 3 期。

算、边境措施、商业规模等多个方面超过 TRIPS 协定的标准。① 无视《反假冒贸易协定》的一般执法程序,称《反假冒贸易协定》与 WCT、WPPT 没有差异,称中国现行知识产权法与《反假冒贸易协定》不存在深刻矛盾,是不确切的。② 在适用对象上,"因特网条约"仅包括版权和相关权,《反假冒贸易协定》除了强制适用于版权和相关权外(第 27.2 条),还适用于商标权(第 27.3、27.4 条)。

2. 新设了网络服务提供者(ISP)的义务与责任

"因特网条约"对网络服务提供者的责任没有规定,《反假冒贸易协定》开始对其进行了规定。一是要求成员国推动商界合作(第 27.3 条),二是倡导主管机关命令网络服务提供者向权利人披露用户信息(第 27.4 条)。对此,2012 年 2 月欧洲各地数万人走上街头抗议《反假冒贸易协定》对网络自由的侵犯。③ 欧盟学者指出,《反假冒贸易协定》的网络用户披露规则比 TRIPS 协定第 47 条规定信息披露更加宽泛。更加重要的是,《反假冒贸易协定》给侵权和非侵权网络中介施加了披露用户信息义务,而 TRIPS 协定仅要求侵权者披露第三方信息。尽管《反假冒贸易协定》设定了保护表达自由、正当程序和保护隐私的原则,《反假冒贸易协定》没有提供如何确保这些原则得到执行的明确条款。④

3. 技术措施的保护范围扩大保护力度增强

《反假冒贸易协定》将规避措施纳入调整范围(第 27.5、27.6 和 27.8

---

① 参见杨鸿:《〈反假冒贸易协定〉的知识产权执法规则研究》,《法商研究》2011 年第 6 期。

② 参见张伟君等:《ACTA 关于"数字环境下知识产权执法"规则评析》,《知识产权》2012 年第 2 期。

③ 参见中国保护知识产权网:《欧洲各地爆发抗议反假冒贸易协议的游行示威活动》,2012-02-14, http://www.ipr.gov.cn/gndtarticle/picnews/201202/1278976_1.html。

④ See European Academics, "Opinion of European Academics on Anti-Counterfeiting Trade Agreement", 2014-03-05, http://www.iri.uni-hannover.de/tl_files/pdf/ACTA_opinion_200111_2.pdf.

条）。与"因特网条约"相比，《反假冒贸易协定》界定了技术措施，明确列举了应当制止规避措施。《反假冒贸易协定》对技术措施的定义过于宽泛，将规避预备行为及具有合法功能的技术措施都纳入打击对象。尽管规定了限制与例外，但是没有提供任何机制确保它们的运用和实施。其保护范围增大，保护力度增强。过于宽泛的技术措施与权利管理信息执法，将损害公众获得知识和信息的权利。

概括来说，《反假冒贸易协定》的知识产权执法标准在多个方面超出了 TRIPS 协定、因特网条约等国际标准。而且《反假冒贸易协定》与签约成员域内法存在差异，也远远高于我国关于数字环境下的知识产权执法标准。

三、《反假冒贸易协定》执法规范利益失衡

（一）《反假冒贸易协定》对发展中国家利益潜在影响恶劣

《反假冒贸易协定》在序言中宣称，更高的知识产权执法标准对所有经济体的可持续发展是至关重要的；更高的知识产权执法标准有利于权利人的经济利益及合法贸易；更高知识产权执法标准还有利于打击有组织犯罪及其他威胁公众的行为。对于《反假冒贸易协定》，日本经济、贸易和工业部顾问 Nakatomi 赞赏有加。他认为《反假冒贸易协定》等多边贸易协定是 WTO 的有效替代方案。这种多边协定不仅对发达国家有利，还对有共同需求的发展中国家有利。[①] 然而，实质上《反假冒贸易协定》将对发展中国家的利益产生恶劣影响。

1. 大幅增加发展中国家保护发达国家利益的成本

原则上说，条约对第三国没有约束力。中国、印度等发展中国家没有

---

① See Michitaka Nakatomi, "Plurilateral Agreements: A Viable Alternative to the World Trade Organization?", 2013-11-27, http://www.adbi.org/files/2013.10.24.wp439.plurilateral.agreements. alternative.wto.pdf.

参加《反假冒贸易协定》，就不受《反假冒贸易协定》的约束。然而，《反假冒贸易协定》主要针对印度、巴西等发展中国家的假冒和盗版产品。为了防范本国进出口产品在《反假冒贸易协定》成员国查封、扣押甚至销毁，发展中国家必然增加执法投入，被迫加大国内知识产权执法力度。对中国的影响将尤为巨大。因为，中国与《反假冒贸易协定》主要谈判国贸易金额非常大，在 2010 年，进出口总额达 16313.46 亿美元，占中国进出口总额54.88%。中国向这些国家出口总额为 9124.62 亿美元，接近中国出口总额的 60%。① 《反假冒贸易协定》的目的还在于迫使广大发展中国家加入《反假冒贸易协定》，共同保护发达国家知识产权人的利益。欧盟早就表达将中国和俄罗斯等发展中国家纳入到它们商定好的最终协定中。② 在《反假冒贸易协定》第 43 条，《反假冒贸易协定》明确规定："任何 WTO 成员可在第 39 条所规定的期限终止后，申请加入本协定。"该条进一步表明《反假冒贸易协定》谈判国希望纳入所有 WTO 成员，建立新的国际标准。即使中国等发展中国家拒绝加入《反假冒贸易协定》，《反假冒贸易协定》也同样给发展中国家造成压力。《反假冒贸易协定》执法标准高，要求成员国取消刑事门槛，扩大知识产权犯罪范围；要求成员扩大边境措施适用的知识产权范围，增加监管出口、转运环节，要求成员依职权采取边境措施；等等。达到以上执法标准无疑要求发展中国家增加巨额公共开支和人力成本。而 TRIPS 协定规定，知识产权执法义务不产生任何建立于一般法律实施制度不能的义务，也不影响各成员实施一般法律的能力，也不产生知识产权执法与一般法律资源分配的义务。《反假冒贸易协定》片面提高知识产权执法标准将显著增加各国保护知识产权人利益的投入，违反了

---

① 参见徐慧:《〈反假冒贸易协定〉对我国经济贸易的潜在影响分析》,《电子知识产权》2011 年第 8 期。

② See European Commission, "The Anti-Counterfeiting Trade Agreement (ACTA): Fact Sheet", 2008-11-01, http://trade.ec.europa.eu/doclib/docs/2008/october/tradoc_140836.11.08.pdf.

TRIPS 协定,也不符合"条约对第三方无损益"的原则。

而且,即使发展中国家投入巨额成本,也很难有效遏制假冒和盗版,促使本国经济发展。首先严刑峻法以及观念灌输并不必然能遏制知识产权侵权和犯罪行为。知识产权侵权和犯罪有经济、社会、文化、法治等多方面的原因。仅仅提高赔偿标准、扩大打击范围、取消刑事门槛并不能有效减少知识产权侵权和犯罪行为。在经济水平低下的情况下,消费者更倾向选择廉价的假冒和盗版产品,生产者迫于生计自冒风险生产假冒和盗版产品。在本国知识产权不强的状况下,尊重和保护知识产权的社会心理无从形成。而共享文化、法治落后等也直接决定知识产权法的效果。哈佛大学安守廉教授批判性地检视了美国逼迫中国知识产权法发展的政策,得出的结论是培育对知识产权的尊重的方式取决于更为广泛的政治与经济权利在中国的发展。知识产权意识的养成和法治的完善需要长久的过程。发达国家宣称刺激发展中国家创新、促进外国投资和技术引进的目的并不一定能实现。高标准的知识产权保护对发展中国家的自主创新和经济发展不利。墨西哥接受美国严格的知识产权执法标准不仅没有提高其创新力,还造成其对美国的过分依赖。发展权是国家和个人的基本权利之一。"发展"是国际知识产权法执法制度的重要价值。《反假冒贸易协定》应该有利于世界各国经济和社会的发展,尤其应有利于发展中国家的发展。

2. 形成新的针对发展中国家的知识产权贸易壁垒

第一,《反假冒贸易协定》授权成员依据转运地法律扣押侵犯知识产权的过境货物。这一规定将导致国际合法贸易受阻。据《反假冒贸易协定》第 5 条规定:"'转运'是在海关监管下,在同一既办理进口又办理出口的海关办公机构的区域内,货物从进口运输工具转装至出口运输工具的海关制度。"转运货物并不进入转运地消费市场,对于转运地市场并不产生影响。在印度和巴西分别诉欧盟及其成员扣押过境仿制药品案(DS408 和 DS409)中,笔者已经详细分析了按照转运地法律扣押仿制药的违法性。

实际上,在转运地扣押转运货物还会阻碍发展中国家的正常贸易。① 印度是世界仿制药生产主要国家之一,仿制药生产为其国民经济增长作出了很大贡献。欧盟及其成员国海关扣押印度销往巴西等地的仿制药,目的是在转运地切断印度仿制药出口路线,从而阻碍印度仿制药生产和出口对欧盟医药生产企业的影响,为欧盟医药生产企业利益服务。然而,在 TRIPS 协定下,欧盟成员国海关扣押的印度仿制药的生产及其贸易都是合法的。过境自由也得到 GATT 的肯定。② TRIPS 协定同样规定知识产权执法措施不应变相限制合法贸易。中国香港是国际重要转运贸易港口,60% 以上的转运货物来自中国内地,中国内地的产品通过中国香港转运,主要销往美国、日本和欧盟成员国。③ 如果中国香港被美、日等发达国家纳入《反假冒贸易协定》之下,美、日、欧同样会迫使中国香港扣押经中国香港销往美、日、欧的合法货物,这势必对中国的合法贸易造成重大不利影响。

　　第二,《反假冒贸易协定》给予海关非常大的自由裁量权,但对其滥用行为没有制约。这极易导致《反假冒贸易协定》成员海关滥用海关执法措施构建知识产权贸易壁垒。《反假冒贸易协定》第 16 条要求每一个成员必须使海关有权依职权主动中止侵权货物。《反假冒贸易协定》第 6.4 条规定:"本章任何规定不应理解为要求成员使其官员为履行公务的行为承担责任。"在第三章,笔者曾分析了 TRIPS 协定下行政机关滥用执法程序本已存在的问题,《反假冒贸易协定》第 6.4 条的规定将进一步助长其成员滥用执法权力,打击贸易竞争对手。

　　第三,《反假冒贸易协定》将民事禁令扩张适用于第三方,取消了善意

---

　　① 参见冯洁菡、李蔚然:《印度仿制药品过境运输争端案评析》,《法学杂志》2011 年第 12 期。

　　② 参见张敏:《WTO 框架下欧盟知识产权边境措施适用于过境货物之合法性分析》,《WTO 动态》2013 年第 1 期。

　　③ 参见徐慧:《〈反假冒贸易协定〉对我国经济贸易的潜在影响分析》,《电子知识产权》2011 年第 8 期。

当事人不适用禁令的例外。一般来说,第三方可能包括侵权产品潜在加工者、原材料的提供者、仓储者、运输者、销售者或使用者等。可能适用的第三方应是权利人有理由认为第三方过去参与过侵权活动或者将来要参与侵权活动。《反假冒贸易协定》第 11 条将 TRIPS 协定第 47 条下任意性信息披露条款,提高为强制性义务。《反假冒贸易协定》数字环境下知识产权执法标准要求成员使网络服务提供者与权利人合作,提供涉嫌侵权网络用户的信息。《反假冒贸易协定》的这些规定可能导致权利人滥用司法资源,损害交易安全,甚至用来打击与发达国家竞争的发展中国家的下游企业。①

总而言之,《反假冒贸易协定》将大幅增加发展中国家保护发达国家知识产权人利益的成本。《反假冒贸易协定》将形成新的知识产权贸易壁垒,阻碍合法贸易。世界贸易格局将进一步失衡。而且,对技术转让《反假冒贸易协定》没有涉及,对知识产权滥用《反假冒贸易协定》着墨甚少,对使用者利益《反假冒贸易协定》极端漠视。

3.《反假冒贸易协定》漠视使用者利益且侵蚀严重

(1)知识使用者利益执法制度缺失

众所周知,知识产权法的执法不仅包括保护知识产权人利益制度的执法,也保护使用者利益的强制许可和反垄断等制度。《反假冒贸易协定》仅仅关注知识产权人利益的执法保护,且显著提高知识产权执法标准,但是对于使用者利益的执法却完全漠视。促进知识传播和使用的制度,以及保护知识使用者利益的强制许可制度、反垄断制度在《反假冒贸易协定》中完全缺失。在 TRIPS 协定下,我们尚可见到强制许可制度、防范许可证贸易中限制竞争行为的制度及反垄断制度的身影。虽然,TRIPS 协定下的

---

① 参见程文婷:《〈反假冒贸易协定〉与我国知识产权法比较刍议》,《电子知识产权》2011 年第 8 期;左玉茹:《ACTA 的飞跃——基于 ACTA 与 TRIPS 协定的比较研究》,《电子知识产权》2010 年第 10 期。

这些制度也存有不足,但在《反假冒贸易协定》中这些制度完全阙如。《反假冒贸易协定》的内容不符合知识产权利益平衡的原则,也不符合全面实施知识产权法的要求。[①]

（2）对程序滥用行为防范不足、制裁不力

《反假冒贸易协定》极力扩大知识产权人利益执法保护范围,提高救济标准,但是对知识产权人、国家机关及其官员滥用执法程序的制裁几乎没有要求。表面上,《反假冒贸易协定》重视公平正义,兼顾使用者利益。其序言阐明以平衡知识产权人与使用者的权利及利益的方式来解决知识产权侵权问题的愿望。第 6.1 条复述了 TRIPS 协定要求执法程序应避免对合法贸易造成障碍并为防止执法程序被滥用提供保障的一般义务。然而,实质上其宣扬的目的是虚假的,《反假冒贸易协定》违背了程序正义,漠视了使用者利益执法保护。

《反假冒贸易协定》在第 16.1(a)条要求成员应使海关有权依职权中止货物通行,第 26 条要求各成员应使专管机关主动启动刑事程序。依职权主动执法存在极大的滥用权力的可能,对使用者利益形成很大威胁。然而,《反假冒贸易协定》第 6.4 条规定:"本章任何规定不应理解为要求成员使其官员为履行公务的行为承担责任。"这就为国家机关和官员因滥用或错误适用执法程序和措施损害被告的赔偿责任提供了借口。在第三章,笔者已经论述了 TRIPS 协定在防范和制裁程序滥用行为的缺陷,《反假冒贸易协定》不仅无意解决 TRIPS 协定存在的问题,还可能促使发达国家在善意保护知识产权利益的借口下,继续侵犯合法使用者的利益。

《反假冒贸易协定》第 17.4 条规定:"成员可以规定,如果申请人滥用了第 16 条(边境措施)1(b)和 2(b)规定的程序,或者在有合理理由时,主管机关有关拒绝、中止申请,或者宣布申请无效。"该条仅是授权性规定,

---

① 参见李宗辉:《〈反假冒贸易协定〉(ACTA)的"表"与"里"》,《电子知识产权》2011 年第 8 期。

对成员没有强制性约束力。而且,《反假冒贸易协定》没有要求成员责令错误申请边境措施的申请人承担赔偿被申请人损害和合理开支。此外,《反假冒贸易协定》完全没有涉及申请人或原告滥用民事或行政程序的救济规定,更不要说滥用刑事程序的救济。美国关税法337节案(DS186)已经反映了知识产权人滥用执法程序打击合法竞争者现象,而美国关税法337节为知识产权人滥用337调查程序提供了温床。

第18条(保证金或同等担保)第3句规定,成员可以规定债券作为申请边境措施的保证金。采用债券代替保证金的规定是TRIPS协定没有的。由于债券的价值不确定,而且债券变现也不容易,在兑现的债券价值低于被申请人损失的情况下,被申请人的合法利益不能得到保障。第4句规定,只有在例外情况或依据司法命令,成员才可以允许被申请人支付保释金或其他担保以获得涉嫌侵权商品。而TRIPS协定第53.2条规定:如果正式授权当局未能在规定期限内批准临时救济,只要符合进口条件,货物所有人、进口商或收货人有权缴纳充足保证金后要求放行货物。也就是说,在TRIPS协定下,允许货物所有人、进口商或收货人提取货物是一种常例,而不是一项特例。而在《反假冒贸易协定》下,提取货物变为例外,《反假冒贸易协定》这一规定使合法贸易货物所有人取得货物异常困难。WTO专家组解释了"例外"。例外是"具有例外性质的或构成例外的、不平常的、不常见的、特殊的",例外应根据该条的目的进行理解。例外情况必须严格限制,而且必须很少适用该情况,以防例外变成常规或者至少变成常见情况。①《反假冒贸易协定》以司法命令为提取货物的条件同样增加了合法贸易者提取货物的难度。《反假冒贸易协定》没有限定海关中止货物的期限,《反假冒贸易协定》这一规定使合法贸易货物所有人遭受申请人错误申请扣押后,难以避免

---

① 参见陈福利:《中美知识产权WTO争端研究》,知识产权出版社2010年版,第264—265页。

损失扩大。

（3）威胁公众的使用权、健康权和隐私权

首先，《反假冒贸易协定》损害公众的使用权和公共健康权。《反假冒贸易协定》授权成员依据转运国法律扣押转运货物，使在生产国、出口国、进口国和消费国都排除在知识产权保护范围外的方法和产品不能被公众使用。在出口国及进口国合法的仿制药面临转运国扣押的风险，扣押行为截断了患者可承担的低价药品来源，从而对患者的生命健康权利造成威胁。欧洲法院也判定了荷兰海关扣押行为的违法性。《反假冒贸易协定》授权扣押转运货物，打破知识产权的地域限制，比 TRIPS 协定走得更远，对使用者权和公共健康权形成巨大威胁。

其次，《反假冒贸易协定》危及通信自由和隐私权。《反假冒贸易协定》倡导主管机关命令网络服务提供者向权利人披露用户信息（第 27.4 条）。正是这一规定使欧洲数万人走上街头抗议《反假冒贸易协定》对网络自由和用户隐私的侵犯。此外，在《反假冒贸易协定》草案中，美国还曾提议纳入"三振出局"方案，如果网络用户侵犯他人知识产权达三次则全部或部分终止该网络用户的账户。"三振出局"实际上是对网络用户表达权和知识获取权（Access Rights）的剥夺。通信自由和言论自由是自由权的重要内容。联合国人权理事会多次敬告各国，即使在经济危机中，也不应以人权为代价来换取经济发展。

《反假冒贸易协定》严苛的数字环境下知识产权执法制度引起了全球网民的抵制。学者们也纷纷揭示其对隐私权、接近知识权等基本权利的侵犯。以人为本是法的终极理念，以人为本是知识产权法的最高价值。以人为本强调人权的保障。人权是所有人与生俱来的权利，人权相互关联、相互依赖又不可分割。人权以条约、习惯国际法、一般原则和国际法的其他渊源，由法律明文规定和保证。人权内涵丰富并不断发展，它分为公民权利、政治权利、经济权利、社会权利和文化权利几种类型，具体包括生命权、自由权、隐私权、财产权、尊严权、救济权、公正权、发展权和民族自决权等多项内容。《反假冒贸易协定》通过提高知识产权执法标准，着重对知识产权人的财产权利保护。但是，《反假冒贸易协定》不仅没有对使用者利益的执法保护给予应有的重视，还违背正当程序原则，为损害使用者利益的执法行为提供了条件。

第二节　《全面与进步跨太平洋伙伴关系协定》执法制度利益分析

2002 年，新西兰、智利和新加坡开始自由贸易协定谈判。2005 年，文莱加入谈判，四国签订《跨太平洋战略经济伙伴关系协定》（简称 P4，2006 年 5 月生效）。2008 年 9 月，美国表示加入 P4 并启动全面谈判。秘鲁、越南和澳大利亚也加入谈判。2010 年至 2012 年，马来西亚、日本、墨西哥和加拿大先后加入谈判。2015 年 10 月 12 个缔约方达成《跨太平洋伙伴关系协定》（TPP），于 2016 年 2 月签署。但是，美国国内反对意见大，奥巴马任期内未能批准。特朗普任职当天就宣布退出《跨太平洋伙伴关系协定》。在日本的推动下，2018 年 3 月 8 日，《跨太平洋伙伴关系协定》11 个缔约方签订了替代性协定——《全面与进步跨太平洋伙伴关系协定》（CPTPP），该协定在 2018 年 12 月 30 日生效。《全面与进步跨太平洋伙伴关系协定》是 21 世纪综合性自由贸易协定，除了减免关税和推动贸易自由化外，还涵盖投资、金融、竞争、国有企业、知识产权、劳工标准与环境、反腐败等。《全面与进步跨太平洋伙伴关系协定》以《跨太平洋伙伴关系协定》为基础，暂停适用特定条款，以迅速推进实现《跨太平洋伙伴关系协定》的利益和战略经济意义。

一、《全面与进步跨太平洋伙伴关系协定》的知识产权执法制度

2021 年 9 月 16 日,中国正式申请加入《全面与进步跨太平洋伙伴关系协定》。根据《全面与进步跨太平洋伙伴关系协定》第 5 条,加入后中国需要遵守缔约各方与我国商定的条款和条件。理解《全面与进步跨太平洋伙伴关系协定》知识产权执法制度,是我国做好未来执行《全面与进步跨太平洋伙伴关系协定》准备的需要。

《跨太平洋伙伴关系协定》第 18 章(知识产权)I 节专门规定"执法",自 18.71 条至第 18.80 条。《跨太平洋伙伴关系协定》的"执法",相对于TRIPS 协定的"知识产权执法",在形式上有所进步。因为它表明为一般意义上的执法,不限于知识产权执法,可以包括使用者利益执法。不过,在实质上,《跨太平洋伙伴关系协定》规定的执法,仍然限于知识产权执法。此外,J 节(互联网服务提供者)实际是要求缔约方把互联网服务提供者作为知识产权执法的社会机构。因此,J 节(即第 18.81 条—第 18.82 条)本质上也属于知识产权执法规则。《全面与进步跨太平洋伙伴关系协定》暂停适用了《跨太平洋伙伴关系协定》第 18.79 条(对载有加密节目的卫星和有线电视信号的保护):该条全文,包括脚注 139 至 146;第 18.82 条(法律救济和安全港)该条全文,包括脚注 149 至 159;附件 18—E(J 节的附件):附件全文;附件 18—F(J 节的附件):附件全文。总的来看,《全面与进步跨太平洋伙伴关系协定》中直接规定知识产权执法的条款共有 9 条。

(一) 一般义务

第 18.71 条规定知识产权一般义务,共 5 款。第 1 款重申了 TRIPS 协定第 41 条第 1 款的基本要求。每一缔约方应在国内法上规定《全面与进步跨太平洋伙伴关系协定》要求的执法程序,以采取有效执法,防止侵权

并威慑侵权。执法程序应避免阻碍合法贸易,并避免执法程序被滥用。第3款和第4款也是重申了TRIPS协定第41条的要求。第5款提出罪罚相当的原则性要求,并考虑第三方利益。

特别的是,第2款明确将执法程序和措施拓展适用于数字环境下的知识产权侵权。虽然《全面与进步跨太平洋伙伴关系协定》没有单独设一条规定数字环境下知识产权执法,但是该款已经明确了执法程序适用于数字环境,这可避免争议。另外,该款将数字环境下的知识产权侵权具体列举为商标侵权、版权和相关权侵权。因此,在第2款下缔约国没有义务将执法措施适用于数字环境下的地理标志和商业秘密侵权。我国的《著作权法》《商标法》和《信息网络传播权保护条例》满足该协定对数字环境下知识产权执法的要求。

（二）推定

第18.72条规定权利主体及权利有效性的推定。以作品上的署名推定作者,是著作权法上的一般规定。第1款除了规定作者的推定,还规定了以署名推定表演者、制作者、出版者。第2款规定经过实质审查的注册商标视为初步有效,第3款规定经过实质性审查的专利视为初步有效。当然,根据注释缔约方可通过行政程序审查注册商标或专利的有效性。以上规定,与我国法律是一致的。

值得注意的是,该条的第3个注释说明,尽管应由无效宣告人证明商标或专利无效,缔约方可要求商标持有人对使用在先进行举证。该处的使用在先,应该是实际使用,不包括使用目的。如果商标持有人不能提供使用在先的证据,即便已经注册,缔约方也可宣告已注册商标无效。这应该是适用于商标使用在先国家,不适用于注册在先国家。

（三）与知识产权有关的执法实践

第18.73条其实就是透明度的要求。第1款规定缔约方应公布与知识产权执法有关的普遍适用的最终司法判决和行政裁定。该款与 TRIPS 协定第 63.1 条所规定的透明度规则类似,不过该款还对公布的形式及裁判书说理提出了要求。第 2 款和第 3 款主要是要求缔约方公布知识产权执法的信息,这也是透明度规则的内在要求,不过 TRIPS 协定没有提出该要求。

(四)民事和行政程序及救济措施

第 18.74 条规定民事和行政程序及救济措施,共 17 款。与 TRIPS 协定比较,其突出的规定有如下方面:一是第 4 款和第 5 款规定的损害赔偿计算方法。第 4 款规定以知识产权人提交的任何合理价值评估计算赔偿金额,包括利润损失、市场价或者建议零售价。TRIPS 协定第 45 条第 1 款规定以知识产权人的损失计算损害赔偿额。《跨太平洋伙伴关系协定》在这里还将市场价特别是建议零售价作为赔偿额的计算方式。市场价应是指正品的实际交易价格,不是侵权产品的实际交易价格。以市场价计算损害赔偿额,具有合理性。一般来说,建议零售价高于被侵权商品或服务实际交易的市场价,因为商家在销售的过程中会给予折扣。以建议零售价计算损害赔偿金,就与实际不符,会使得知识产权人受益,但使用者受损。第 5 款规定缔约方应使司法机关有权要求侵权人按侵权所得利润赔偿知识产权人的损害,但是只在版权、相关权及假冒商标案件中有此强制性义务,而在专利、集成电路布图设计等其他知识产权侵权案件中无此强制性义务。我国知识产权立法和实践中已经支持按侵权所得赔偿损失。

二是第 6 款至第 9 款规定的额外赔偿,即惩罚性赔偿,它也仅仅对侵犯版权、相关权及假冒商标案提出强制性要求。对惩罚性赔偿,在理论上有争议。反对者认为它违背了民法上的填平原则。支持者认为它是保护知识产权的特殊需要。我国已经符合该要求,而且根据我国《民法典》及《专利法》等规定,侵犯所有类型知识产权的案件都可适用惩罚性赔偿。

三是第 11 款规定了技术专家费用及程序应合理。

四是第 12 款关于销毁侵权货物的要求比较绝对,没有 TRIPS 协定第 46 条以不违背宪法为条件;关于销毁、清除材料及工具,没有 TRIPS 协定第 46 条"主要"性的要求。

五是第 13 款规定的获得信息权,相对 TRIPS 协定它要求提供的信息非常绝对,司法机关有权要求侵权人或涉嫌侵权人提供与侵权行为或涉嫌侵权行为的"任何方面"有关的"任何人"的信息。TRIPS 协定第 47 条仅仅明确要求提供制造、销售侵权商品或提供侵权服务的第三方的身份及销售渠道信息。

六是第 14 款增加规定对泄露诉讼中机密信息当事方、律师、专家及其他受法院管辖人进行制裁。

七是第 17 款相对 TRIPS 协定新增关于技术保护措施及权利管理信息的民事司法中,缔约方应规定司法机关至少有权实施临时措施、责令赔偿、责令支付诉讼费、责令销毁涉及的设备和产品,图书馆等非营利实体善意侵权免除赔偿责任。

（五） 临时措施

第 18.75 条规定临时措施。在 TRIPS 协定第 50 条的基础上,《跨太平洋伙伴关系协定》还要求缔约方规定在涉及版权侵权、相关权侵权和假冒商标的民事司法中司法机关有权责令扣押或其他方式扣押涉嫌侵权货物、与侵权有关材料和工具,至少在假冒商标案中还包括扣押书面证据。我国已经符合该规定。

（六） 与边境措施有关的特殊要求

边境措施在本质上属于行政措施。与 TRIPS 协定一样,《跨太平洋伙伴关系协定》对边境措施也是动用了很多的条款进行规定,在第 18.76 条共有 9 款规定与边境措施有关的特殊要求。

　　关于边境措施针对的侵犯知识产权类型,相对 TRIPS 协定,《跨太平洋伙伴关系协定》除了针对涉嫌假冒商标或盗版之外,还明确针对涉嫌相似性商标。TRIPS 协定第 51 条的脚注(14)说明假冒商标也保护实质部分与注册商标不可区分的商标。有观点认为它与使用同他人商标近似的标识含义相差不远。① 笔者认为,TRIPS 协定下的实质部分与注册商标不可区分的商标,是指与注册商标实质相同的商标,总体还是属于两个相同商标,而不包括近似商标。TRIPS 协定在第 51 条中没有使用近似商标的术语,而在第 16 条中就明确近似商标。如果缔约方有意将近似商标作为边境措施保护的对象,也会写明近似商标。《跨太平洋伙伴关系协定》就明确要求扣留混淆性相似商标的货物。

　　第 5 款要求缔约方规定其主管机关可依职权启动边境措施,此类货物为:进口;出口;过境且被怀疑是假冒商标的货物或盗版货物。依此规定,第一,侵权货物包括进口、出口、过境货物,对于出口货物,TRIPS 协定仅仅推荐成员方采取边境措施,但在《跨太平洋伙伴关系协定》下缔约方有强制性义务对出口侵权货物采取边境措施。对于过境货物,TRIPS 协定没有规定,《跨太平洋伙伴关系协定》明确要求缔约方采取边境措施。关于过境货物,2010 年 5 月,印度和巴西分别通知世贸组织争端解决机构,就荷兰扣押从印度进口通过欧盟转口的仿制药品措施,要求与欧盟及荷兰磋商,但是该案(DS408、DS409)十多年来没有进展。

　　第 7 款要求缔约方应使其主管机关除例外情况外销毁侵权货物。关于销毁侵权产品,TRIPS 协定第 59 条有一个不违反宪法规定的限制,而《跨太平洋伙伴关系协定》是例外情况的限制,两者的范围不同。从立法层次看,TRIPS 协定更高,《跨太平洋伙伴关系协定》下的例外可以是法律

---

① 参见郑成思:《WTO 知识产权协议逐条讲解》,中国方正出版社 2001 年版,第 171 页。

法规层面的。从范围看,《跨太平洋伙伴关系协定》的例外范围似乎更窄,宪法规定可能是一般规定,但不属于例外情况。

依据我国《知识产权海关保护条例》,中国海关对进口、出口两个环节,侵犯中国保护的商标专用权、著作权和与著作权有关的权利、专利权这三种知识产权的货物采取边境措施。相对《跨太平洋伙伴关系协定》,我国没有规定对过境侵权货物采取边境措施,这是加入《全面与进步跨太平洋伙伴关系协定》前需要补充规定的。2010年我国修改了《知识产权海关保护条例》,在第27条第3款规定:被没收的侵犯知识产权货物无法用于社会公益事业且知识产权权利人无收购意愿的,海关可以在消除侵权特征后依法拍卖,但对进口假冒商标货物,除特殊情况外,不能仅清除货物上的商标标识即允许其进入商业渠道;侵权特征无法消除的,海关应当予以销毁。该规定允许进口假冒商标货物不清除商标标识就转交公益机构或者有偿转让给知识产权人,可能与《全面与进步跨太平洋伙伴关系协定》的要求还有差距。

(七) 刑事程序和处罚

第18.77条规定刑事程序和处罚,它要求缔约方应规定至少对具有商业规模的故意假冒商标或侵犯版权或相关权利的情况适用刑事程序和刑罚。相对于TRIPS协定第61条仅有一个条款的规定,该条共有7款,更加具体,更加严格。

何谓"商业规模"?"具有商业规模"的假冒商标或盗版指的是在特定市场中,针对特定产品,以典型或通常商业活动的数量或规模进行的假冒商标或盗版。什么是典型的或通常的,是一个灵活的概念,取决于具体环境。《跨太平洋伙伴关系协定》规定关于故意侵犯版权或相关权利,具有商业规模至少包括:出于商业利益或财务收益的目的而实施的行为,非出于商业利益或财务收益目的但对版权或相关权利人的市场利益造成实质损害影响的重大行为。由此可见《跨太平洋伙伴关系协定》实际上取消了规模的要求,在第二种情况下也无需商业利益的目的要求。我国《刑法》第 217 条明确把"以营利为目的"作为犯罪构成的要件,而且有"违法所得数额较大或者有其他严重情节的"刑事门槛,这反映我国立法与《跨太平洋伙伴关系协定》的差距。张乃根教授建议,加入《全面与进步跨太平洋伙伴关系协定》应考虑,针对以商业利益或者财务收益目的作为具有商业规模的蓄意盗版或者假冒商标的认定标准(第18.77.1 条),我国可用司法解释限定其适用范围。① 这对我国刑法是一个大挑战。

《跨太平洋伙伴关系协定》强制要求予以刑事惩处的行为包括假冒商标、侵犯版权、侵犯相关权利。结合《跨太平洋伙伴关系协定》第18.78 条,还包括侵犯商业秘密的行为。第 18.79 条要求缔约方将制造和销售主要用于未经许可解码加密节目卫星信号设备行为,故意接收、传播该信号行为规定为犯罪。节目,主要是受著作权及相关权保护的客体。《跨太平洋伙伴关系协定》以专条对加密节目进行保护,以示重视。关于侵犯版权罪,TRIPS 协定是强制要求成员方对版权盗版予以刑事处罚。版权盗版是否包括侵犯版权和侵犯相关权利呢? TRIPS 协定第二部分第 1 节是将版权、相关权分别称呼的,此处的版权盗版应不包括侵犯相关权利。不过,我国《刑法》第 217 条明确将侵犯著作权有关的权利与侵犯著作权的行为一并纳入刑法打击的范围,在这方面与《跨太平洋伙伴关系协定》是一致的。

(八)　商业秘密

《跨太平洋伙伴关系协定》在第 18.77 条(刑事程序和处罚)外,在第18.78 条专门规定商业秘密的刑事程序和处罚。第 18.78 条第 1 款援引《巴黎公约》第 10 条之二和 TRIPS 协定第 39 条第 2 款,要求缔约方保护商

---

① 参见张乃根:《与时俱进的 RCEP 知识产权条款及其比较》,《武大国际法评论》2021 年第 2 期。

业秘密。第18.78条第2款和第3款,在TRIPS协定之上,要求缔约方规定侵犯商业秘密罪。TRIPS协定仅仅要求成员方规定假冒商标罪和盗版罪。《跨太平洋伙伴关系协定》将刑事程序和措施扩展到商业秘密。我国《反不正当竞争法》保护商业秘密。另外,我国《刑法》设有侵犯商业秘密罪。

(九) 政府使用软件

第18.80条规定,缔约方应提高政府尊重知识产权的意识及认识到知识产权侵权行为的危害性,缔约方应规定中央政府机构及政府采购只使用正版计算机软件。

二、被冻结的《跨太平洋伙伴关系协定》知识产权执法条款

《全面与进步跨太平洋伙伴关系协定》暂停适用的《跨太平洋伙伴关系协定》知识产权执法条款有:"(j)第18.79条(对载有加密节目的卫星和有线电视信号的保护):该条全文,包括脚注139至146;(k)第18.82条(法律救济和安全港)该条全文,包括脚注149至159;(l)附件18—E(J节的附件):附件全文;(m)附件18—F(J节的附件):附件全文。"这些条款将来可能"复活",从而对缔约方产生效力。

第18.79条要求缔约方对加密节目的卫星和有线电视信号提供刑事、民事保护。其第1款和第2款是对卫星信号的保护,第3款是对有线电视信号的保护。对于卫星信号,《跨太平洋伙伴关系协定》要求提供刑事和民事救济。对于有线电视信号,《跨太平洋伙伴关系协定》要求提供刑事或者民事救济,对卫星信号的保护程度更高。第1款规定打击的犯罪包括:a.制造、组装、修改、进口、出口、销售、租赁或以其他方式分销有形或无形的解码加密节目的卫星信号的设备或系统;主观上明知或者有理由知道

(后者可理解为疏忽)该设备或者系统是有意用于协助或者主要为协助或者其主要功能只为协助未经权利人授权而解码加密节目的卫星信号;b.明知信号是未经授权解码的,而故意接收该信号,或者传播该信号。第 2 款要求缔约方为加密节目卫星信号的权利人提供民事救济。卫星或有线电视信号的加密措施,可理解为电视节目的技术保护措施。《跨太平洋伙伴关系协定》第 18.68 条对技术保护措施本有保护规定(也被冻结了),本条是专门对卫星或者有线电视信号加密措施的特别保护。TRIPS 协定没有涉及技术保护措施,WIPO 1996 年两"因特网条约"规定了技术保护措施的义务但没有涉及加密电视节目信号的技术保护措施。《韩美自由贸易协定》第 18.7 条和《美墨加协定》第 20.86 条是加密电视信号的保护条款。对于破解加密电视信号的行为,及其他破解技术保护措施的行为,包括我国在内的很多国家没有将它们置于刑罚范围。因此,《跨太平洋伙伴关系协定》该规定遭到众多反对。尤其是该条将故意接收未经授权解码的电视信号行为,置于刑法打击范围内,实际上就把广大用户作为犯罪的主体,这过于扩大了刑法的打击范围。即便在民事法律上,盗版制品的使用者往往不负民事责任,更不用谈负刑事责任。刑法应把具有严重社会危害性的源头行为作为打击对象,而不应把广大使用者作为惩治对象。

三、《全面与进步跨太平洋伙伴关系协定》执法制度的利益失衡

虽然在名义上《跨太平洋伙伴关系协定》第 18 章(知识产权)I 节的标题是"执法"(enforcement)而不是 TRIPS 协定用的"知识产权执法"(enforcement of intellectual property rights),但是与 TRIPS 协定一样它也是仅仅规定知识产权执法,没有规定使用者利益执法规范。《跨太平洋伙伴关系协定》第 18.71 条第 1 款也如 TRIPS 协定一样,明确限定了执法的目的,即"以便对任何侵犯本章所涵盖知识产权行为采取有效行动",行为的种

类包括"防止侵权的迅速救济措施和对未来的侵权构成威慑的救济措施"。这样的话,也会使得如知识产权禁诉令等为使用者利益执法的措施不能涵盖在《跨太平洋伙伴关系协定》中。

对于知识产权限制与例外的执行,《跨太平洋伙伴关系协定》也没有规定。《跨太平洋伙伴关系协定》关于知识产权限制与例外,与 TRIPS 协定一致,如第 18.65 条第 2 款的规定,"本条既不减少也不扩大 TRIPS 协定、《伯尔尼公约》、WCT 和 WPPT 中允许的限制与例外的适用范围。"然而,关于知识产权人的实体权利以及程序权利都有了很大强化。这样的话《跨太平洋伙伴关系协定》整体上单向强化了知识产权的保护。

关于协议许可证中限制竞争行为的控制,TRIPS 协定还在第 40 条有所规定,而《跨太平洋伙伴关系协定》完全没有规定,更不用谈要求缔约方执行限制竞争行为的法律。

第三节　《区域全面经济伙伴关系协定》的执法制度利益分析

《区域全面经济伙伴关系协定》在 TRIPS 协定的基础上,强化了知识产权执法,但是没有达到《跨太平洋伙伴关系协定》的程度。《区域全面经济伙伴关系协定》是东盟十国发起,并邀请中国、日本、韩国、澳大利亚、新西兰和印度参加(10+6)区域经济一体化组织。[①] 美国和俄罗斯虽然也是东亚峰会的成员国,但是它们没有与东盟建立自由贸易关系,所以没有被东盟纳入《区域全面经济伙伴关系协定》成员国计划范围。2011 年 2 月,东盟经济部长会议上,形成了协定草案,当年东盟峰会上十国领导人批准《区域全面经济伙伴关系协定》。2012 年 8 月,东盟十国及中国、日本、韩

[①]　东盟十国包括:文莱、柬埔寨、印度尼西亚、老挝、马来西亚、缅甸、菲律宾、新加坡、泰国、越南。印度参与了近 30 轮谈判,却在 2019 年 11 月退出 RCEP 的谈判。

国、印度、澳大利亚及新西兰经济部长原则同意协商《区域全面经济伙伴关系协定》,11 月相关国家领导人发布《启动〈区域全面经济伙伴关系协定〉谈判的联合声明》。① 2020 年 11 月 15 日,东盟十国及中国、日本、韩国、澳大利亚、新西兰共 15 个国家签署《区域全面经济伙伴关系协定》。《区域全面经济伙伴关系协定》是规模最大的自由贸易协定,其人口、GDP和贸易占全球三成。中国、新加坡、泰国、日本正式完成批准程序,《区域全面经济伙伴关系协定》在 2022 年 1 月 1 日生效。

一、《区域全面经济伙伴关系协定》的知识产权执法制度

《区域全面经济伙伴关系协定》第 11 章为知识产权章,包括 14 节,共83 条。第 J 节专门规定知识产权执法,有一般义务、民事救济、边境措施、刑事救济、数字环境下的执法五小节,从第 58 条至第 75 条,共 18 条。相对于 TRIPS 协定,多了数字环境下的执法。《区域全面经济伙伴关系协定》第 2 小节民事救济虽然在标题上没有像 TRIPS 协定一样标明行政程序,也没有专门的行政程序条款,不过根据其注解,成员国也可以不采用民事救济而提供行政救济来履行该小节的义务。这样的话,《区域全面经济伙伴关系协定》对行政程序也提出与民事救济一样的要求。

总体而言,《区域全面经济伙伴关系协定》对知识产权的保护水平低于《全面与进步跨太平洋伙伴关系协定》和《美墨加协定》,它更加具备利益平衡性,表现了与时俱进的特点,对于 TRIPS 协定的修改具有示范作用。② 在知识产权执法上,《区域全面经济伙伴关系协定》的标准略高于TRIPS 协定,但是低于《全面与进步跨太平洋伙伴关系协定》,远远低于《美墨加协定》。

---

① 参见中国—东盟商务理事会:《RCEP 简介》,2021 - 06 - 13, http://www.rcep.com.cn/index.php？m＝content&c＝index&a＝lists&catid＝2。

② 参见张乃根:《与时俱进的 RCEP 知识产权条款及其比较》,《武大国际法评论》2021 年第 2 期。

（一）一般义务

第一小节（一般义务）只有一条（第58条）。相对于 TRIPS 协定,不同的是《区域全面经济伙伴关系协定》第58条第3款规定了比例适当规则,即侵权的严重性与救济、惩罚措施成比例,而且还要考虑第三方的利益。过罚相当,是法律惩罚的一般原则。而考虑第三方利益,笔者理解是考虑包括消费者、使用者、下游制造商等社会公众的利益。比方说,在决定是否适用禁令时,要考虑第三方是否因禁令而丧失使用相应知识产权产品或服务,并且是否给社会公共利益造成损害。第5款要求缔约方以署名作为推定作品作者的方式,这与我国《著作权法》第12条的规定一致。

（二）民事救济

第2小节规定民事救济。它也适用于行政程序。

第59条要求缔约国采取公平与合理的程序。与 TRIPS 协定不同的是,《区域全面经济伙伴关系协定》允许成员国通过替代性争端解决程序解决民事争端。按照泄密草案,该条是韩国、日本和澳大利亚提议的,不过遭到东盟的反对,但是最终还是达成一致写进条约中。这有利于缓解公共执法机构的压力,发挥仲裁和调解等社会力量来解决争端。

第60条规定损害赔偿。它要求缔约国授权司法机关考虑知识产权人任何合法的价值评估。这是 TRIPS 协定没有具体规定的。任何合法的价值评估方法,是由日本和韩国提议的。但工作组是将合法的价值评估限定为市场价格。日本、澳大利亚和韩国曾提议以建议零售价认定损失,不过最终没有纳入。以建议零售价作为评估被侵权商品或服务的价值,是《跨太平洋伙伴关系协定》规定的方法（第18.74条第4款）。一般来说,建议零售价往往高于市场价格,以建议零售价计算赔偿额,对使用者不利,但使知识产权人获益。实际上,市场价格才真正反映被侵权商品的价值。那么,第60条中的任何合法的价值评估是否就包括建议零售价呢?对第60条中的任何合法的价值评估,《区域全面经济伙伴关系协定》有一个注解,"为进一步明确,在适当的情况下,一缔约方的司法机关可以在确定损害赔偿时,考虑以市场价格衡量被侵权商品或服务的价值。"据此,笔者认为此中的任何合法的价值,不包括建议零售价,限于市场价格评估被侵权商品或者服务的价值。虽然该注解没有明确排除建议零售价,没有明确限于市场价格,但是举重以明轻,任何合法的价值评估,可以包括注明的市场法价值以及比市场法价值低的成本法价值,但不包括比市场法价值高的建议零售价。

第61条规定败诉方赔偿胜诉方诉讼费用和律师费。第62条要求销毁侵权货物、材料和工具。第63条要求授权司法机关处罚司法程序中机密信息保护命令的当事人、法律顾问、专家或受法院管辖的人。

第64条规定临时措施,没有新的要求。

(三) 边境措施

第三小节用9个条款(第65—73条)规定边境措施。

值得注意的是第65条的脚注,它说明缔约方没有义务对过境商品采取中止放行的措施。对于过境商品,TRIPS 协定没有明确成员方是否有义务采取执法措施。在 2010 年印度、巴西分别与荷兰之间的争端中(DS408、DS409),争议问题就是荷兰扣押从印度进口通过欧盟转口的仿制药品是否违反了 WTO 下的义务。遗憾的是十多年过去了,这两个案件还处在磋商阶段,未进入专家组阶段。因此,在 WTO 的司法实践中也未能明确 TRIPS 协定是否允许扣押过境侵权产品。与 TRIPS 协定相比较,《区域全面经济伙伴关系协定》更有利于印度这种发展仿制药产业的国家。不过,如果《区域全面经济伙伴关系协定》成员国扣押侵犯本国知识产权的过境商品,似乎也不违反《区域全面经济伙伴关系协定》。因为,它规定的是缔约方没有中止过境商品的义务,并非不应当中止放行过境商品。

(四) 刑事救济

第四小节仅有第74条,规定了刑事救济。第74条第1款要求缔约方对商业规模的故意侵犯著作权、相关权或商标的行为适用刑罚。《区域全面经济伙伴关系协定》还说明,缔约方有认定相关权盗版行为适用范围的自由。第74条第2款规定犯罪行为包括进口、分销、销售侵权产品的行为。第4款特别要求对从电影院放映中复制电影作品的行为适用刑事处罚,当然缔约方有设定犯罪门槛的自由。

它在TRIPS协定第61条之外,增加了给侵犯相关权定罪的义务。TRIPS协定第61条的用语是"版权盗版"(copyright piracy)。TRIPS协定对版权和相关权是分开表述,因此版权盗版就不包括相关权盗版。我国刑法第217条已经把与著作权有关的权利(即相关权)与著作权一起纳入刑事保护范围,达到了《区域全面经济伙伴关系协定》的要求。

《区域全面经济伙伴关系协定》第74条第1款的脚注解释,"就本条的适用而言,第一款不得阻止一缔约方根据其法律法规认定对具有商业规模的故意侵犯相关权利的盗版行为的刑事诉讼和处罚的适用范围"。也就是说,缔约方有设定刑事门槛的自由。这就在条约上肯定了WTO争端解决机构对美国与中国知识产权执法措施案(DS362)刑事门槛自由的裁决。

(五) 数字环境下的执法

第五小节仅有第75条,它规定数字环境下的执法,要求缔约方将民事救济、刑事救济程序适用于数字环境中侵犯著作权、相关权利以及商标的行为。

这是 TRIPS 协定没有的规定,因为在 20 世纪 90 年代初,各国商谈 TRIPS 协定文本时,数字技术及互联网还未普及。不过,WIPO1996 年两"因特网条约"已经明确对著作权及相关权的保护适用于互联网环境。比较而言,《区域全面经济伙伴关系协定》进一步明确对商标的保护也适用于数字环境。

《区域全面经济伙伴关系协定》对加密节目卫星信号也予以保护。相对 TRIPS 协定它是一个新的规定,相对《跨太平洋伙伴关系协定》它的保护标准要低得多。《区域全面经济伙伴关系协定》第 12 条第 2 款仅仅要求缔约方针对故意接收、故意传播或者故意接收后进一步传播未经授权解码的加密节目卫星信号中至少一种行为采取措施。它没有强制要求采取刑事措施,没有要求对全部三种行为采取执法措施,没有要求对破解加密节目的有线电视信号采取执法措施。

二、《区域全面经济伙伴关系协定》使用者利益执法制度的缺失

TRIPS 协定第二部分第 8 节尚且对协议许可证中对限制竞争行为的控制进行了柔性国际协调。《区域全面经济伙伴关系协定》第 11 章(知识产权)第 8 节对不正当竞争的规定,仅仅是在《巴黎公约》的基础上,针对域名和未披露信息(商业秘密)的国际保护作了规定。对于协议许可证中的限制竞争行为以及知识产权垄断行为,《区域全面经济伙伴关系协定》并未协调。《巴黎公约》第 10 条之二规定不正当竞争,其第 1 款要求缔约国为国民制止不正当竞争,第 2 款界定不正当竞争行为是在工商业中违反诚实的习惯做法的竞争行为。实际上各缔约国仅仅有强制性义务禁止第 3 款明确禁止的不正当竞争行为。第 3 款规定各缔约国特别应禁止三类不正当竞争行为:一是混淆行为,二是虚伪说法,三是易导致误解的说法。第 10 条之三要求缔约国采取有效制止不正当竞争行为的适当法律救济措

施,准许联合会和社团为制止不正当竞争行为向法院起诉或者行政机关控诉。由此可见,《区域全面经济伙伴关系协定》关于反不正当竞争的规定仍然是对知识产权人利益的保护,而不是对使用者利益的保护。在缔结TRIPS协定的过程中,发展中国家曾经提出明确列举 12 种滥用或反竞争行为的方案,包括独占交易、限制研究、限制人员利用、价格固定、限制适应、独占销售或代理协议、搭售协议、出口限制、专利囤积或交叉许可协议及其他安排、限制公开、在工业产权失效后的支付及其他义务、安排失效后的限制,但是最终被抛弃了。TRIPS 协定仅仅明确列举了独占性返授条件、禁止对知识产权有效性提出异议、强迫性一揽子许可 3 种行为。《区域全面经济伙伴关系协定》对发展中国家曾经提出禁止的不正当竞争行为仍然没有纳入。

小结

TRIPS 协定下知识产权执法制度利益失衡已经显露无遗,然而,发达国家强化知识产权执法国际标准的举动还在继续。《反假冒贸易协定》是旨在专门统一提高知识产权执法标准的准多边条约。《反假冒贸易协定》的内容反映国际知识产权法的执法制度利益失衡加剧。该协定遭到美欧广大民众的反对,使得美欧等签约方纷纷拒绝批准。这说明《反假冒贸易协定》这一利益严重失衡的知识产权执法协定严重偏离了现实。它由发达国家密谋而成,具体反映了发达国家全面提高知识产权人利益保护的目的。相对于 TRIPS 协定等现有条约,《反假冒贸易协定》扩张了民事、行政和刑事执法的范围,提高了执法标准,强化了打击力度。《反假冒贸易协定》将大幅增加发展中国家保护发达国家知识产权人利益的成本,将形成新的知识产权贸易壁垒,阻碍合法贸易。在《反假冒贸易协定》下,知识使用者利益执法保护制度缺失,对程序滥用行为防范不足、制裁不力,损害公众的隐私权、健康权等基本人权。

《跨太平洋伙伴关系协定》的知识产权执法规范比《反假冒贸易协定》偏离得更远。第18.74条第4款规定以知识产权人提交的包括建议零售价在内的任何合理价值评估计算赔偿金额,第12款关于销毁侵权货物的要求比较绝对。第18.76条第5款要求缔约方规定其主管机关可依职权启动边境措施,扣押过境且被怀疑是假冒商标的货物或盗版货物;第18.77条规定刑事程序和处罚,更加严格,实际上取消了刑事措施对规模的要求,在特定情形下还无须商业利益的目的要求。我国知识产权执法措施在以上方面与《全面与进步跨太平洋伙伴关系协定》存在差距。在申请加入该协定的过程中,我国应对此予以评估。

《区域全面经济伙伴关系协定》相对 TRIPS 协定知识产权执法标准有所提高,但是相对《跨太平洋伙伴关系协定》有较大缓和。其规定了比例适当规则,允许成员国通过替代性争端解决程序解决民事争端,说明缔约方没有义务对过境商品采取中止放行的措施,肯定缔约方设定刑事门槛的自由。不少研究者强调中国在《区域全面经济伙伴关系协定》知识产权规则设定上的影响,认为是中国和美国在国际知识产权标准设定的斗争。① 东盟和印度关于知识产权保护标准的态度也不可忽视。虽然韩国和日本寻求给予知识产权最强的实施标准,印度希望给予专利最低标准的保护。② 不过,该协定仍然受 TRIPS 协定执法内涵的羁绊,没有拓展使用者利益执法制度。

---

① See Henry Gao, Gregory Shaffer, "The RCEP: Great Power Competition and Coopertion over Trade", 2021-02-10, https://www.afronomicslaw.org/print/pdf/node/1493.

② See Anupam Chander, Madhavi Sunder, The Battle to Define Asia's Intellectual Property Law: From TPP to RCEP, Ucirvine Law Review, No. 8(2018), pp. 357-358.

第六章　执法制度利益失衡的原因

第一节　执法制度利益失衡的经济原因

一、跨国企业追逐知识垄断利益

发达国家的知识产权法律因企业游说而变迁,这在西方知识产权制度诞生初期就已经出现,在其后续发展过程中表现尤为突出。对于欧洲早期的知识产权法,西方法学界、史学界和文学界著名学者都有细致考察,深入论述。Lyman Patterson、John Feather、Carla Hesse 和 Mark Rose 等考察后认为,欧洲知识产权法的变迁,不仅仅是受经济和技术因素影响,更是因为垄断行业的私人利益推动。对于传统国际知识产权条约,Peter Drahos、Lawrence Lessig、James Boyle、William Fisher 等指出,欧洲行会垄断既是现代知识产权立法主力,也是当前知识产权法律制度弊病的根源。它们关注的是专有权人单方的权利及其保护。国际知识产权不平等秩序的症结在于三个方面:阻碍持续创新、阻碍公共利益和阻碍发展中国家进步。[①]

---

① 参见邵科:《安守廉与曲解的中国知识产权史——反思国际知识产权不平等秩序之突破点》,《政法论丛》2012 年第 4 期。

对于 TRIPS 协定的形成过程,美国国际关系专家 Susan Sell 教授考察后得出结论:TRIPS 协定是美国跨国企业通过美国与 WTO 这样的制度,在资本主义条件下完成私法上升为国际法的结果。1986 年 3 月,在 GATT 乌拉圭回合谈判前 6 个月,12 个美国跨国公司的高级管理人员组成国际知识产权委员会。委员会的成员是布里斯托尔—迈尔斯、美国哥伦比亚广播公司 CBS、杜邦、通电电气、通用汽车、休利特-帕卡德、IBM、强生、默克、孟山都和辉瑞公司。它们试图赢得知识产权国际保护的支持。国际知识产权委员会与欧盟、日本联合起草了一份提议,并提交给 GATT 秘书处。美国和 GATT 的谈判成员最终接受了该文本。① 国际知识产权法学专家 Drahos 教授作了 500 多次专访,印证了塞尔教授的结论并进一步揭示了 TRIPS 协定的内幕。国际知识产权委员会中的辉瑞公司成立于 1942 年。作为医药公司,辉瑞公司比其他公司更加了解公共政策和商业经营的作用。其药品销售业务取决于是否能阻止针对其垄断业务的反托拉斯法。辉瑞公司在印度等发展中国家有 21 个工厂,到 1957 年,辉瑞公司的海外销售超过了 6000 万美元。由于进口药品价格高昂,印度等国开始发展技术,并对药品专利实施强制许可,降低药品价格,满足国内药品需求。这直接影响了辉瑞公司从海外获得垄断利益。辉瑞公司联合其他有相同利益的公司游说美国政府及其他发达国家,促成 TRIPS 协定。少数美国公司是知识游戏的主角,它们起草的知识产权规则成为 TRIPS 协定的蓝图,然后通过贸易强权压制发展中国家的反抗。②

《反假冒贸易协定》同样是代表发达国家企业利益的组织推动的结果。推动《反假冒贸易协定》的企业包括:版权联盟、美国贸易紧急委员

---

① 参见[美]苏姗·K.赛尔:《私权、公法——知识产权的全球化》,董刚等译,中国人民大学出版社 2008 年版,第 1—2、94 页。

② 参见[澳]达沃豪斯:《信息封建主义》,知识产权出版社 2005 年版,第 12—75 页。

会、国际商标协会、国际知识产权联盟、美国电影协会、全国制造商协会、美国音像产业协会、软件和信息产业协会、美国商会、美国国际商务委员会、国际商标协会、娱乐行业协会联盟、美国独立音乐协会、商业软件联盟、美国药品研发和制造协会等。每一个联盟或者协会又代表了众多的企业。国际知识产权联盟就由 7 家贸易协会组成,美国出版者协会、商业软件联盟、娱乐软件协会、独立电影和电视联盟、美国电影协会、全国音乐出版者协会和美国音像产业协会。这些协会代表美国以版权为基础的产业,该产业通过双边和多边努力来打开因盗版和市场进入壁垒而被关闭的外国市场。这些协会代表了超过 1900 家美国公司。① 全球跨国公司的贸易额占国际贸易的 60%,技术贸易占比近 70%。在世界专利和许可费用中,发达国家跨国公司占总收入的 98%。为了实现全球垄断利润,这些跨国滥用知识的行为时常发生。

二、发达国家维护国际竞争优势

受跨国企业推动,美国、日本和欧盟等发达国家和地区一手打造了《反假冒贸易协定》,从而保护这些跨国企业的全球垄断利益。《反假冒贸易协定》本质上是"富国俱乐部协定"。它由美国和日本在《反假冒贸易协定》谈判之初选取了有意提高知识产权执法标准的几个发达国家及具有自由贸易协定关系的两个发展中国家。美国、日本、澳大利亚、奥地利、比利时、加拿大、丹麦、芬兰、法国、德国、意大利、日本、荷兰、新西兰、西班牙、瑞典、英国和瑞士等发达国家是《反假冒贸易协定》的真正谋划者。《反假冒贸易协定》包括发展中国家,墨西哥和摩洛哥早已被美国的自由贸易协定收服,其他发展中国家是欧盟成员国。然而,中国、印度、巴西等广大发展中国家,以及欠发达国家在《反假冒贸易协定》谈判期间都被特意排除

① See IIPA, "IIPA Applauds the Formal Signing of the Anti-Counterfeiting Trade Agreement (ACTA) in Tokyo", 2011-09-30, http://www.ustr.gov/webfm_send/3095.

在外。因为这些国家是《反假冒贸易协定》针对的对象。美国、日本等发达国家回避广大发展中国家,秘密立法,国际舆论指责《反假冒贸易协定》是"偷偷摸摸的发达国家立法"。美国国际知识产权法学会主席 Peter K. Yu 指出,《反假冒贸易协定》是一个"恶劣的国家俱乐部协定"(Bad Country Club Agreement)。① 进一步说,《反假冒贸易协定》是"恶劣的富国俱乐部协定"。

　　罗伯特·考特和托马斯·尤伦从经济学的角度解释了知识产权法强化的原因。他们说,因为立法者出于政治的需要对强大的特殊利益集团作出反应,而这些利益集团关心自己的利润远远超过关心国家的财富。高技术产业的发展改变了经济理论与法学理论。② 日本知名知识产权学者田村善之也指出,在政策形成过程中,易于组织化的大企业的利益容易得到反映,不易组织化的私人利益难以得到反映。由于这种结构性不均衡作用,知识产权往往被过度强化。③。TRIPS 协定和《跨太平洋伙伴关系协定》等国际知识产权条约过度强化知识产权人利益的执法保护,反映的是发达国家独占主义思想。知识独占主义促使了发达国家的全球保护主义扩张,进而引发知识霸权主义。"知识霸权的扩张与知识产权保护上的独占主义是一脉相承的"④。全球知识霸权是 20 世纪 90 年代的特征之一。⑤在 21 世纪全球知识霸权仍在持续。⑥

---

　　①　See Peter K·Yu, ACTA and Its Complex Politcs, *W.I.P.O.J.*, No. 3(2011), p. 5.
　　②　参见[美]罗伯特·考特、托马斯·尤伦:《法和经济学》,史晋川等译,格致出版社、上海人民出版社 2010 年版,第 109 页。
　　③　参见[日]田村善之:《田村善之论知识产权》,李扬等译,中国人民大学出版社 2013 年版,第 24—25 页。
　　④　冯晓青:《全球化与知识产权保护》,中国政法大学出版社 2008 年版,第 21 页。
　　⑤　参见不拉尼斯拉夫·高索维奇:《全球知识霸权与国际发展议题》,《国际社会科学杂志(中文版)》2001 年第 11 期。
　　⑥　参见齐爱民:《论知识霸权》,《郑州大学学报(哲学社会科学版)》2009 年第 2 期。

第二节　执法制度利益失衡的制度原因

一、使用者权理论的主张

一般认为知识产权法协调创造者与使用者(社会公众)的利益,并应维持创造者与使用者利益的平衡。但是,知识产权法以创造者为中心,明确授予创造者知识产权,并规定知识产权的执法程序和措施。对于使用者的利益,知识产权法往往没有明确授予权利。授予创造者对其智力成果的专有权,并对其专有权进行限制,这是传统知识产权理论的思路,也是各国知识产权法的立法方式。在知识产权法上,给知识产权设定了时间限制、空间限制、客体限制和权能限制。知识产权的权能限制进一步分为合理使用、法定许可、强制许可和权利不得滥用。受知识产权人游说,知识产权日益扩张,各种知识产权限制不断被突破,并产生知识产权正当性危机。为了化解这种危机,美国学者提出了使用者权理论。

1944 年美国学者鲍尔指出:"由于立法扩大作者权利和救济,以及法院判决限制后续作者使用版权作品的特权,版权获得的保护已经逐渐增加。已经普遍承认,后续作者、出版者和一般公众在限定范围内使用他人作品的权利(right)与公开及鼓励知识、学问和文化传播政策一致。""合理使用可以定义为尽管授予了权利人垄断的著作权,著作权人以外之他人,以合理方式使用有著作权资料而不经著作权人同意之特权(privilege)。"①鲍尔把合理使用界定为"特权"的依据来源于 1847 年联邦巡回法院的判例。在该判决中,McLEAN 法官代表法院阐明意见,他把评论者以展示他人作品优点或缺点为目的合理援引他人作品的行为称为一种"特权"

---

① Horace G. Ball, *The Law of Copyright and Literary Property*, Albany, N. Y.: Banks and Company, Matthew Bender & Company, 1944, pp. 259-260.

（Privilege）。①

1983 年,美国学者戈德斯坦（Paul Goldstein）提出演绎作品的演绎作者起诉所有潜在侵权者的"演绎使用者权"（"the derivative user's right"）概念②。1989 年,戈德斯坦将合理使用界定为"作者以外其他人对版权作品,不经作者同意而以合理方式加以使用的特殊权利"③。这种界定从合理使用关系的主体角度出发,立足于合理使用就是合法行为的观点,将主体的"法定利益"称为"特权"。

1991 年美国学者帕特森（Patterson）教授和林德伯格（Lindberg）明确提出"使用者权"（Users' Right）,并较为系统地进行了论述。他们认为,著作权法包含作者权、出版者权和使用者权三类法律规则。总体上,使用者权法是一种不成文法,它是作者权和出版者权限制的副产品。不过,这并不能隐藏使用者权法在著作权法三个主题中的重要地位。如果著作权法要履行其促进学习的政策,使用者权应该予以执行。使用者权的依据是美国宪法和著作权法。美国 1787 年宪法规定:"国会有权……对作者或发明人就其个人作品或发明的专有权利,赋予一定期限的保护,以促进科学和艺术的发展。"他们认为,宪法包括著作权三项政策:促进学习;公共领域保留;作者权保护。宪法规定的促进学习政策,意味着思想应该供所有人自由使用。作者权保护是实现前两项政策的工具。使用者权法是著作权法中一个重要部分,它包括两个分支:即个人使用法与合理使用法。美国 1976 年著作权法则具体规定了个人使用与合理使用规则。所谓个人使

---

① Story v. Holcombe, Fed Cas No13497 1847.

② "And, if the proprietor of the underlying work does choose to proceed against the derivative work, there seems no reason to enhance the already extortionate value of an injunctive decree with the added value of the derivative user's rights against all potential infringers of its work." Paul Goldstein, "Derivative Rights and Derivative Works in Copyright", *Journal of the Copyright Society of the USA*, No. 30（1983）, pp. 209-252.

③ Paul Goldstein, "*Copyright Principles: Law and Practice*", 转引自吴汉东:《著作权合理使用制度研究》,中国政法大学出版社 2005 年版,第 132 页。

用就是为了本人的学习、欣赏或与一个同事、朋友一起分享作品进行的私人使用,这种使用没有任何谋利动机。而合理使用是为了批评、评论、新闻报道、教育或研究目的复制享有著作权的作品。使用者权满足的是著作权人外社会公众学习信息的权利,它不仅涉及当代人,还包括后代的学习权。①

沃尔沃(David Vaver)教授继承和发展了帕特森与林德伯格的使用者权理论。沃尔沃是英国牛津大学和加拿大约克大学的资深教授,他不仅认同著作权法保护使用者权,而且还将使用者权从著作权法领域推及整个知识产权法领域。2000 年沃尔沃教授出版《著作权法》专著,坚持认为著作权法包括使用者权,"使用者权并不是法律漏洞。所以,所有者权和使用者权应得到矫正性立法相适应的公平解读。"②沃尔沃教授在其 1997 年出版、2011 年再版的《知识产权法:著作权、专利、商标》一书中系统论述了使用者权。他分别论述了著作权法、专利法和商标法下的所有者权和使用者权。著作权法和专利法下的使用者权包括自由使用和付费使用两种类型,商标法下的使用者权主要包括对姓名、地理名称和描述性词语等的使用。③

使用者权其实就是社会公众获取和利用知识的权利。"使用者权说"是对"权利限制说"的革命。使用者权概念体现了权利主体,彰显了权利本质,反映了使用者与知识产权人的平等地位,有利于知识的创新、传播和使用。从权利实施或救济的视角看,有权利必有救济。吴汉东教授认为,使用者权具备权利的利益、自由和意志三种元素。它也符合一般民事权利的基本特征,包括主体在一定范围内的意思自由,意味着主体实现一定利

---

① See L. Ray Patterson, Stanley W. Lindberg, "The Nature of Copyright: A Law of Users' Right", Athens: University of Georgia Press, 1991, pp. 48-49, 191-222, 238-239.

② David Vaver, *Copyright Law*, Toronto: Irwin Law, 2000, p. 171.

③ See David Vaver, "Intellectual Property Law: Copyright, Patents, Trade-marks, *Toronto*: *Irwin Law Inc.*, 2011.

益的可能性,还具有法律保障性。①

二、使用者权的现实困境

对于著作权法是否保护使用者权这一根本问题,一些学者提出反对意见,尤其是质疑使用者的救济权。② 救济是对已经造成伤害、危害、损失或损害的纠正、矫正或改正。救济权是受害人要求国家、社会、加害人或其他社会主体提供救济的利益、资格、主张、权能和自由。③ 使用者得到国家的执法保护有赖于救济权。关于知识的使用者在国际知识产权法上的地位,在传统知识产权条约上,没有使用者的概念。在发展中国家的提议下,TRIPS 协定提到"使用者的利益"(Advantage of Users),并宣示:"知识产权的保护和执法……应有助于技术知识的创造者和使用者的相互利益。"然而,这种宣示并没有在国际法上彰显使用者权,更没有确立使用者的救济权。在国际条约中,满足使用者利益的制度是以"限制"、"限制与例外"(Limitation and Exception)和"例外"(Exception)等制度体现。

庞德认为,利益可以看作人们,不管是单独的还是在群体或是社团中或是其关联中,寻求满足的需求、渴望或期望。利益分为个人利益、公共利益和社会利益。④ TRIPS 协定提到了使用者的利益,但是,促进生产者与使用者互利是否就表明国家应该为使用者利益提供执法保护? 国内一些学者考察知识产权法后认为,使用者权只是法律规定产生的反射利益,是

① 参见吴汉东:《著作权合理使用制度研究》,中国政法大学出版社 2005 年版,第 133—141 页。

② 参见董炳和:《合理使用——著作权的例外还是使用者的权利》,《法商研究》1998 年第 3 期。孙山:《未上升为权利的法益——合理使用的性质界定及立法建议》,《知识产权》2010 年第 3 期。朱理:《著作权的边界——信息社会著作权的限制与例外研究》,北京大学出版社 2011 年版,第 57—71 页。

③ 参见夏勇:《法理讲义:关于法律的道理与学问》,北京大学出版社 2010 年版,第 704—705 页。

④ 参见[美]罗斯科·庞德:《法理学》,廖德宇译,法律出版社 2007 年版,第 14 页。

不享有救济权的客观权利,是不享有请求权的特权。虽然此结论有些绝对,笔者并不完全赞同。但是,在知识产权法上,使用者权的救济的确存在障碍。权利的分类有多种,大陆法系法学理论分为主观权利、客观权利,美国霍菲尔德采强行法和任意法两分法。主观权利是法律规范赋予主体的权能,即为了实现个人利益,要求他人为或者不为一定的行为、容忍或者不作为的权能。而客观权利是指由于法律规定的反射效果给主体带来的某种利益。两者的主要区别在于是否赋予个人以救济权。主观权利所保护的利益如果无法实现,权利主体可以诉诸有关机关,有关机关通过强制力迫使义务人履行义务,或者给付赔偿。而客观权利的权利人不享有救济请求权。以版权的合理使用为例,各国立法一般采用"……不构成侵权"、使用者"可以……"或"得……"的句式。因此,使用者无法请求救济,使用者权只是一种法律产生的反射利益,即客观权利。在霍菲尔德的分析框架下,使用者权是特权而不是权利。霍菲尔德界定,狭义的权利本质上是一种"请求权",即权利人要求义务人为或不为一定行为时所处的法律地位。狭义权利的相应方是义务。义务是指应权利人的要求必须为或者不为一定行为时义务人所处的法律地位。而特权的相反方是义务,相应方是无权利。由于法律没有附加规定,版权人不得妨碍使用者的消极义务,或者协助使用者实现私人目的复制的积极义务,为私人目的复制的例外只能是使用者的特权——一种法律没有给予直接保障的特权。法定许可与自由使用的本质区别只在于使用条件的不同,需要支付使用费或补偿金。除此之外,法律同样没有规定版权人应该为使用者实现法定许可负有不得妨碍或者积极协助的义务。因此,法定许可与合理使用一样都无法成为使用者的权利,它们依然仅仅是使用者的特权。①

在国际知识产权法上,公众根据知识产权限制使用知识的权利比国内

①　参见朱理:《著作权的边界——信息社会著作权的限制与例外研究》,北京大学出版社2011年版,第57—71页。

法上更为糟糕。对于保护使用者利益的知识产权限制,TRIPS 协定采取反向限制的立法方式,没有为使用者的利益划定应有的空间。众所周知,知识产权法通过设定知识产权限制来划定知识产权人和使用者的利益界限。例如,我国《专利法》第 42 条规定:发明专利权的期限为 20 年。该条就设定了专利权有效期的上限。自专利申请日起二十年期满,该专利技术进入公共领域,公众可以自由使用。然而,TRIPS 协定等条约采取与国内法完全相反的立法方式,它设定的是有效期的下限。对于专利权的保护期限,TRIPS 协定第 33 条规定:"可获得的保护期限不得在自申请之日起计算的 20 年期满前结束。"在此规定下,成员方有权将专利保护期限设定为 25 年或更长时间。在此情形下,公众期待自由使用技术的时间就会无限地延长。TRIPS 协定第 12 条规定:除摄影作品或实用艺术作品外,只要一作品的保护期限不以自然人的生命为基础计算,则该期限自作品经授权出版的日历年年底计算"不得少于"50 年。① 经 TRIPS 协定纳入的《伯尔尼公约》第 7 条第 1 款规定,给予作者的保护期限为作者终生及其死后五十年。同时,第 7 条第 6 款规定本联盟成员国有权规定比前述各款规定期限更长的保护期。

对于知识产权的其他限制,TRIPS 协定及其纳入的其他条约大多采取任意性规定,没有设定强制性限制。对于客体限制,《巴黎公约》关于商标客体的限制就是这样规定的,第 6 条之 5B:除下列情况外,对本条所适用的商标既不得拒绝注册也不得使注册无效:侵犯在先权;缺乏显著特征;违反道德或公共秩序。也就是说,侵犯在先权、缺乏显著特性、违反道德或公

---

① 据统计,有 26 个国家及欧盟规定的保护期超过了底线。最长的是墨西哥,作者有生之年加死后 100 年,欧盟则为作者有生之年加死后 70 年。从国内法看,著作权的保护期限不断延长。1790 年美国规定保护期限为出版后 14 年,若作者 14 年后健在则顺延 14 年。在过去的 100 多年中,美国国会十几次延长保护期。1998 年美国将普通个人作品的版权保护期延至作者死后 70 年,将其他组织的保护期延至发表后 95 年。2003 年美国最高法院裁决保持 1998 年法律不变。参见程松亮:《著作权保护期延长的合理性探究》,《湖北社会科学》2012 年第 7 期。

共秩序的标志可以拒绝注册或撤销注册,而不是应当拒绝注册或撤销注册。关于权能限制,条约也一般采用任意性规定。《巴黎公约》第 5 条 A (2)规定:"本联盟各国都有权采取立法措施规定授予强制许可,以防止由于行使专利所赋予的专有权而可能产生的滥用,例如:不实施。""(5)上述各项规定准用于实用新型。"《伯尔尼公约》第 9.2 条:"本联盟成员国的立法可以准许在某些特定情况下复制上述作品,只要这种复制不与该作品的正常利用相冲突,也不至不合理地损害作者的合法利益。"①第 10 条和第 10 条之二规定了使用作品的有限自由,包括:引用、作品的教学示例使用、转载或播放报刊或广播电视节目中的文章、时事报道。第 11 条之二规定了播放权的强制许可。TRIPS 协定第 8 条第 2 款授权成员方采取措施,防止知识产权人滥用知识产权,防止借助国际技术转让合同中不合理限制贸易行为或有消极影响的行为。TRIPS 协定第 13 条关于版权的限制与例外、第 17 条关于商标的例外、第 30 条关于专利权的例外以及第 40 条对协议许可证限制竞争行为的控制。这些限制与例外条款,基本上使用了"可以""可以准许"和"可以规定"等类似的措辞,本质上是任意性规定。这种任意性条款的作用只是认可成员国国内的相应限制和例外,或者指引成员国作出相应的规定,成员国没有作出特定限制与例外的强制性义务。对于空间限制,一方面著作权国际保护打破了空间限制,另一方面 TRIPS 协定对权利穷竭不予调整。② 而且,相对于《巴黎公约》和《伯尔尼公约》等传统公约对成员国进行授权,TRIPS 协定通过"三步检验法"及强制许可限制规定等来限制成员方对知识产权进行限制的权利。由此可见,TRIPS 协定没有为使用者的实体权益划定应有的空间。在 TRIPS 协定上,使用者实体权利的缺失也加深了使用者在知识产权执法程序上利益的缺失。

---

① 1948 年《伯尔尼公约》布鲁塞尔文本首次出现了公开表演权,会议当时就讨论了"小保留"("Minor Reservation")问题。修订会议总报告人明确提及国内立法可以采取"小保留",例如:为宗教仪式、军乐队、儿童和成人教育的需要而规定有限的例外。

② TRIPS 协定第 6 条就规定该协定不涉及知识产权权利穷竭问题。

《跨太平洋伙伴关系协定》《区域全面经济伙伴关系协定》以 TRIPS 协定为基础,也没有设定使用者权,更无使用者权执法制度。对知识产权单方利益的强化保护,就导致使用者利益与知识产权人利益失衡加剧。

小结

国际知识产权法执法制度利益失衡的原因包括经济和制度等多个方面。在经济层面,跨国企业追逐知识垄断利益,并促使发达国家在国际上强化知识产权执法规则,以维护国际竞争优势。在制度层面,使用者权理论在国内、国际立法上未被广泛采纳。使用者权基本还是特权,而不是有名化的狭义权利。

第七章 国际知识产权法执法制度的利益平衡

国际法作为协调各国利益的产物,本身就意味着意志的妥协和利益的交换。就国际知识产权领域而言,完善知识产权执法规范,与加强使用者利益执法保护,两者并不矛盾,它们共同服务于国际知识产权法的目的。加强使用者利益执法的目的是防止和制裁滥用知识产权的行为,实现知识产权法的价值。为了实现提高使用者利益执法国际标准,笔者认为对发达国家提出保护知识产权人利益的合理主张可以支持,并以此作为提高使用者利益执法的砝码,从而实现执法制度的利益平衡。

第一节 完善知识产权执法国际规范

一、完善一般义务

法谚云,没有救济就没有权利。知识产权执法是知识产权的保障,是使遭受损害的知识产权恢复其本原状态的必需措施。知识产权法要实现其促进创新和推动经济社会发展的目的,知识产权执法是必不可少的。为了确保实现知识产权的目的,TRIPS 协定知识产权执法的一般原则,即有效执法、程序正义和适当执法等,应予坚持。对于 TRIPS 协定的不足,也应予以弥补。一是要使执法概念回归其本义,二是要将知识产权执法义务拓展到数字环境。

(一) 回归执法本义

在第一章笔者已经论及,TRIPS 协定关于执法的规定局限于知识产权执法,而知识产权法的执法在本义上就是强制执行知识产权法的程序与措施,应包括知识产权执法与使用者利益执法两个方面。《跨太平洋伙伴关系协定》和《区域全面经济伙伴关系协定》,受 TRIPS 协定影响同样将执法限定在知识产权执法上,而没有涵盖使用者利益执法。当然,笔者注意到《跨太平洋伙伴关系协定》没有与 TRIPS 协定一样以"知识产权执法"为标题,而是以"执法"为标题,这就为纳入使用者利益执法提供了形式基础。在今后的国际条约中,应在"执法"之下分别约定知识产权执法和使用者利益执法,从而平衡地保护知识产权人的利益和使用者的利益。

(二) 拓至数字环境

如今互联网及数字技术在全球得到普遍应用。数字环境的知识产权侵权行为是各国面临的难题。《反假冒贸易协定》《跨太平洋伙伴关系协定》《区域全面经济伙伴关系协定》无不约定将传统的物理环境下的知识产权执法规范拓展至数字环境。其实,1996 年世界知识产权组织两"因特网条约"已经专门规定了数字环境下的著作权及相关权的执法。在各国国内法上也毫不例外地打击数字环境下的著作权、相关权及商标权侵权行为。因此,在国际条约中约定数字环境下的知识产权执法规范,与数字技术现实及各国立法是一致的。

二、完善民事和行政国际规范

（一）完善损害赔偿国际规范

WIPO 的全球调查反映,在一些国家侵犯知识产权的损害赔偿额度较低,往往不足以弥补权利人的损失,也不足以对将来的侵权人产生威慑作用。在中国,这种现象也还存在。由于知识产权的无形性及取证困难,权利人的实际损失、侵权人实际的获利,往往很难证明。调查反映我国法院判决赔偿的金额与原告的诉讼请求金额存在较大的差距,绝大多数未超过50%。平均获得的赔偿不超过 10 万元,权利人经常"赢了官司输了钱"。因此,的确有必要提高实际判决赔偿的金额使权利人的损失得到充分赔偿。笔者认为,可以吸取 WIPO 知识产权咨询委员会的部分建议,并适当考虑发达国家的主张。

第一,细化损害赔偿计算规范,着重打击故意侵权。由于知识产权的无形性特点,以及权利人的举证困难,知识产权损害赔偿金额的计算成为司法实践中的难题。TRIPS 协定规定了赔偿损失、返还利润及法定赔偿的顺序。为了维护知识产权人的利益并打击侵权,应增加司法机关计算赔偿金时考虑的因素,授予权利人选择赔偿损失、返还侵权所得利益、许可使用费的倍数或法定赔偿的权利。对于故意侵权,应使缔约国法院有权判处惩罚性赔偿。虽然惩罚性赔偿表面上使知识产权人获得超过其损失的赔偿额,但是实际上知识产权人的一些损失难以有证据证明,从而不能获得赔偿。惩罚性赔偿既显示对故意侵权者的惩罚,又能充分弥补知识产权人的各项损失。不过,《反假冒贸易协定》《跨太平洋伙伴关系协定》规定按正品建议零售价格计算权利人损失的方法既不科学也不合理。建议零售价并非正品的实际销售价,它往往高于实际销售价,因此以建议零售价计算赔偿额,使得知识产权人获利,而加重了侵权人特别是过失侵权人的负担。知识产权的无形性及众多性,使得大量企业和个人无意间侵犯了他人的知识产权。对于过失侵权,应与故意侵权区别开来,应坚持填平原则。

第二,确保包括律师费在内的合理诉讼开支得到赔偿。TRIPS 协定规定,司法当局应有权责令侵权人向权利人支付其他开支,但是律师费不属于强制性支付范围。在非强制性律师代理制国家,律师费在一般民事诉讼中往往不是必须赔偿的损失。但是,包括中国在内的一些国家,在司法实践中支持了权利人要求赔偿律师费的请求。律师费其实是权利人维权的重大开支。实践中,权利人获得的赔偿甚至远远低于其支付的律师费,这不利于权利人的维权活动,也一定程度上纵容了侵权行为。从全部赔偿的原则出发,律师费应该是必须赔偿的项目。当然,该律师费应该是在适当的范围内,而且出于公平考虑,在被诉侵权人胜诉时,被诉侵权人也应有权获得相同的赔偿。这也是确保使用者被损利益得到有效救济的需要。

(二) 完善禁令国际规范

发达国家在《反假冒贸易协定》中设定了比 TRIPS 协定更加宽泛的禁令义务。《反假冒贸易协定》第 8 条要求各成员应使司法机关在民事诉讼中有权责令当事人停止侵权,特别是对该当事人或者在适当情况下对具有管辖权的第三方,作出防止侵犯知识产权的货物流入商业渠道的命令。《跨太平洋伙伴关系协定》第 18.74 条第二款只是重申缔约方履行 TRIPS 协定规定的禁令义务。

在被告侵犯知识产权的情况下,原告(知识产权人)可以请求法院颁发禁令(Injunction)。我国专利法上与禁令相当的是责令停止侵权。[①] 它可以分为临时禁令(或称初步禁令)、永久禁令。法院颁发禁令是保护知

---

① 关于禁令的起源与发展,可参见杜颖:《英美法律的禁令制度》,《广东行政学院学报》2003 年第 3 期。有研究者认为我国的责令停止侵权民事责任不同于英美法上的禁令制度。笔者认为尽管两者存在不同,但是两者在命令侵权者不再侵权上是一致的,我国也是通过责令停止侵权制度履行 TRIPS 协定要求设定禁令制度条约义务的。参见张玲:《停止侵权民事责任及其完善》,《法学家》2011 年第 4 期。

识产权的重要手段。被颁发禁令后,侵权人不得再使用涉案知识产权,侵权产品也不得再销售。这对企业的经营会造成重大影响。专利主张实体利用禁令的强大作用,要挟企业支付高昂的许可费,或者迫使企业和解。在专利主张实体泛滥的背景下,美国法院颁发禁令的司法政策从自动颁发政策中进行收缩。在 eBay 案①前,估计 95% 的专利案件颁发了禁令。② 在 eBay 中,美国联邦巡回上诉法院认为,根据《美国专利法》第261 条专利权是私有权利,享有第 154 条禁止他人制造、使用、许诺销售或者销售的权利。除非公共利益的特殊例外情形,一律应该颁发禁令。③2006 年 5 月 15 日,联邦最高法院九名大法官一致作出判决,撤销了美国联邦巡回上诉法院的判决。联邦最高法院援引了美国联邦贸易委员会 2003年促进创新的报告重申,随着经济的发展,许多公司不是将专利作为生产和销售的基础,而是主要利用专利获取许可费。在此情形下,法定赔偿就足以补偿这种公司的损害。而禁令成为这些公司从实施专利的公司谋取高昂许可费的工具。如果涉案专利仅仅使用在产品的一个小构件上,这种公司把禁令作为谈判的筹码就是不适当的。联邦最高法院强调,衡平法院考虑是否授予胜诉原告永久禁令的传统四因素测试法适用于《专利法》下的争端。原告应证明:(1)已经遭受不可挽回的损害;(2)获得的法律救济不足以补偿此损害;(3)有正当理由给予衡平法上的救济;(4)颁发永久性禁令不会损害公共利益。④ 传统的衡平原则不允许地方法院作宽泛的解释,例如大学研究人员或者个人发明者也是许可专利而不进行产业化。联邦最高法院认为,美国联邦巡回上诉法院偏离四因素测试法,走向另一个极端,它错误地绝对准许禁令。联邦最高法院最终撤销了美国联邦巡回上

---

① eBay, Inc. v. MercExchange, L.L.C., 547 U.S. 388 (2006).

② See Colleen V. Chien, Mark A. Lemley, Patent Holdup, the ITC, and the Public Interest, *Cornell L. Rev.*, No.1 (2012), p.10.

③ MercExchange, L.L.C. v. eBay, Inc., 401 F.3d 1323 (Fed.Cir.2005).

④ Weinberger v. Romero-Barcelo, 456 U.S. 305, 311-313 (1982).

诉法院的判决。① 2007 年 8 月 1 日，弗吉尼亚东区法院重新判决，驳回了
MercExchange 颁发永久禁令的诉讼请求。eBay 案的判决反映了联邦最高
法院对永久禁令的新态度，即永久禁令并非自动可得。根据对 eBay 案后
（2006 年 7 月 26 日至 2011 年 12 月 4 日前）的 200 个专利案件判决分析，
法院只支持大约 75% 的禁令请求，降低了 20%。而且，因专利权人及其行
为的类型不同而不同。在非实施实体中，大学获得禁令的比例为 100%，个
体发明者达 90%，实施类公司为 79%，专利主张实体获得禁令的比例只
有 26%。②

　　在 2004 年的"晶艺公司诉白云机场"一案中，广州中级人民法院基于
公共利益对原告的停止侵害请求权进行了限制。③ 2016 年 3 月，最高人民
法院发布了《关于审理侵犯专利权纠纷案件应用法律若干问题的解释
（二）》，第 26 条规定法院可以基于国家利益、公共利益的考量判令被告不
停止侵权行为，而是代以支付相应的合理费用。在"金庸诉江南"案中，
2023 年广州知识产权法院以著作权法的目的为依据，判决侵权人赔偿损
失及支付版税补偿著作权人，但允许同人小说《此间的少年》继续销售和
再版，未支持著作权人停止侵权的诉讼请求。④《欧盟知识产权执法指令》
（Directive 2004/48/EC）也规定，在符合条件时可以给予被侵害的当事人
以金钱补偿，而不是必须发布禁令。⑤ 欧盟委员会肯定欧盟法院 2015 年

---

　　① 参见鲁灿、詹锐：《从 eBay 案看美国专利保护趋势——兼论我国专利"停止侵权"责任
方式》，《电子知识产权》2006 年第 9 期。

　　② Colleen V. Chien, Mark A. Lemley. Patent Holdup, the ITC, and the Public Interest, *Cornell
L. Rev.*, 2012(1):10.

　　③ 广东省广州市中级人民法院（2004）穗中法民三初字第 581 号民事判决书。

　　④ 广州知识产权法院（2018）粤 73 民终 3169 号民事判决书。

　　⑤ See European Academics, "Opinion of European Academics on Anti-Counterfeiting Trade A-
greement", 2014-03-05, http://www.iri.uni-hannover.de/tl_files/pdf/ACTA_opinion_200111_2.
pdf.

对华为诉中兴案①的判决,即标准必要专利权人必须在采取警告、要约等特定行为后方可寻求禁令,以防止专利权人滥用其市场支配地位。② 专利权人构成滥用市场支配地位的行为包括:未经警告而诉请禁令;在使用者表达遵守 FRAND 条件意愿后未要约而诉请禁令;使用者提供了担保后仍诉请禁令。以上司法及立法实践反映,禁令并非制止侵犯知识产权的必需措施。在国际知识产权法上,也应明确各国基于公共利益需要并支持知识产权人适当赔偿请求的情况下可以不判处禁令。

《反假冒贸易协定》将禁令延伸至第三方及善意当事人。笔者认为,禁令的适用不以行为人主观上存在过错为条件,在认定侵权时一般采严格责任,即符合损害行为、损害结果及因果关系三个要件就可认定构成侵权。在遵守前述禁令限制的规则下,原材料的提供者、仓储者、运输者、销售者或使用者应承担停止侵权的责任。

(三) 完善证据国际规范

WIPO 实施咨询委员会建议采用"可反驳的推定"(rebuttable presumption)标准,③例如,法官应当推断,一个已经侵犯了知识产权的人有合理理由知道其正在侵权。④ 知识产权及其侵权具有诸多特点,例如:知识产权具有外部性、⑤非排斥性和价值弹性,侵权行为隐蔽,指控侵权行为存在举证难的问题,实际发生的侵权行为往往多于能够证明的侵权行为。因此,

---

① Huawei Technologies Co. Ltd v ZTE Corp. and ZTE Deutschland GmbH, C-170/13, ECLI: EU:C:2015:477.

② See European Commission, "Proposal for a Regulation of the European Parliament and of the Council on Standard Essential Patens and Amending Regulation (EU) 2017/1001", 2023-04-27, https://eur-lex.europa.eu/legal-content/EN/TXT/? uri = CELEX%3A52023PC0232.

③ 参见何家弘:《论司法证明中的推定》,《国家检察官学院学报》2001 年第 5 期。

④ See WIPO, Synthesis of Issues Concerning Difficulties and Practices in the Field of Enforcement, *WIPO/CME/*3, 26 July 2002.

⑤ 外部性又称为溢出效应、外部影响或外差效应,指一个人或一群人的行动和决策使另一个人或一群人受损或受益的情况。

要不断完善证据规则,适当降低举证门槛,注意优势证据的运用,探索和适当加强损害赔偿的推定。① 我国司法实践印证了 WIPO 的建议。根据初步证据,采用"可反驳的推定"证据标准对于确保权利人的损失得到有效救济具有作用。

三、完善边境措施国际规范

第一,地理标志和工业品外观设计符合"看得见的侵权产品"条件,可以纳入监管的范围。侵犯发明专利和侵犯商业秘密的产品从外观上很难发现。纳入海关措施的侵权产品应该是"看得见的侵权产品"。② 因为,海关官员能容易识别该类侵权产品,不耗费太多人力物力,不过多影响通关速度。尤其是中国有大量地理标志资源,国家已经批准了几千个地理标志。这些地理标志关系到千家万户农民和农产品龙头企业的利益,需要重点保护。欧盟在地理标志的执法上和中国有共同利益。

第二,将扣押出口侵权产品纳入边境措施的义务中。TRIPS 协定仅仅将扣押进口侵权货物作为成员选择性义务。在出口环节扣押侵权产品,能有效防止侵权产品向国外扩散。我国《海关法》规定中国海关有权力扣押侵犯他人知识产权的进出口产品。对转运货物采取边境措施,违反知识产权地域性,损害了他国知识产权立法权,并且可能危害公共健康和增加履行成本,因此边境措施不应扩展到转运环节。

第三,适当要求海关依职权执法。的确,如 WIPO 的调查反映,依职权中止侵权货物,要求国家配置大量有资质的人员,投入物力和财力,对于发展中国家,尤其是最不发达国家,是一种较大的负担。边境措施的适用也存在很多困难,例如缺乏人力资源、技术装备和储存罚没货物的场所。在

---

① 参见孔祥俊:《知识产权法律适用的基本问题:司法哲学、司法政策与裁判方法》,中国法制出版社 2013 年版,第 258—259 页。

② 王殊:《中国知识产权边境保护》,中国政法大学出版社 2011 年版,第 9—10 页。

一些国家没有依职权执法的法律基础。即使在依职权中止侵权货物的国家,也出现依职权采取措施后,很难与权利人联系,缺乏权利人的合作,或者权利人不能提交扣押的申请等困难。① 不过,从我国依职权执法的规定看,海关对知识产权人已经备案的知识产权才有依职权执法的职责,而且在发现涉嫌侵权的货物后,也只是通知知识产权人。如果知识产权人未提出扣押申请和提交相应保证金,海关并无扣押及进一步调查处理的职责。而且,海关依职权执法,往往也是限于在外观上容易识别的侵权货物,如侵害注册商标权的货物或者侵害外观设计专利权的货物,对于外观上不易识别的侵权货物,例如侵害发明专利权的货物,海关并无必须发现的责任。从有效执法原则要求看,只要一国要求海关依职权执法即可,并不要求海关必须识别出每一件侵权货物。

四、完善刑事执法国际规范

刑事处罚对于严重的知识产权侵权行为有很大的威慑作用。对于知识产权犯罪,TRIPS 协定作了一条规定(第 61 条),该规定相当原则和模糊,给了成员方较大灵活性。有研究者提出,修订 TRIPS 协定,明确操作细节,是今后发展的方向。② 后 TRIPS 时期,发达国家意图取消刑事门槛、扩大刑事打击范围和加大刑事打击力度。对于发达国家的这种主张,我们应谨慎对待。

(一) 维持刑事门槛

《反假冒贸易协定》《跨太平洋伙伴关系协定》规定商业规模的行为至少包括为直接或间接经济或商业利益目的而采取的商业行为。这种规定

---

① See WIPO, Synthesis of Issues Concerning Difficulties and Practices in the Field of Enforcement, *WIPO/CME/*3, 26 July 2002.

② 参见刘科:《〈与贸易有关的知识产权协定〉刑事措施义务研究》,中国人民公安大学出版社 2011 年版,第 42—44 页。

取消了"规模"的要求,这不仅与 TRIPS 协定第 61 条及 DS362 中国知识产权执法措施案专家组解释不一致,更是不符合刑法的功能定位。刑法仅仅惩处社会危害性较大的违法行为,对于一般违法行为则通过民事或者行政救济方式予以处理。取消"规模"的要求,实际就使得知识产权犯罪成了"零门槛"。这显然不符合刑法与民法、行政法的分工。此外,知识产权的无形性和众多性容易引发侵权行为。取消刑事门槛将给无数社会公众打上罪犯的标签。知识产权的不稳定性也决定不应该取消刑事门槛,从而防止犯罪判决的反复。

(二) 控制犯罪类型

TRIPS 协定将设定盗版罪和假冒商标罪列为强制性义务。《跨太平洋伙伴关系协定》第 18.78 条,还包括侵犯商业秘密的行为。我国《刑法》已经规定了侵犯商业秘密罪和假冒专利罪,能够满足《跨太平洋伙伴关系协定》和《中美经贸协议》这一要求。但是,从专利立法的动因看,不应过度保护商业秘密。专利制度是以公开换保护,即促使发明人公开其技术方案,从而促进技术传播和避免重复研究。商业秘密权却是以秘密性和保密性为保护前提。对商业秘密的过度保护,将使得发明人不申请专利而选择商业秘密保护,这显然不符合制定专利法的初衷。因此,商业秘密入刑,尤其是降低商业秘密罪刑事门槛和提高商业秘密罪刑罚的做法都是不可取的。地理标志与商标都是商业标志,将地理标志纳入刑事保护的范围,对于我国具有法律基础和经济好处。我国的集体商标和证明商标制度为地理标志提供保护,现有的假冒注册商标罪,本身就可涵盖假冒地理标志行为。我国地理标志丰富,加强地理标志的刑事保护,对我国及其他国家是有益的。[①] 当然,

---

① See Sisule F. Musungu, The Contribution of, and Costs to, Right Holders in Enforcement, Taking into Account Recommendation 45 of the WIPO Development Agenda, *ACE*/5/10, 28 September 2009.

地理标志犯罪也要限于故意以商业规模的假冒地理标志行为。

（三）要求依职权打击犯罪

WIPO 调查反映，一些国家的刑事行为必须由权利人提出，否则刑事公诉不会发起；执法机关没有足够的调查和强制权力。当侵犯知识产权的行为有严重的社会危害性，损害社会和国家利益时，国家机关依职权介入具有正当性和必要性。因此，授予警察和其他执法机关适当的权力依职权启动刑事程序是重要的。这在 WIPO 建议的最佳实践中也有体现。①

五、完善数字环境执法国际规范②

"知识产权执法已经成为最大化知识产权国际保护的一个新的主战场。"③由于数字环境（包括但不限于网络环境）下假冒和盗版更加容易，假冒和盗版产品愈加泛滥，"数字环境下知识产权执法"就成为强化知识产权国际保护的战略前沿。美国、日本等八个国家签署的《反假冒贸易协定》规定了"数字环境下知识产权执法"义务，明确将国际知识产权法的执法制度延伸到数字环境。美国主导的《跨太平洋伙伴关系协定》也涵括了"数字环境下执法的特殊措施"。了解"数字环境下知识产权执法"国际法制的发展状况，掌控其走向，对中国的意义尤其重大。下文首先界定"数字环境下知识产权执法"的概念；其次从宏观上梳理"数字环境下知识产权执法"国际法制发展的历程，从微观上比较各协定中的具体规则，洞察其变化和趋向；再次专门就网络服务提供者的著作权审查义务提出建议；最后就其发展提出警示性意见。

---

① See WIPO, Synthesis of Issues Concerning Difficulties and Practices in the Field of Enforcement, *WIPO/CME/3*, 26 July 2002.

② 参见谢光旗：《论数字环境下知识产权执法国际法制的发展》，《法治研究》2013 年第 3 期。

③ 薛虹：《十字路口的国际知识产权法》，法律出版社 2012 年版，第 117 页。

（一）"数字环境下知识产权执法"的概念

概念是研究的基础。笔者尝试用分解法来认识。数字,是"digital"的汉译,它也可译作"数码"或"数字化"等。数字是在数制中使用的基本符号。不同数制有不同符号,例如:十进制有0、1—9十个数字,二进制有0、1两个数字。[①] 数码与数字同义,[②]是使用分离(即不连续的)价值(0或1)代表信息,用以输入、处理、传输、存贮等,其代表的信息可以是分离的(例如数字、字母等),也可以是连续的(例如声音、图像)。[③] 对于"Digital Environment",一般翻译为"数字环境"。科技名词审定委员称"数字环境"为运用全球定位系统、遥感、地理信息系统、宽带网络、多媒体及虚拟现实等技术,实现对生态环境信息的动态监测和决策支持与管理及互联网络信息共享的技术体系。[④] 简单来说就是把生态环境进行数字化后形成的系统。《数字环境》一书中的界定与上大致相同。[⑤] 二者其实是地理信息科学上的界定,在知识产权法领域的意思与这种界定不同。从《反假冒贸易协定》第27条看,"数字环境"包括网络环境,还包括数字终端设备。《跨太平洋伙伴关系协定》还涉及通过卫星和电缆信号传输的加密节目。因此,数字环境可以界定为由数码产品、数字信号及传输网络构成的系统。它的外延大于"网络环境"。后者是将分布在不同地点的多个多媒体计算机物

---

① 参见[美]A.P.马尔维诺、D.P.利奇:《数字原理及应用》,阎育苏译,人民邮电出版社1980年版,第43页。

② 中国社会科学院语言研究所词典编辑室主编:《现代汉语词典》(第五版),商务印书馆2005年版,第1271页。

③ 百度百科:《数码》,2012年9月27日,http://baike.baidu.com/view/29459.htm。

④ 地理学名词审定委员会:《数字环境》,2012年6月20日,http://www.cnctst.gov.cn/pages/homepage/result2.jsp? id = 293091&subid = 10001790&subject = % E5% 9C% B0% E7% 90% 83%E4%BF%A1%E6%81%AF%E7%A7%91%E5%AD%A6&subsys=%E5%9C%B0%E7%90%86%E5%AD%A6。

⑤ 参见聂庆华:《数字环境》,科学出版社2005年版,第16页。

理上互联,依据某种协议互相通信,实现软、硬件及其网络文化共享的系统。①

郑成思先生解释,"Enforcement"(执法)既有知识产权权利人行使自己权利,以制止他人非法利用的含义;也有主管当局依法保护知识产权,以制止非权利人的非法利用的含义。② 与"Implementation"(实施)不同,"Enforcement"的侧重点在于表达如何从反面制止违法活动,以保护某种权利。"Implementation"是从正面表达主管当局如何贯彻条约以保护某种权利。③ "知识产权执法"就是各成员通过怎样的途径来保证所规定的具体权利能够既得到行使,又不妨碍国际贸易活动。④ 蒋志培法官认为,知识产权执法是知识产权执法保护,指知识产权保护的执法制度和程序,也称知识产权的执法机制。其目的是为了有效制止侵犯知识产权的行为,为知识产权权利人提供防止侵权的救济和进一步阻止侵权的保护。⑤ 也就是说知识产权执法包括行政程序和司法程序,不过郑成思先生理解的知识产权执法还包括自力救济。综合来说,"数字环境下知识产权执法"就是对以 0 和 1 表达的信息空间中侵犯知识产权的行为采取的行政或司法措施。

(二)"数字环境下知识产权执法"国际立法进程

1. 前数字化知识产权执法国际法制:《巴黎公约》、《伯尔尼公约》及 TRIPS 协定

第一个国际知识产权多边条约《巴黎公约》开启了对知识产权执法的

---

① 百度百科:《网络环境》,2012 年 6 月 20 日,http://baike.baidu.com/view/962671.htm。
② 即包括自力救济和公力救济,后者又包括行政救济和司法救济。
③ 笔者理解该贯彻实施的行为主要就是通过立法,授予权利的活动。
④ 参见郑成思:《WTO 知识产权协议逐条讲解》,中国方正出版社 2001 年版,第 147—148 页。
⑤ 参见蒋志培:《入世后我国知识产权法律保护问题研究》,中国人民大学出版社 2002 年版,第 3 页。

国际协调。其第 9 条要求对非法带有商标或厂商名称的商品在进口时予以扣押;第 10 条要求对带有假冒原产地或生产者标记的商品进口时予以扣押。《伯尔尼公约》第 16 条也有类似规定。① TRIPS 协定开始全面规范知识产权执法义务,TRIPS 协定第三部分包括一般义务、民事和行政程序及救济、临时措施、边境措施和刑事措施。尽管认为 TRIPS 协定的执法义务也适用于数字环境,但是 TRIPS 协定没有明确规定。原因是,商谈 TRIPS 协定之初,互联网基本上限于超级计算机中心、主要大学和研究机构,用户非常有限,直到 1995 年互联网才开始商业化运行。②而 1992 年 12 月 TRIPS 协定文本已经最终完成。③ 此后,互联网开始在全世界迅猛发展,给知识产权领域带来了许多紧迫性问题。但要在 WTO 中重开谈判很不现实。因此,WIPO 自然成为应对新技术带来问题的场所。

2. 明确协调数字环境下知识产权执法的开端:"因特网条约"

早在 1991 年 3 月,WIPO 在美国斯坦福大学讨论数字技术所引发的与版权有关的议题。1995 年 7 月美国发表《知识产权与国家信息基础设施——知识产权工作组的初步草案》,用大量篇幅讨论版权议题,包括技术对版权的影响,网络环境下保护和行使权利是否可能适用技术措施和权利管理信息等。同年 9 月,又发布了同名的"白皮书",提出具体和最终的建议,并附有拟定的新法律文本。

1995 年 9 月,WIPO 召开会议首次提出"数字议程"。美国代表团阐述了白皮书的内容。欧共体和日本也向会议提交了建议书。1996 年 WIPO 通过了《WIPO 版权条约》(以下简称"WCT")和《WIPO 表演和录音制品条约》(以下简称"WPPT"),统称"因特网条约"。因特网条约是在国际层

---

① 参见孙益武:《论 ACTA 与网络环境中的知识产权执法》,《电子知识产权》2012 年第 2 期。
② 参见蔡开裕主编:《计算机网络》(第二版),机械工业出版社 2008 年版,第 4 页。
③ 参见张乃根:《TRIPS 协定:理论与实践》,上海人民出版社 2005 年版,第 59 页。

面协调数字环境下的知识产权执法的开端。尽管因特网条约的所有条款都没有提及数字或网络技术。然而,很显然,制定因特网条约的目的就是应对新技术(网络技术)带来的挑战,它使用技术中立的措辞,但却完全适用于数字环境。① 而且条约还专门规定了新技术带来的新问题,例如:WCT 规定了计算机程序、数据库、传播等权利,及关于技术措施、权利管理信息等义务。WPPT 也规定了关于技术措施和权利管理信息等义务。反规避技术措施及保护权利管理信息就是针对数字环境下版权保护的特别执法措施。

3. 数字环境下知识产权执法的双边推进:美国—智利 FTA

因特网条约签订后,美国等国家并不满足既有成就。美国谋划通过双边条约提高数字环境下知识产权执法的标准。美国先后与澳大利亚、巴林、智利、哥伦比亚、摩洛哥、约旦、欧盟及新加坡等国家签署了自由贸易协定。这些协定包含了数字环境下的信息接入、版权保护和执法等内容。美国签署自由贸易协定的目的之一是确保现存知识产权保护标准适用于数字媒体,目的之二就是缔结与美国国内法相同的知识产权保护标准的国际条约。② 以早期签订的《美国—智利自由贸易协定》为例,2000 年 12 月美国开始与智利就自由贸易协定进行商谈,经过 14 轮谈判,达成协议。2003 年 6 月 6 日,美国与智利签订自由贸易协定,该协定于 2004 年生效。协定第 17 章是知识产权部分。第 17.7(版权和相关权的共同义务)、第 17.11 条(知识产权执法)和第 17.12 条(最后条款)规定了数字环境下知识产权执法义务。美国称该自由贸易协定是针对数字时代的贸易协定,是对美国的软件、音乐、文献和音像制品等数字产品的最高标准的保护。欧盟也从

---

① 参见[匈]米哈依·菲彻尔:《版权法与因特网》,郭寿康等译,中国大百科全书出版社 2009 年版,第 34—45、757 页。

② See Michael D. Taylor, *The Global System of Copyright Enforcement*; *Regulations, Policies and Politics*, *Irini A. Stamatoudi*, *Copyright Enforcement and the Internet*, Kluwer Law International BV, 2010, pp. 97–110.

2006 年开始增加商谈双边贸易协定,贸易目标中包含 TRIPS-plus 这一强制性规定。①

4. 数字环境下知识产权执法的区域举动:NAFTA、EU、APEC 等

《北美自由贸易协定》是第一个包含知识产权义务的贸易协定,第 17 章专门规定知识产权,第 1714—1718 条规定知识产权执法,但它没有明确规定数字环境下的知识产权执法。2004 年欧盟制订了《知识产权执法指令》②,以打击假冒和盗版。此后,欧盟还出台了一些软法、宣言或行动计划,但是这些行动都没有真正聚焦在网络盗版上。2008 年欧盟委员会关于单一市场在线创新内容的通讯也是一样,该通讯的目的是强化创新内容的分销,而不是打击盗版。③ 在当前,欧盟《知识产权执法指令》和《信息社会指令》(Directive 2001/29/EC)仍然是打击网络盗版的主要法律。《信息社会指令》仅规范民事措施和救济,不涉及刑事程序和制裁。1997 年 APEC 成立知识产权专家组,专家组形成了一系列知识产权指南,包括防止假冒和盗版产品通过因特网销售。2005 年 APEC 贸易理事会也同意采取一系列反假冒和盗版行动,包括减少假冒和盗版产品贸易,减少网络盗版。

5. 数字环境下知识产权执法的准多边强化:《反假冒贸易协定》

国际条约中明确使用"数字环境下知识产权执法"这一术语可能始于《反假冒贸易协定》。《反假冒贸易协定》是关于知识产权执法措施的协定,该协定第五节就是"数字环境下知识产权执法"。虽然该节只有一条(第 27 条),但是它规定了一般义务、网络服务提供者的义务、反规避措施

---

① See USTR, "Free Trade with Chile: Significant New U.S. Access to SouthAmerica's Most Dynamic Economy", 30 June 2012, http://www.ustr.gov/webfm_send/2643.

② Directive 2004 /48 /EC of the European Parliament and the Council of 29 April 2004 on the enforcement of intellectual property rights.

③ See Jorg Reinbothe, "The EU Enforcement Directive 2004/48/EC as a Tool for Copyright Enforcement", in Irini A. Stamatoudi, *Copyright Enforcement and the Internet*, Kluwer Law International BV, 2010, p. 28.

及保护权利管理信息义务多个方面的内容。

《反假冒贸易协定》是美国于 2006 年 10 月开始策划的,先后有 38 个国家参加了谈判。2011 年 10 月 1 日,美国、加拿大、韩国、澳大利亚、日本、新西兰、摩洛哥和新加坡 8 个国家签署该协定。2012 年 1 月 26 日欧盟和其 22 个成员国签署了《反假冒贸易协定》,9 月 6 日日本率先同意批准《反假冒贸易协定》。该协定最初一直处在秘密谈判中,2010 年该协定文本一经泄露就引起了国际社会的广泛关注和发展中国家的批评。相对 TRIPS 协定,《反假冒贸易协定》大大提高了知识产权的执法标准,并被认为预示着国际知识产权法发展的方向。《反假冒贸易协定》谈判方也坦言,通过《反假冒贸易协定》制定强有力的并且综合的协定来更好地打击网络环境中的假冒和盗版。① 作为该协定的首要指向,中国政府在 2010 年 WTO 知识产权理事会就提出了反对意见。

6. 数字环境下知识产权执法的跨区域协调:《跨太平洋伙伴关系协定》

2011 年 3 月网上出现了《跨太平洋伙伴关系协定》(Trans - Pacific Partnership Agreement)的知识产权章节草案。该协定源于新加坡、文莱、新西兰和智利四国间的《跨太平洋战略经济伙伴协定》(2006 年生效),2009 年 11 月美国政府宣布参加《跨太平洋伙伴关系协定》谈判,2010 年 7 月进行了第 13 轮谈判,参加谈判的有美国、智利、秘鲁、澳大利亚、马来西亚、新西兰、文莱、越南和新加坡 9 个国家。草案内容包括:总则、商标(包括地理标志)、因特网域名、版权和相关权、通过卫星和电缆信号传输的加密节目的保护、专利、特定相关产品措施(农业化学品、药品)、知识产权执法一般义务、民事和行政程序和救济、临时措施、边境措施、刑事执法、数字

---

① See Luc Pierre Devigne etc., "Where Is ACTA Taking Us? Policies and Politics", in Irini A. Stamatoudi, *Copyright Enforcement and the Internet*, New York: Kluwer Law International BV, 2010, p. 34.

环境下执法的特殊措施及补充条款。其中,数字环境下执法的特殊措施(第16条)是专门针对数字环境下知识产权执法的规定,域名争端解决及注册数据库(第3.1条)、技术保护措施(第4条第9)、权利管理信息(第4条10款)和单边保证函1(Side Letter 1)也是应对数字环境下的知识产权侵权行为的执法条款。《跨太平洋伙伴关系协定》的很多条款直接来源于《美国—智利自由贸易协定》。①

7. 小结

第一,TRIPS协定建构了全面知识产权执法国际法制,"因特网条约"开启数字环境知识产权执法国际多边立法,但"因特网条约"基本限于版权及相关权领域技术措施和权利管理信息两个方面。《美国—智利自由贸易协定》、《反假冒贸易协定》及《跨太平洋伙伴关系协定》则进入了对数字环境下的知识产权执法进行明确、全面协调时期。

第二,在上述国际法制制定中,我们能发现美国起了重大的引导、推进作用,这种作用还在继续。这当然是由于美国有着发达的科技,庞大的数字产业。美国也从不讳言制定国际规则对于保持美国竞争优势、扩大出口、增加就业等的作用。欧盟、日本在推进执法中的作用也不容忽视。而广大发展中国家、最不发达国家经常只是被动接受美国等发达国家"建议"的国际规则。

第三,美、欧等发达国家正通过双边、多边、区域、跨区域条约推进数字环境下知识产权执法。下一步,美、欧、日将酝酿全球性多边法制,而《美国—智利自由贸易协定》、《反假冒贸易协定》及《跨太平洋伙伴关系协定》将成为全球性多边法制的模板。

---

① See PIJIP, "TPP-ACTA Comparison Table", 6 June 2012, http://infojustice.org/wp-content/uploads/2012/05 /TPP-TRIPS- ACTA-Chile-FTA-Comparison-Table.pdf.

（三）数字环境下知识产权执法国际规则的变化

"因特网条约"、《反假冒贸易协定》及《跨太平洋伙伴关系协定》是协调数字环境下知识产权执法的主要条约。《反假冒贸易协定》和《跨太平洋伙伴关系协定》关于数字环境下知识产权执法规则包括一般义务、网络服务提供者的义务、反规避措施、权利管理信息及其他义务。下文就《反假冒贸易协定》《跨太平洋伙伴关系协定》与 WCT、WPPT，从下述五个方面进行比较，洞察各个规则的发展变化。

1. 数字环境下知识产权执法的一般义务

（1）WCT 和 WPPT 的规定

A. 基本要求。WCT 第 14 条（关于权利行使的条款）第（2）款：缔约各方应确保依照其法律可以提供执法程序，以便能采取制止对本条约所涵盖权利的任何侵犯行为的有效行动，包括防止侵权的快速补救和为遏制进一步侵权的补救。WPPT 第 23 条与 WCT 第 14 条的内容完全相同。

WCT 第 14 条确认了"伞形解决方案"①中的"法律表述的相对自由"原则。WCT 第 14 条第（2）款几乎照搬 TRIPS 协定第 41 条第（1）款。WIPO 原版权部部长菲彻尔博士认为，WCT 的缔约方只有大致按照 TRIPS 协定第三部分的要求对 WCT 规定的任何侵权行为采取措施，才可能履行 WCT 第 14 条第（2）款规定的义务。这些执法措施不仅适用于侵权行为，而且适用于违反第 11 条和第 12 条关于技术措施、权利管理信息的禁止性规定的人。

B. 适用对象。WCT 和 WPPT 适用于版权和相关权。

---

① 伞形解决方案是指：国内立法者为了履行 WCT 第 8 条规定的义务，可以享有相对的自由来选择适用发行权、向公众传播权，以及结合适用这两种权利，或者适用一种新的权利。参见［匈］米哈依·菲彻尔：《版权法与因特网》，郭寿康等译，中国大百科全书出版社 2009 年版，第 731 页。

（2）《反假冒贸易协定》的规定

A.基本要求。第 27 条第 1 款规定,各缔约方应确保第二节(民事执法)与第四节(刑事执法)中的执法程序根据国内法可对发生在数字环境下侵犯知识产权的行为采取有效行动,包括防止侵权和制止侵权。

B.适用对象。第 27 条第 2 款规定,适用于数字网络中的版权或相关权的侵权行为,可以包括出于侵权目的非法使用广泛传播方法的行为。

C.基本原则。避免对包括电子商务在内的合法行为产生障碍;维护合法竞争;遵守法律规定;保护言论自由;公平程序与保护隐私等基本原则(第 27 条第 2、3、4 款)。

（3）《跨太平洋伙伴关系协定》的规定

A.基本要求。第 16.1 条规定,每一个缔约方应确保执行程序达到本章民事和刑事执法部分规定的程度。该执行程序在其国内法下可以获得以允许对涉及数字环境下商标、版权或相关权侵权行为采取有效措施,包括采取防止侵权的迅速救济和对继续侵权的威慑。第 16.2 条规定:每一个缔约方应提供适当的法律、命令、法规、政府指南或有关行政执行命令等,要求其中央政府各部门不得使用未经许可的计算机盗版软件,措施中还应包括软件获取和管理的措施。

B.适用对象。商标、版权或相关权侵权行为。

（4）小结

在基本义务方面,"因特网条约"只规定了缔约国提供执法程序防止、阻止、遏制和制止侵犯版权和相关权的侵权行为。虽然"因特网条约"没有规定民事、行政、刑事等执法程序,虽然菲彻尔博士的观点不代表 WIPO 官方的观点,但是说明,缔约国应参照 TRIPS 协定规定的执法程序。《反假冒贸易协定》的要求,仅从数字环境下知识产权执法条款看,并不超过 TRIPS 协定及"因特网条约",但是,实质上《反假冒贸易协定》第二章(知识产权执法的法律框架)在禁令、临时强制措施、损害赔偿计算、边境措施、商业规模等多个方面超过 TRIPS 协定的标准。① 无视《反假冒贸易协定》的一般执法程序,称《反假冒贸易协定》与 WCT、WPPT 没有差异,称中国现行知识产权法与《反假冒贸易协定》不存在深刻矛盾,②是不全面也不正确的。《跨太平洋伙伴关系协定》在整体上进一步强化通过执法打击知识产权的侵权力度,且将增加争端解决程序,任何不遵守《跨太平洋伙伴关系协定》的行为将被"惩罚",使知识产权强保护的发展特点更加突出。③在适用对象上,"因特网条约"和《反假冒贸易协定》仅包括版权和相关权,而《跨太平洋伙伴关系协定》还包括商标。

2. 网络服务提供者(ISP)的义务与责任

(1)WCT 及 WPPT 的规定

WCT 和 WPPT 没有规定网络服务提供者的义务与责任。不过 WCT 第 14 条第(2)款有关执法措施的规定会涉及侵权责任问题。因此,在 WCT 及 WPPT 缔结后出现了制定网络服务提供者责任规则的国内立法,例如:德国 1997 年《联邦电子服务法》和美国 1998 年《数字千禧年版权法》都规定了网络服务提供者的责任限制条款。

(2)《反假冒贸易协定》的规定

在《反假冒贸易协定》的谈判过程中,美国想把《数字千禧年版权法》中的网络服务提供者的责任限制条款移植到《反假冒贸易协定》,但是最终仅作了简单的规定。一是规定:努力推动商界之间的合作,以便有效应对侵犯商标与版权或相关权的行为(第 27.3 条)。二是规定:在权利人提交商标、版权或相关权被侵权的充分主张后,缔约方可以根据国内法,规定

---

① 参见杨鸿:《〈反假冒贸易协定〉的知识产权执法规则研究》,《法商研究》2011 年第 6 期。

② 参见张伟君等:《ACTA 关于"数字环境下知识产权执法"规则评析》,《知识产权》2012 年第 2 期。

③ 参见陈福利:《知识产权国际强保护的最新发展——〈跨太平洋伙伴关系协定〉知识产权主要内容及几点思考》,《知识产权》2011 年第 6 期。

主管机关有权命令网络服务提供者向权利人迅速披露足以确认将账户用于被控侵权的用户信息(第 27.4 条)。

(3)《跨太平洋伙伴关系协定》的规定

第 16 条(数字环境下的特殊执法措施)第 3 款规定:每一个缔约方提供与本条规定的框架一致的法律措施,激励网络服务提供者与版权人合作,以制止未经授权存储和传播版权材料;在国内法上规定网络服务提供者版权(包括相关权)侵权责任限制,服务提供者不控制、发起或引导,但通过其控制或运行的网络而产生。适用的服务包括:网络接入;自动缓存;系统存储;超链接和信息定位工具。另外,还规定了"通知—删除"规则。网络服务提供者还应采取和合理实施适当情况下终止重复侵权者账户的政策,不得妨碍成员方认可的有关保护和识别版权材料的标准技术措施的实施,几乎照搬了美国《千禧年数字版权法》的规定。在单边保证函 1 (Side Letter 1)中还就涉及网络服务提供者的通知、反通知作了承诺。而且该单边保证函经承诺后构成协定的一部分。

(4)小结

"因特网条约"对网络服务提供者的责任没有规定,《反假冒贸易协定》开始对其进行了规定。一是要求成员国推动商界合作,二是倡导主管机关命令网络服务提供者向权利人披露用户信息。《跨太平洋伙伴关系协定》更加明确、更加全面、更加严格。它明确要求采取法律措施激励网络服务提供者与版权人合作,全面规定了网络服务提供者的责任、保护责任限制、通知—删除规则,及终止重复侵权者账户。

3.反规避措施

(1)WCT 及 WPPT 的规定

WCT 第 11 条(关于技术措施的义务)规定:"缔约各方应规定适当的法律保护和有效的法律补救办法,制止规避由作者为行使本条约或《伯尔尼公约》所规定的权利而使用的、对就其作品进行未经该有关作者许可或未由法律准许的行为加以约束的有效技术措施。"WPPT 第 18 条也作了大致相同的规定。

第 11 条被称为 WCT 的核心条款。相对《伯尔尼公约》及 TRIPS 协定等原有规定,第 11 条和第 12 条完全是全新的内容。因此也引起了很大争议。怎样的法律保护是"适当的"? 怎样的法律补救办法是"有效的"? 什么是"有效技术措施"? 很多问题存在不确定性。另外,WCT 第 10 条规定了"限制与例外"。对于如何平衡反规避措施与限制、例外的关系,WCT 没有规定。①

(2)《反假冒贸易协定》的规定

第 27.5 和 27.6 条规定了,缔约方应该提供充分法律保护和有效法律救济来制止规避有效技术措施的行为。为此,缔约方应该至少制止以下三种行为:(a)知道或有合理理由知道实施的行为是未经授权而规避有效技术措施;(b)推销规避有效技术措施的装置或服务;(c)制造、进口或分销一种装置、产品或服务,主要是为了规避有效技术措施而设计或生产,或者除了规避有效技术措施外仅有有限的商业目的。条约还对技术措施进行了界定。第 27.8 条规定,缔约方可采取或维持对实施第 5、6 款规定措施的适当限制或例外。第 5、6 款规定的义务不影响根据成员国国内法所规定权利、限制、例外或对版权或相关权利侵权的抗辩。

(3)《跨太平洋伙伴关系协定》的规定

第 4 条(版权和相关权)第 9 款规定技术保护措施,共有 6 项。(a)项要求缔约方对故意谋求商业利益或个人收益从事规定的规避行为处以刑事责任。(d)项规定了七种例外与限制:(1)善意反向工程;(2)研究行为;(3)为安全的目的开展的善意非侵权行为;(4)为识别和防止个人未披露网络活动信息外泄而采取的善意非侵权行动;(5)出于执法、情报、基本安

---

① 各国做法可参见[匈]米哈依·菲彻尔:《版权法与因特网》,郭寿康等译,中国大百科全书出版社 2009 年版,第 813 页。

全或其他类似政府目的采取的合法授权行动;(6)非营利性的图书馆、档案馆或教育机构对相关作品、表演或唱片的接入行为;(7)出于证据目的使用。值得注意的是,上述例外与限制不得削弱有关打击规避技术保护措施行为的法律救济效力。(e)项规定了对上述例外和限制适用的情形和程度。(f)项界定了有效技术措施的概念。

(4)小结

《反假冒贸易协定》将技术措施与权利管理信息纳入执法范围。与"因特网条约"相比,《反假冒贸易协定》对于两者的保护范围增大,保护力度增强。过于宽泛的技术措施与权利管理信息执法,将损害公众获得知识和信息的权利。① 与《反假冒贸易协定》不同,《跨太平洋伙伴关系协定》的反规避措施适用于任何有效技术措施,并且未经授权规避措施并不必然是在知道或有合理理由知道的情况下实施的。《跨太平洋伙伴关系协定》还把责任范围进行了扩展,增加规定,构成规避有效技术措施的装置、产品及部件的生产者、进口者、分销者。《跨太平洋伙伴关系协定》还要求缔约方采取刑事措施,制裁除了非营利的图书馆、档案馆、教育机构和非商业性质的广播者外,为营利目的故意规避技术保护措施或者为规避技术保护措施提供产品或服务,或者协助任何人提供此种产品或服务。《反假冒贸易协定》给予缔约方设定合理的例外,然而《跨太平洋伙伴关系协定》明确限制例外。

4. 电子权利管理信息

(1)WCT 及 WPPT 的规定

WCT 第 12 条是关于权利管理信息的义务。与第 11 条一样,相对《伯尔尼公约》及 TRIPS 协定等在先条约,该条也是全新的规定。该条包括两个条款,第(1)款要求缔约方制止未经许可去除或改变权利管理电子信

---

① 参见薛虹:《十字路口的国际知识产权法》,法律出版社 2012 年版,第 144—145 页。

息;未经许可发行、为发行目的进口、广播或向公众传播明知已被未经许可去除或改变权利管理电子信息的作品或作品的复制品。第(2)款则界定了"权利管理信息",即识别作品、作品的作者、对作品拥有任何权利的所有人的信息,或有关作品使用的条款和条件的信息,和代表此种信息的任何数字或代码,各该项信息均附于作品的每件复制品上或在作品向公众进行传播时出现。WPPT 第 19 条与 WCT 第 12 条大致相同。

此外,关于第 12 条的议定书声明:侵犯的权利包括专有权和获得报酬的权利,缔约方不会制定或实施为本条约所不允许的手续的权利管理制度,从而阻止商品的自由流通或妨碍本条约规定的权利。

(2)《反假冒贸易协定》的规定

第 27.7 条规定保护电子权利管理信息的义务,该条综合 WCT 第 12 条和 WPPT 第 19 条。其要求与后者几乎一致。不同的是,《反假冒贸易协定》采取注释的方式,对权利管理信息进行解释。而 WCT 和 WPPT 则将权利管理信息的解释作为协定的条款。第 27.8 条规定,缔约方可采取或维持对实施第 7 款规定措施的适当限制或例外。第 7 款规定的义务不影响根据成员国国内法所规定权利、限制、例外或对版权或相关权利侵权的抗辩。

(3)《跨太平洋伙伴关系协定》的规定

第 4 条(版权和相关权)第 10 款规定权利管理信息。(a)项要求:缔约方应禁止以下侵权行为:(1)故意移除或改变权利管理信息;(2)明知权利管理信息未经授权已被移除或改变的情形下,销售或为销售目的而进口该权利管理信息;(3)在明知权利管理信息未经授权已被移除或改变的情形下,销售、为销售目的而进口、播放或采取其他传播方式向公众提供相关作品、表演或唱片复制品。对出于商业营利或个人获益的目的而故意实施上述行为的任何人,缔约方应追究其刑事责任。(b)项规定,出于执法、情报、基本安全或其他类似政府目的,而由政府雇员、代理人或合同缔约方所采取的合法授权行动,缔约方可以对权利管理信息的例外和限制作出限定。(c)项界定了权利管理信息的概念,与《反假冒贸易协定》基本相同。(d)项规定不给缔约方施加义务来要求权利人必须附加权利管理信息,《反假冒贸易协定》没有类似的规定。

(4)小结

在电子权利管理信息上,《反假冒贸易协定》与"因特网条约"的规定几乎一致。与《反假冒贸易协定》及"因特网条约"相比较,《反假冒贸易协定》与"因特网条约"仅要求适当的法律保护和救济,《跨太平洋伙伴关系协定》将个人获益与商业营利目的侵权行为都纳入刑事处罚的范围。

5.其他义务

与"因特网条约"及《反假冒贸易协定》不同,《跨太平洋伙伴关系协定》还就域名争端解决、注册数据库及加密节目进行规制。《跨太平洋伙伴关系协定》第3.1条规定:为解决网络假冒商标问题,缔约方必须要求其国家顶级域名管理机构提供适当程序解决纠纷,该程序应是建立在统一域名争端解决政策设定的原则的基础上。第3.2条要求缔约方必须要求国家顶级域名管理机构提供可通过公共网络接入的可信且准确的包括域名注册信息的数据库。《跨太平洋伙伴关系协定》第1条要求缔约国批准《卫星传播节目信号公约》(1974),第7条、第12条就卫星及有线传播的加密节目的保护和执法进行了规定。

(四) 规定网络服务提供者(ISP)的著作权特殊审查义务①

1.网络服务提供者的著作权审查义务立法及实践

关于网络服务提供者的审查义务,中国现行法律没有明确规定,中国参加的国际条约也没有规制。德国在1997年制定了世界上首部规范网络

---

① 参见谢光旗:《普遍与特殊:网络服务提者的著作权审查义务》,《西部法学评论》2013年第3期。

服务提供者责任限制的成文法律——《联邦电子服务法》,不过,它没有规定审查义务问题。1998 年修改的《美国版权法》①在规定网络服务提供者的责任限制时涉及网络服务提供者的审查义务。《欧盟电子商务指令》②明确规定了"无普遍审查义务"及特殊审查义务。

(1)美欧立法及实践

第一,《美国版权法》及其实践。《美国版权法》是世界上最详尽规定网络服务提供者责任的法律,实践运行也良好。③ 其第 512 条对网络服务提供者因网络中发生的著作权侵权责任作了限制性规定。第(a)至(d)款规定短暂数字网络传输、系统缓存、宿主服务及信息定位工具四种网络服务在特定条件下不承担侵犯著作权的损害赔偿或其他金钱救济的侵权责任。

第 512 条第(m)款(隐私保护)明确涉及审查,该款规定:"(a)至(d)款不得解释为在以下条件下适用:(1)除了第(i)款规定的标准技术措施,服务提供者还去审查④其服务或积极寻找反映侵权行为的事实。"第(i)款界定了标准技术措施。"标准技术措施"一般由标准组织(例如 DVD 复制控制协会)制定。⑤ 根据宾夕法尼亚东区地方法院的判决,"机器人排除协议"是合格的标准技术措施。⑥ 数字水印也看作一种标准技术措施。结合

① 1998 年《数字千年版权法案》第 2 篇(网络著作权侵权责任限制法案)为《美国版权法》增加一条——第 512 条(在线材料责任限制)。后文所称《美国版权法》指经《数字千年版权法》及后续法案修改的版本(2011 年 12 月版)。

② Directive 2000/31/EC of the European Parliament and of the Council of 8 June 2000 on certain legal aspects of information society services, in particular electronic commerce, in the Internal Market ('Directive on electronic commerce').

③ 参见[匈]米哈依·菲彻尔:《版权法与因特网》,郭寿康等译,中国大百科全书出版社 2009 年版,第 849 页。

④ 《美国版权法》及后述《欧盟电子商务指令》使用"monitoring"或"monitor",一般中译为"监视"。但在我国研究中习惯称为"审查",这与我国法律用语一致。为保持一致性,笔者也称为"审查"。

⑤ See Lauren G. Gallo, "The (Im)possibility of 'Standard Technical Measures' for UGC Websites", *Colum. J.L. & Arts*, No. 34(2011), pp. 300—301.

⑥ Healthcare Advocates, Inc. v. Harding, 497F. Supp. 2d 627,643(E.D.PA2007).

第 512 条第(i)款,第(m)款可以理解为:为了保护网络用户的隐私,除了审查标准技术措施,服务提供者无须审查其服务。

此外,第 512 条(i)款要求网络服务提供者"合理实施"一项针对重复侵权者的终止政策。对于何谓"合理",法律交给法院去解释。在"Perfect 10 诉 Cybernet Ventures"案中,法院认为,虽然网络服务提供者没有义务审查个别侵权行为,但是,当出现重复的、大规模的侵权,网络服务提供者应当终止侵权者的网络使用。这实质上要求网络服务提供者审查其网络。Jennifer Bretan 也认为,"合理实施"的要求也许开始看起来是一项审查和主动终止侵权的肯定性义务。① 另外,第 512 条(c)和(d)款也可以证明存在审查著作权侵权"后门"(back door)义务。②

第二,《欧盟电子商务指令》及其实践。2000 年《欧盟电子商务指令》第 4 节第 12—15 条分别规定了纯粹传输服务、缓存和宿主服务提供者的责任限制。服务提供者获得责任限制的条件与《美国版权法》大致相同。不同的是,它选择了"横向方法":不仅对著作权侵权作了规定,还对其他侵权行为作了规定。此外,《欧盟电子商务指令》的责任限制不包括"信息定位工具"。

关于审查义务,指令序言中声明:"(47)成员国不应当对服务提供者强加普遍性审查义务;但是此规定不涉及特殊情况下的审查义务,特别是,不得影响各成员国官方根据国内立法发布的命令。(48)本指令不影响成员国为监测和阻止某一类型的非法活动,要求为用户提供宿主服务的服务提供者承担注意责任和义务,且该注意义务对服务提供者而言是合理的,并有相应的国内立法。"此外,第 15 条(No general obligation to monitor,无普遍性审查义务)明确规定:"(1)在服务提供者提供本指令第 12 条、第 13

① See Jennifer Bretan, "arboring Doubts About the Efficacy of §512 Immunity under the DMCA", *Berkeley Technology Law Journal*, No. 18, pp. 43-51.

② See Olivera Medenica, Kaiser Wahab, "Does Liability Enhance Credibility: Lessons from the DMCA Applied to Online Defamation"; *Cardozo Arts & Ent. L.J.*, Vol. 25 (2007), pp. 259-261.

条以及第 14 条规定的服务时,成员国不应当要求服务提供者承担审查其传输和存储的信息的普遍性义务,也不应当要求服务提供者承担主动收集表明违法活动的事实或情况的普遍性义务。(2)成员国可以要求服务提供者承担立即向主管公共机构报告其服务接受者进行的非法行为或者提供的非法信息的义务,或者应主管当局的要求,向主管当局提供可以确定与其有存储协议的服务接受者的身份的信息的义务。"在欧盟成员国内,《欧盟电子商务指令》不能直接适用,大部分成员国已经将该指令转化成国内法。

对于立法原因,欧盟关于《欧盟电子商务指令》实施报告指出,第 15 条规定服务提供者不承担普遍审查义务,非常重要。因为,普遍性的审查数百万个网站和网页实际上不可能,也将给服务提供者增加过重的负担,提高网络用户进入基本服务的成本。也就是说要求普遍审查不现实,给网络服务提供者沉重的负担,不利于互联网产业的发展。此外,还会阻止信息的传播,甚至对网络用户的隐私权造成侵害。同时,如 Claus 所言,《欧盟电子商务指令》的责任条款也预示着当非法行为向其展示时,网络服务提供者必须采取必要措施,这导致服务提供者事实上不得不审查它们的网页。研究报告显示,事实上一些企业利用资源审查它们的网页。①

(2)美欧立法与实践的启示

第一,"无普遍审查义务"成为一项基本规则。《美国版权法》没有明确设定"审查义务",也没有禁止"审查"。从第 512 条第(m)款的标题(隐私保护)来看,其主要目的在于保护网络用户的隐私。不过,它通过规定服务提供者的责任限制不以审查其服务为前提,有助于避免在《美国版权法》中给服务提供者强加普遍审查的义务。《欧盟电子商务指令》首次明

---

① See Claus Kastberg Nielsen etc., "Study on Economic Impact of the Electronic Commerce", 2007 - 09 - 07, http://ec. europa. eu/internal _ market/e - commerce/docs/study/ecd/% 20final% 20report_070907.pdf.

确了特定网络服务提供者不承担普遍审查义务。虽然,如美国立法机关所言,"《数字千年版权法》并不阻止服务提供者为了发现侵权材料审查它的服务。"①《欧盟电子商务指令》责任条款也不阻止服务提供者自愿对非法网站采取防范措施。但是,这是一种自愿行为而不是一项义务。

第二,不承担普遍审查义务的服务类型。一个网络服务提供者可能提供多种网络服务,因此,在免除普遍审查义务时,美欧不是以主体类型来区分,而是根据服务类型来定。不承担普遍审查义务的服务类型,美欧把享受责任限制的网络服务都包含在内。在美国包括:短暂网络传输服务、系统缓存、宿主服务和定位工具服务四种类型。在欧盟包括:纯粹传输服务、缓存和宿主服务提供者,不包括定位工具服务。必须注意的是,这些服务提供者还应该符合责任限制条件,否则也不属于豁免普遍审查义务的范围。例如:提供宿主服务的提供者没有获取直接的经济利益,否则并不能豁免其普遍审查义务。

第三,"无普遍审查义务"规则不排除"特殊审查义务"。在美国,《美国版权法》第512条(m)款设定了"除了第(i)款规定的标准技术措施"这一例外。也就是说,对于标准技术措施,网络服务提供者可以予以审查。第512条(c)、(d)和(i)款也证明网络服务提供者审查著作权侵权的"后门"(back door)义务。

在欧盟,《欧盟电子商务指令》明确允许成员国在特殊情况下给网络服务提供者设定特殊审查义务。这体现在序言第47和第48段及第15条第2款当中。此外,第12条(纯粹传输服务)第3款、第13条(缓存)第2款和第14条(宿主服务)第3款都规定"本条不应当影响法院或行政机关根据成员国的法律制度,要求服务提供者终止或者预防侵权行为的可能性"。这三个条款为成员国立法规定服务提供者采取审查行为预防侵权

---

① See U.S. Copyright Office, "The Digital Millennium Copyright Act of 1998-U.S. Copyright Office Summary", 1998-12-01, http://www.copyright.gov/legislation/dmca.pdf.

行为提供法律依据。

2. 网络服务提供者著作权特殊审查义务的一般分析

(1)特殊审查义务的含义

特殊审查义务是排除普遍审查义务后保留的义务。普遍审查义务要求网络服务提供者对网络用户上传的全部信息进行审查,确定是否合法。而特殊审查义务是法律施加给网络服务提供者在特定情形下对网络用户上传的信息进行审查,确定是否合法的义务。其特殊性在于适用情形特殊(详见特殊审查义务的类型)。

与特殊审查义务相联系的是注意义务。中国《侵权责任法》第36条第3款就曾给网络服务提供者施加了注意义务,它要求网络服务提供者在知道或应当知道网络用户利用其网络服务侵害他人民事权益时,必须采取删除、断开链接等必要措施(我国《民法典》继承了这一规范)。王迁认为审查义务与注意义务对网络服务提供者的要求不同。审查义务要求网络服务提供者积极主动采取合理措施逐个审视用户上传的内容,并查验上传者是否有合法、完整的授权文件。注意义务对网络服务提供者的要求低得多,只要求网络服务提供者在能够和应当发现侵权行为的情况下及时制止侵权行为。[1] 的确,在程度及履行方式上,审查义务与注意不同。不过,王迁教授所言审查义务其实是普遍审查义务,不是特殊审查义务。特殊审查义务仅要求网络服务提供者在特定情形下进行审查。而注意义务要求网络服务提供者在提供所有服务中始终对自己网络上的信息保持注意。当然,注意义务和审查义务难以截然分离。王迁也说,"新传在线诉土豆网案"[2]反映视频分享网站的"审查义务"对著作权信息"注意义务"的影响。[3] 负

---

① 参见王迁:《网络环境中的著作权保护研究》,法律出版社2011年版,第307—319页。
② 参见上海市高级人民法院(2008)沪高民三(知)终字第62号判决书。
③ 王迁:《网络环境中的著作权保护研究》,法律出版社2011年版,第307—319页。

有注意义务要求对网络用户传输的内容进行合理审查。[①]

（2）设定特殊审查义务的原因

首先，设定特殊审查义务是保证著作权及相关权在网络环境下免受或少受侵害的需要。由于互联网的匿名性，直接侵权者几乎可以肆无忌惮。"通知—删除"制度只要求网络服务提供者接到通知后被动删除侵权内容。规定特殊审查义务能使网络服务提供者主动对网络信息进行过滤、筛选，发现并阻止特定的侵权行为。

其次，设定特殊审查义务是对网络服务提供者与著作权人利益的平衡。尽管享受审查义务豁免限于纯技术服务，且一般要求服务提供者没有直接从中获取经济利益，间接的经济利益是存在的。绝对豁免审查义务，将使网络服务提供者面对明显的侵权行为也视而不见。这样的话网络服务提供者赚取了大量利润，而著作权人的利益却因此受到严重侵害。这显然不公平、不合理。因此，有必要为网络服务提供者设定特殊的审查义务。最高人民法院在阐明"不使网络服务提供者承担一般性的事先审查义务和较高的注意义务"的同时，也强调"又要适当地调动网络服务提供者主动防止侵权和与权利人合作防止侵权的积极性"[②]。

再次，从网络法的发展历史看，特殊审查义务并不是新设的义务，而是历史上普遍审查义务的部分保留。在互联网产生之初，网络上的内容很少，一些国家要求网络服务提供者对在其存储系统中存放的所有内容（包括网络用户上传的信息）承担责任，认为网络服务提供者有普遍的审查义务。例如：德国判例表明，邮件信箱服务器被用户装入受版权保护的软件后，其服务提供者即使不知情，也要对此承担责任。因为，他有义务确保任

[①]　参见奚晓明：《中国知识产权司法保护 2009》，中国传媒大学出版社 2010 年版，第228 页。

[②]　最高人民法院《关于充分发挥知识产权审判职能作用推动社会主义文化大发展大繁荣和促进经济自主协调发展若干问题的意见》（法发〔2011〕18 号）。

何侵犯版权的行为不会在他的服务器中发生。随着互联网的发展,要求服务提供者对网络上的海量信息进行普遍审查已经不现实,因此发展出"无普遍审查义务"规则。无普遍审查义务规则取代了全面审查规则,并保留了特殊情况下的审查义务。

(3)特殊审查义务的类型

《美国版权法》第512条简要规定了"标准技术措施"例外和针对重复侵权者的审查义务。在一些案例中,美国法院将大规模侵权也解释为审查的对象。但是,标准技术措施例外规定的是审查内容,不属于一项特殊审查义务。《欧盟电子商务指令》作了详细规定,其序言第45、47、48段规定,特殊审查义务是在特殊情况下的审查义务,特别是,法院或行政机关根据国内立法发布的命令或禁令。因法院或行政机关发布禁令而产生的防止特定侵权行为,阻止访问非法信息等就是一种特殊审查义务。实践中,德国联邦法院还判决,一旦服务提供者接到侵权通知后,该提供者不仅有义务删除非法内容,而且还必须采取所有技术上可行并合理的措施预防重复侵权。杰拉尔德等还说,根据《欧盟电子商务指令》序言第48段,特殊审查义务还包括立法要求为用户提供宿主服务的提供者就某一类型的非法活动进行监测和阻止。特殊审查义务可能还涉及发现非法行为后及时通知主管机关,及应主管机关的要求与其联系和合作的义务。[①] 综合看来,针对著作权的特殊审查义务以立法为基础,并因法院的禁令、行政机关的命令而产生,主要包括防止重复侵权、对大规模侵权及对特定类型的侵权进行监测和阻止三种类型。欧美实践中,主要是防止重复侵权而进行的审查。

所谓重复侵权,从网络服务提供者方面来说,就是指在网络服务提供者知道针对某一作品的侵权行为后,在该网络服务提供者的服务中再次发

---

① See Gerald Spindler, Giovanni Maria Riccio, "Aurelie Van der Perre, Study on the Liability of Internet Intermediaries", 2007-11-12, http://eur-lex.europa.eu/JOIndex.do? ihmlang=en.

生的针对同一作品的侵权行为。可见,该种审查义务的主体仅是某一特定的网络服务提供者,而不是所有的网络服务提供者,审查的对象仅是已经被侵犯的某一特定作品,而不是所有的作品。研究者认为针对重复侵权采取预防措施构成一项普遍审查义务,显然不正确。在欧盟,有研究者认为,欧盟法院发布禁令要求网络服务提供者安装过滤软件过滤共享文件构成一项普遍审查义务。① 但是,法院指出,过滤义务指向的是某一特定信息,它不是一项普遍审查义务。②

(4)特殊审查义务的履行方式

与其他领域的审查不同,网络服务提供者的特殊审查义务主要是通过过滤技术实施的。有学者认为,"审查义务"要求网络服务提供者必须积极采取合理措施对网络用户上传的信息主动、逐个审视,查验上传者是否有合法、完整的授权文件。③ 这种界定其实过于严苛,与国际通行审查方法及我国实际并不一致。在欧洲,尽管明知过滤技术并不总是有效,一些法院明确认为过滤技术作为特别的审查措施是可行的。在我国,网络服务提供者也主要是采用过滤技术进行过滤和筛选。笔者认为,除非法律有明确规定,在现阶段如果网络服务提供者采取了合理有效的过滤技术就可以认定为履行了其审查义务。考虑到著作权及相关权网络侵权特点,特殊审查主要是就权利管理电子信息进行审查,即就说明作品及其作者、表演及其表演者、录音录像制品及其制作者的信息,作品、表演、录音录像制品权利人的信息和使用条件的信息,以及表示上述信息的数字或者代码进行审查。

---

① See Benoit Van Asbroeck., "Maud Cock, Illegal File Sharing over Internet-ISPS May Not Be Ordered to Filter Their Networks", *W.I.P.R.*, No. 2 (2012), pp. 50–54.

② See Patrick Van Eecke, Maarten Truyens, "Recent Events in EU Internet Law", *J. Internet L.*, Vol. 11, No. 12 (2007–2008), p. 26.

③ 参见王迁:《网络环境中的著作权保护研究》,法律出版社 2011 年版,第 307—319 页。

（五）结语

目前已经出现了对数字环境下的知识产权执法进行全面、明确及更高标准的国际多边规则。这些规则的出台,美国起了重大的引导、推进作用,欧盟、日本在推进强化执法中的作用也不容忽视,广大发展中国家、最不发达国家经常只能被动接受美国等发达国家"建议"的国际规则。美、欧等发达国家不仅通过双边、多边、区域、跨区域条约推进数字环境下知识产权执法,并企图将其打造成全球性的标准。在数字环境下知识产权执法的一般义务、网络服务提供者的义务与责任、反规避措施、电子权利管理信息及调整范围等方面,《反假冒贸易协定》与《跨太平洋伙伴关系协定》都超过了 TRIPS 协定及"因特网条约"。《反假冒贸易协定》在条文上尚设定了平衡利益关系人利益的原则,规定了一些例外和限制,《跨太平洋伙伴关系协定》则近乎舍弃了平衡的原则,而且对例外和限制进行限制。尤其需要警惕的是,发达国家的执法议程不限于某一特定的国际机构和方案,而是涉及多重国际体制和利益方的一系列举措。①

WIPO 总干事弗朗西斯·高锐指出,《反假冒贸易协定》和区域谈判对多边机构来说是一个"坏的发展",是多边体系弱化的信号。清醒的学者已经发现了《反假冒贸易协定》对国际多边体制②、隐私权③及信息自由等都将形成损害。《反假冒贸易协定》将改变现存知识产权制度的平衡,对大多数人,尤其是消费者,危害大于好处,《反假冒贸易协定》应彻底修

---

① 参见薛虹:《十字路口的国际知识产权法》,法律出版社 2012 年版,第 102 页。
② 参见薛洁:《对数字环境下的知识产权执法分析——基于〈反假冒贸易协定〉(ACTA)》,《科技与法律》2011 年第 6 期。
③ See Alberto J. Cerda Silva, Enforcing Intellectual Property Rights by Diminishing Privacy: How the Anti-counterfeiting Trade Agreement Jeopardizes the Right to Privacy, *Am. U. Int' l L. Rev.*, Vol. 26 (2011), p. 601.

改。① 目前只有日本通过批准《反假冒贸易协定》的决议,波兰、捷克和斯洛伐克等宣布已经停止批准进程,欧盟 4 个主要委员会投票反对批准,7月份欧洲议会以压倒性多数反对批准《反假冒贸易协定》。《跨太平洋伙伴关系协定》则比《反假冒贸易协定》有过之而无不及。麦克·马斯内克称,《跨太平洋伙伴关系协定》是《反假冒贸易协定》的"儿子",但是更糟。②

数字环境下的执法正是国际社会面临的一个最重大的挑战,每个国家都应从贸易伙伴的角度思考问题。除非发达国家和最不发达国家达成一致,否则南北斗争将会继续。③ 就中国来说,中国有完备的立法但执法效果不明显。尽管中国采取了几乎一切可行的措施,但在短期内,知识产权保护的力度仍备受发达国家指责。研究者指出,在外国人享有知识产权的领域,本国知识产权相对落后,但侵权行为较难制止,弱保护的受益大于强保护,强保护的成本太大,侵权行为较难制止。④ 因此,对于数字环境下知识产权执法标准不断强化的走向,中国尤其需要警惕。

将网络服务提供者纳入知识产权执法体系中,要求缔约国规定网络服务提供者的执法义务是发达国家的要求。保留特殊情况下网络服务提供者的审查义务既有历史和现实的原因,也有理论和实践基础。特殊审查义务源于法律规定,由法院判决和行政命令而具体设定。它主要是采用过滤技术对重复侵权作品的权利管理信息进行审查的方式来履行。在国际知识产权法上规定不承担"普遍"性审查义务,并辅以"特殊"审查义务这一

---

① See Peter K. Yu, Six Secret (and Now Open) Fears of ACTA, *SMU L. Rev.*, Vol. 64 (2011), p. 975.

② See Mike Masnick, "Son of ACTA (but Worse): Meet TPP, the Trans-Pacific Partnership Agreement", 2012-06-26, http://www.techdirt.com/articles/20110105/02301112524/son-acta-worse-meet-TPP-trans-pacific-partnership-agreement.

③ See Peter K. Yu, TRIPS and Its Achilles' heel, *J. Intell. Prop. L.*, Vol. 18 (2011), p. 479.

④ 参见张桂红:《与贸易有关的知识产权成案研究》,中国人民大学出版社 2010 年版,第207—210 页。

例外规定,是我国可以接受的方案。

第二节　使用者权执法的基础

在全球知识霸权下,国际知识产权法的天平向知识产权人和发达国家严重倾斜。而公众使用知识的权利,发展中国家发展的权利损害得越来越严重。国际知识产权不平等秩序的症结在于阻碍持续创新、阻碍公共利益和阻碍发展中国家进步。[①] 使用者的利益和发展中国家的利益尤其应该得到充分执法保护,从而真正实现知识的生产者与使用者互利,促进知识持续创新、传播和使用,增加各国经济社会福利。

一、使用者权执法的理论基础

（一）使用者的利益

使用者利益因具体知识产权领域而不同。柯来亚将技术知识使用者分为使用技术知识的产品制造者或者服务提供者,以及该产品或者服务的最终消费者。[②] 刘银良教授将作品使用者分为作品的消费者、再创造者和信息提供者,各自有相应的利益需求。[③] 笔者以专利使用者为例阐释使用者权执法理论,并将专利使用者的利益分为再创造、制造和消费,使用者分别为再创造者、制造者和消费者。使用者利益与发明人利益、投资者利益是制定专利法的目的。耶林在《法律的目的》一书中提出,目的是法律的

---

①　参见邵科:《安守廉与曲解的中国知识产权史——反思国际知识产权不平等秩序之突破点》,《政法论丛》2012 年第 4 期。

②　See Carlos M. Correa, *Trade Related Aspects of Intellectual Property Rights: a Commentary on the TRIPS Agreement*, Oxford: Oxford University Press, 2007, p. 99.

③　参见刘银良:《著作权法中的公众使用权》,《中国社会科学》2022 年第 10 期。

创造者,而目的就是利益。① 庞德进一步阐述,利益是人对享有某些东西或者做某些事情的要求、愿望、需要,分为个人利益、公共利益和社会利益。② 专利法规定发明人、投资者与发明使用人之间的权利义务,平衡和协调三者的利益关系。③ 发明人付出智力劳动而要求在其发明上打上自己的烙印(署名)和获得经济报酬。投资者要求通过发明的使用或转让等方式收回成本和赚取利润。使用者的基本需求是使用发明从而满足自身各种需要,是物质利益的需求。

每个创造者都是使用者,是使用前人发明进行再创造者。自人类驯服了火以来没有任何东西纯粹是新颖的,所有的创造者都部分地使用了前人的知识。蒸汽机这一重大发明,世人常常归功于詹姆斯·瓦特。其实托马斯·纽科门 1712 年发明的蒸汽机是现代世界之母。瓦特是在 1763 年维修纽科门蒸汽机的过程中发现一些问题,即在每次重新加热气缸的循环中要浪费四分之三的能量,每次都要重新注水来让气缸冷却以冷凝蒸汽。于是瓦特在纽科门蒸汽机的基础上增加了分离式冷凝器。他把这一想法变成实用的设备,并与约翰·罗巴克合作在 1769 申请了专利。英国科学家马特·里德里说,创新几乎总是渐进的,而不是突然发生的。创新也是重组的,每项技术都是其他技术的重组,每个想法都融合了其他想法。④

制造者对新技术的使用把人类带入蒸汽机时代,并创造出巨大的物质财富。企业家马修·博尔顿与瓦特合作,制造出原尺寸的蒸汽机,并在 1776 年 3 月 8 日揭开它的面纱。18 世纪 80 年代人类生产力进入自驱动

---

① 参见[美]E.博登海默:《法理学:法律哲学与法律方法》,邓正来译,中国政法大学出版社 2004 年版,第 115 页。

② 参见[美]罗斯科·庞德:《通过法律的社会控制》,沈宗灵译,商务印书馆 1984 年版,第 35 页以下。

③ 参见冯晓青:《知识产权法利益平衡理论》,中国政法大学出版社 2006 年版,第 420 页。

④ 参见[英]马特·里德里:《创新的起源——一部科学技术进步史》,王大鹏、张智慧译,机械工业出版社 2021 年版,第 232 页。

发展时期,产生了机械化工厂体系,迅速降低成本极大量地生产商品,创造出自己的需要。① 制造业是国家经济命脉所系。近年,美国拜登政府重建美国制造业,尤其集中促使电气设备和计算机电子等高科技领域制造业回流。我国持续实施《中国制造2025》《中国制造2035》《中国制造2045》,规划到新中国成立100周年时成为全球领先的制造强国。在标准必要专利关系中,华为公司和三星公司等手机制造企业为了生产满足3G、4G等标准的手机,而需要使用康文森公司等专利权人的标准必要专利,并面临要么使用,要么出局的抉择。

消费者并不直接使用新技术,但是他们使用新产品满足生产生活需要。1800年,瓦特蒸汽机主专利到期,这时有了500台左右的瓦特蒸汽机投入使用,38%的蒸汽机用于抽水,剩下的用于为纺织厂、炼铁炉、面粉厂和其他工业提供旋转式动力。② 当前,普通消费者对高速运行智能手机的需求,通信企业对高速传输设备的需求都特别强烈。康文森公司拥有的"用于为组播内容提供选择分集的系统和方法"专利属于3GPP(第三代合作伙伴计划组织)标准下,4G技术标准必要专利,是智能手机必须使用的发明。使用该发明的手机,具有采用组播方式向一个或多个终端传送相同内容的系统。相对单播和广播,组播技术实现单点到多点高效、安全传送数据,减轻了服务器和CPU的负荷,给消费者带来更加流畅的欣赏体验。

使用者利益不是学者的浪漫设想,而是各个使用者的真实诉求。在1474年威尼斯立法授予发明人特权前,威尼斯的玻璃行会最先发现技术的无形价值,并规定新技术的所有权归属于行会,是行会成员的共有财

---

① 参见[美]斯塔夫里阿诺斯:《全球通史:从史前到21世纪》,北京大学出版社2006年版,第487页。

② 参见[美]斯塔夫里阿诺斯:《全球通史:从史前到21世纪》,北京大学出版社2006年版,第492页。

产。① 玻璃行会成员,即玻璃行业技术和产业雇主们,按照行会的规定使用新技术、制造和销售产品。因一些成员越来越不满行会占有和使用其创造的新技术,威尼斯行会意识到给予发明成员个体利益的必要性,改将新技术视为创造成员个体享有,但也保留行会其他成员使用技术的部分权益。行会的这些规定后来被吸收到威尼斯专利法中。对 TRIPS 协定,真正重要的反对者不是盗版 CD 的制造商或者私自贩卖迪士尼动画的小贩,而是那些看出 TRIPS 协定荒唐性质以及对美国要求额外保护艾滋药品不满的人们,因为反对美国这些要求是关系他们生死攸关的大事。② 欧盟及一些成员国签署《反假冒贸易协定》后,数万名欧洲人走上街头,抗议该协定对获取自由的威胁。③

(二) 使用者权的规范表达

如果要维护并促进文明,法律一定要为各个人的利益作出某种规定。法律确定在何种限度内保障被承认的利益,并定出保障利益的方法。其基本方法就是把法律权利赋予主张各种利益的人,从而保障这些利益。④ 专利法调整发明人、投资人和使用者利益。然而,在制定法上我们基本上找不到使用者权利的表达。这是因为专利法是以专利权人为中心展开的。对使用者利益的保护潜藏在专利权人中心主义规范的背面,而逐渐发展出包括专利客体排除、专利权限制、专利权许可使用、专利权不得滥用和反垄断等规范。但这不妨碍我们将这些规范所保护的使用者利益归为广义的

---

① 参见袁锋:《专利制度的历史变迁——一个演化论的视角》,中国人民大学出版社 2021 年版,第 68 页。

② 参见[美]苏姗·K.赛尔:《私权、公法——知识产权的全球化》,董刚等译,中国人民大学出版社 2008 年版,第 173 页。

③ See Peter K. Yu, Six Secret (and Now Open) Fears of ACTA, *SMU L. Rev.*, Vol. 64 (2011), pp. 998–999.

④ 参见[美]罗斯科·庞德:《通过法律的社会控制》,沈宗灵译,商务印书馆 1984 年版,第 35 页。

权利。霍菲尔德对广义权利作了精细的划分,包括狭义的权利(rights)、特权(privilege)、能力和豁免。狭义的权利是指有权的人可以迫使他人这样行为或不行为,特权是指有这样行为或不行为而不受他人干涉的自由。特权仅关系到特权人本人的行为,而狭义的权利则关系到他人的行为。① 专利的使用者根据专利权限制等规则可自由使用专利,虽然不可要求专利权人积极满足其使用,但是使用者至少享有特权。即便是反对使用者权理论的学者,也承认使用者享有特权。②

保护使用者利益的规范,部分是间接授权性规范。它们通过专利客体排除、专利权限制及专利权许可使用规范呈现。TRIPS 协定第 7 条将促进技术知识生产者和使用者互利作为知识产权保护和执法的目的,第 27 条肯定成员为公共秩序或环境保护所必须排除某些发明的权利,第 30 条肯定成员规定专利权限制的权利。我国《专利法》第 25 条规定不授予疾病的诊断和治疗方法等专利权,为使用者保留了公有领域。第 53 条至第 63 条规定授予了使用者申请强制许可使用的特权。第 42 条和第 75 条授予了使用者在保护期后自由使用及因科研等原因合理使用的特权。法律对被许可使用人利益的保护较为明显。第 12 条规定了一般许可,第 50 条至第 52 条新设了开放许可,授权使用人根据专利法、许可合同或开放许可声明向专利权人主张权利。标准必要专利的使用者根据专利权人的公平、合理、无歧视(FRAND)承诺和标准化组织的政策享有不被排除使用的权利。

保护使用者利益的规则,部分是禁止性规范。这些禁止性规范,规定了专利权人的法律责任,赋予了使用者救济权,构成使用者利益执法规范的主体部分。TRIPS 协定第 8 条授权成员采取措施防止知识产权人滥用权利,第 40 条肯定成员对独占性反授、禁止知识产权有效性异议和强迫性

---

① 参见沈宗灵:《对霍菲尔德法律概念学说的比较研究》,《中国社会科学》1990 年第 1 期。
② 参见孙山:《未上升为权利的法益——合理使用的性质界定及立法建议》,《知识产权》2010 年第 3 期。

一揽子许可等许可证贸易中限制竞争行为进行控制，为使用者利益的国内保护提供国际依据。国内法一般通过专利法设定专利权不得滥用原则，规定滥用专利权的民事责任，并以反垄断法规定严重滥用专利权行为及其行政责任。我国《专利法》第 20 条第 1 款规定权利不得滥用原则，与第 2 款指引的《反垄断法》共同构成禁止滥用专利权和保护使用者利益的制度。反垄断法与专利法形成互补。①《反垄断法》及其指南②规定了禁止的具体行为及其否定性法律后果。构成滥用知识产权的垄断行为，包括签订排除、限制竞争的知识产权协议、滥用市场支配地位和经营者集中等情形。《反垄断法》第七章具体规定了行政法律责任，其中第 60 条也规定经营者实施垄断行为给他人造成损失依法承担民事责任。结合《反垄断法》及《民法典》侵权责任可具体确定专利权人的民事责任。专利权人在侵权诉讼中滥用权利的，我国最高人民法院解释，使用者有权请求专利权人赔偿合理的律师费、交通费和食宿费等开支。③

程序法为使用者提供了救济程序和措施。我国《民事诉讼法》（2023年修改）第 103 条不仅为专利权人，也为使用者申请财产保全和行为保全措施（包括禁诉令）提供法律依据。其目的是避免当事人利益受到损害。2023 年新增的几个条款有利于使用者应对标准必要专利权人挑选外国法院损害其利益的诉讼。第 276 条新规定，涉外民事纠纷与我国存在适当联系的，可由人民法院管辖。第 279 条新规定，我国审查授予的知识产权的有效性有关纠纷，为我国法院专属管辖。第 300 条和第 301 条规定外国法院与案件所涉纠纷无适当联系、在我国已有平行诉讼及违反专属管辖等情形不予承认和执行外国法院判决。

---

① 参见吴汉东：《知识产权法》，法律出版社 2021 年版，第 85 页。
② 参见 2019 年 1 月 4 日《国务院反垄断委员会关于知识产权领域的反垄断指南》（国反垄发〔2019〕2 号）。
③ 参见《最高人民法院关于知识产权侵权诉讼中被告以原告滥用权利为由请求赔偿合理开支问题的批复》（法释〔2021〕11 号）。

（三）为发展而执行使用者权规范

人们对利益追求的无限性与客体资源的有限性注定产生利益冲突。在专利关系中,专利权人与使用者存在利益冲突。前述使用者利益规范,本身就是专利法为了实现发展的终极价值,运用利益平衡的手段,协调专利权人与使用者利益而形成的规范。

社会理性决定专利法的发展价值,发展是专利法的终极价值。[1] 庞德说,为了确定哪些利益应当予以承认,各种被承认利益的范围,怎样权衡各种利益的冲突,法律规定各种价值准则。[2] 卡多佐也说,利益之间需要达成平衡,选择应与价值保持和谐。[3] 利益平衡是专利法协调专利权人与使用者利益的根本手段和价值取向,对专利权人利益和使用者利益的平衡应与专利法的价值保持和谐。世界第一部专利法,即《1474 年威尼斯参议院法令》,就规定保护发明的最终目的是增进整体社会福利。我国《专利法》第 1 条也明确规定立法的最终目的是促进经济社会发展。党的十八届五中全会正式提出创新、协调、绿色、开放和共享的新发展理念,丰富了发展的内涵。

执行使用者利益规范促进社会发展。专利制度要促进的社会利益涵盖使用者的利益。再创造者使用发明再创造出新的发明,这样才不断推动技术进步。制造者将发明用于制造新的产品无疑能满足社会大众的需求,增加社会财富,促进经济发展。而消费者是最终将包含新技术的新产品直接应用于生产生活,发挥新产品的功能,并生产出新的财富。再创造者、制造者和消费者的活动丰富了社会利益,促进社会发展。

执行使用者利益规范有利于促进国家发展,特别是发展中国家的发

---

① 参见吴汉东:《知识产权精要:制度创新与知识创新》,法律出版社 2017 年版,第 87 页。

② 参见[美]罗斯科·庞德:《通过法律的社会控制》,沈宗灵译,商务印书馆 1984 年版,第 71 页。

③ 参见[美]本杰明·N.卡多佐:《法律的成长 法律科学的悖论》,董炯、彭冰译,中国法制出版社 2002 年版,第 139 页。

展。专利法最终是要促进国家繁荣昌盛。15 世纪,西欧各国吸收了大部分古代中国和伊斯兰等文明的先进科技。威尼斯学习中国的丝绸纺织技术,引进了大量卢卡织工,具备了最先进的纺织技术;引进中国的活字印刷术,设立了 100 个印刷所,出版书籍 200 万册,发展了印刷和出版业。15 世纪时,威尼斯成为欧洲最富有的国家。[1] 威尼斯正是在模仿、使用和再创造中实现国家的富强。英国、美国和日本等发达国家也都走过类似的道路。发展中国家坚持在 TRIPS 协定第 7 条将知识产权人与使用者互利作为知识产权保护和执法的目的,[2]其用意就是捍卫发展中国家的利益。总体而言,发达国家是专利技术的出口国,发展中国家是进口国,发展中国家的企业是发达国家企业专利技术的使用者。世界银行报告,2021 年全球知识产权出口金额上涨至 4336.2 亿美元,其中的 1246.14 亿美元是由美国各大企业、机构提供的,占据了全球知识产权出口金额的 28.76%。美国知识产权贸易顺差 812.72 亿美元。而中国知识产权贸易逆差约 351.08亿美元,51 个国家没有知识产权使用费收入。[3] 当前,欧盟为了追求利益的最大化而片面维护标准必要专利权人的利益,中国为了捍卫发展的权利必定保护使用者的利益。

“盖天下之事,不难于立法,而难于法之必行。”[4]对使用者利益的保护不仅要在立法中宣示,还要在执行中实现。在专利行政执法与司法的过程中,对于法律的明确规定应当原原本本地执行。如前所述,在专利权限制规则下,执法者的职责就是执行规则,保护使用者依法使用专利技术的自由。在权利不得滥用规则下,使用者享有请求专利权人赔偿损失及承担其

---

① 参见袁锋:《专利制度的历史变迁——一个演化论的视角》,中国人民大学出版社 2021年版,第 61 页。

② See Daniel Gervais, *The TRIPS Agreement: Drafting History and Analysis*, England: Thomson Reuters Limited, 2012, p.229.

③ See World Bank, "Charges for the Use of Intellectual Property", 2023-10-24, https://data.worldbank.org.cn/ indicator /BX.GSR.ROYL.CD? most_recent_value_desc=false&view=chart.

④ 《十八大以来重要文献选编》,中央文献出版社 2014 年版,第 717 页。

他法律责任的权利。在专利权人滥用专利权构成垄断的情况下,执法者得依《反垄断法》请求对专利权人进行制裁。

二、使用者权执法的法律基础

(一) 使用者的救济权已经在知识产权法中体现

"使用者权说"产生后,一些学者提出了质疑。他们认为使用者权不包含救济权,因此只是法律规定产生的反射利益,或者是特权。不过,对于使用者权的救济问题,吴汉东教授早就论道:使用者权具有法律保障性。他说,使用者权之所以受法律保障,乃因为它是法律所设定的。法律之所以保障该项权利,其原因在于使用者权所反映的利益不违背立法者的要求,因而得到法律认可并由法律赋予相应的救济措施。[1]

1.判例法保护使用者权

(1)美国法院认可合理使用权

受 Patterson 和 Lindberg 的影响,1996 年 3 月 22 日,美国第十一巡回法庭的 Birch 法官在 Bateman v. Mnemonics, Inc.案(11th Cir. 1996)中指出:"尽管传统上将'合理使用'视为一种积极抗辩,这一作者提出,最好将合理使用视为 1976 年版权法授予的一种权利。最初,作为一项司法原则,如果没有法律基础的话合理使用是一种被赦免的侵权行为。这也正是合理使用被视为抗辩的原因。然而,作为一项法定原则,合理使用不是侵权行为。因此,自从 1976 年《版权法》通过后,合理使用应该不再被视为被赦免的侵权行为,而应该合乎逻辑地将合理使用视为一种权利。"[2]

在关于避风港及通知删除规则的案件中,美国第九巡回上诉法院指

---

① 参见吴汉东:《著作权合理使用制度研究》,中国政法大学出版社 2005 年版,第 141 页。

② David Vaver,Copyright Defenses as User Rights,2013 - 11 - 13,http://journal.csusa.org/ar-chive/v60-04-VaverFinalCPY406. pdf.

出,合理使用完全是为法律所授权,根据美国版权法,因版权人虚假通知网络服务提供者,导致作品使用者使用的作品被错误删除并遭受损失,作品使用者可向版权人主张损害赔偿责任。[①]

（2）加拿大最高法院保护使用者权

使用者权得到加拿大最高法院明确的确认。2004 年加拿大最高法院在 CCH Canadian Ltd. v. Law Society of Upper Canada 案的判决中,明确使用"使用者权"概念并给予使用者权司法保护。上诉人"法律协会"（Law Society）在多伦多奥斯古设立了一家图书馆（the Great Library）。该图书馆收集了加拿大大量法律文献供研究者使用。该图书馆为法律协会的成员、法官和其他授权研究者提供影印服务。法律文献由图书馆的工作人员复印,并亲自或邮寄或传真给申请复印服务的授权人员。在该图书馆法律协会也设有自主影印机供其成员使用。1993 年,加拿大 CCH 公司、加拿大 Thomson 公司和法律图书公司三家出版公司（被上诉人）起诉法律协会,要求法院判决法律协会侵犯了它们的版权。三家出版公司也寻求一项永久禁令,禁止法律协会复制它们出版的作品。法律协会拒绝承担责任,并且提出反诉,要求法院宣告:为研究目的由图书馆工作人员或律师协会的成员在自主复印机上复制一份公开的判决、案例概述、法律、规则或条约没有侵犯版权。联邦法院审判庭支持了出版者的部分主张,判决法律协会侵犯了部分作品上的版权。联邦上诉法院也支持了出版者的部分诉请,维持原判,驳回了法律协会的反诉请求。法律协会不服,上诉到加拿大最高法院。

加拿大最高法院审理后认为,本案关键是判定法律协会的复制行为是否属于加拿大《版权法》规定的合理使用。最高法院认为:"把合理使用例外理解为版权法不可缺少的一部分比仅仅理解为一种抗辩也许更加合

[①] 参见刘银良:《著作权法中的公众使用权》,《中国社会科学》2022 年第 10 期。

适。""合理使用例外,与《版权法》中其他例外一样,是一项使用者权。为了维持版权持有人权利与使用者利益的合理平衡,合理使用不应被限制性解释。"加拿大最高法院认为:"在加拿大法中,使用者权在一些法律允许的使用形式中得到体现,使用者应得到与著作权持有人一样平等的待遇。"①为了说明使用是合理的,法律协会必须证明:使用是为了研究和个人学习目的;使用是合理的。最高法院认定,法律协会提供顾客影印服务是为了研究、评论和个人学习目的。另外,考虑使用的目的、使用的特点、使用的数量、可替代措施、作品的性质和使用作品的影响六个方面,最高法院判定法律协会的使用是合理的。最终,最高法院判决:法律协会的使用行为属于合理使用,没有侵犯三家出版公司的版权。该判决是使用者权在司法保护上的重大突破。加拿大最高法院保护使用者权的这一判决也成为加拿大的判例,为其他法院援引。而且,加拿大立法部门和行政部门也予以认同。②

(3)以色列最高法院肯定使用者权

自 2013 年以色列最高法院也表达了对使用者权的认可。以色列《版权法》D 章的标题是"允许的使用"("Permitted Uses"),该章给作品规定了11 种允许的使用类型以及一般开放性许可。在 Telran 电信公司诉Charlton 公司案中,Telran 购买了该足球赛转播权,Charlton 销售含有破解足球赛电视信号的卡。Telran 起诉 Charlton。以色列最高法院认为,以色列成文法没有间接侵权规则,Charlton 的行为在以色列并不违反成文法。而案例法关于帮助侵权的判例要求直接侵权成立。但是,使用电视卡的观众的行为不构成直接侵权。因此,Charlton 的行为也不构成帮助侵权。在对版权法规定的"允许的使用"性质进行分析时,Zylbertal 法官就指出,

---

① CCH Canadian Ltd. v. Law Society of Upper Canada, 2004 SCC 13 (CanLII), [2004] 1 SCR 339.

② Society of Composers, Authors and Music Publishers of Canada v. Bell Canada, 2012 SCC 36 (CanLII), [2012] 2 SCR 326.

"'允许的使用'不应当被认定为版权侵权的'抗辩'。而且,这些'允许的使用'是因为它们不被版权法(或者任何其他法律)禁止,而不是因为它们作为那些可能侵权行为的合法抗辩。"Zylbertal 法官建议:"'允许的使用'可以被认定为积极的使用者权。"①最高法院对版权法的分析,也赞成这种结论。

2. 特定法保护使用者权

如果从立法上来分析,使用者的救济权也已经体现在法律当中。笔者下文就按照使用者权的类型来分析其可救济性。首先,尽管在大多数知识产权立法中,对合理使用和法定许可没有规定救济权。然而,在个别国家和地区,在合理使用和法定许可的情形下使用者享有请求权。《欧盟信息社会著作权指令》第 6 条(有关技术措施的义务)第 4 款给欧盟成员国设定了一项义务,即确保在著作权例外或权利人通过技术措施限制接入或使用的情形下,受益人必须能够行使这些例外。第 6 条第 4 款规定:在缺乏权利人自愿采取的一系列措施,包括权利人和其他相关当事人之间达成协议的情况下,成员国应采取适当措施,确保权利人向受益人提供根据指令第 5 条在国内法上规定的例外或限制的受益人受益于这种例外或限制的方式。②

根据《欧盟信息社会著作权指令》的要求,欧盟成员国赋予了使用者积极访问权和救济权。希腊《欧盟著作权指令执行法 3057/2002》第 66A(5)规定:"尽管有本条第 2 段给技术措施设定的保护,当涉及 2121/1993第 4 节提供的限制(例外),即为私人使用复制纸质或类似媒介(第 18条),为教学目的复制(第 21 条),图书馆和档案馆复制(第 22 条),司法或

---

① Telran Communication (1986) Ltd. vs. Charlton Ltd. (Israel Supreme Court, Civil Appeal NO. 5097/11, 2013).

② See P. Bernt Hugenholtz, Ruth L. Okediji, "Conceiving an International Instrument on Limitations and Exceptions to Copyright", 2008-03-06, http://www.ivir.nl/publications/hugenholtz/limitations_exceptions_copyright.pdf.

行政目的复制(第 24 条),以及为便利残疾人的使用(第 28A 条),权利持有人应有义务给予受益人确保受益必需范围内的措施,以使受益人依法获取受保护作品或相关材料。如果权利持有人没有采取包括与从例外受益的第三人达成协议在内的自愿措施,权利持有人和例外的受益人可以从著作权组织列举的调解员名单中选择一个或多个调解员要求给予协助。调解员给当事人提出建议。如果自建议提出之日起一个月内当事人没有反对,所有当事人被视为接受建议。雅典上诉法院对此类争端进行初审和终审。"①根据希腊这一规定,也就是说,因著作权人采取技术措施,导致使用者无法获得访问权,在为私人使用目的复制、为教学目的复制、图书馆和档案馆复制、司法或行政目的复制以及为便利残疾人的使用这 5 种合理使用情形下,著作权人有义务给受益人提供必需措施,以使受益人获取受技术措施保护的作品。使用者有权要求与著作权人协商,有权要求调解,还有权要求法院给予救济。立陶宛、斯洛文尼亚、奥地利和荷兰等国家也立法确保使用者的获取权和救济权。② 欧盟及其成员国的规定明确为使用者设定了救济权。在这些规定下,使用者权就不是没有救济权的特权或反射利益。

其次,我们来分析强制许可使用。以版权强制许可使用为例,版权的强制许可是在特定条件下,无需版权人的许可,他人通过通知、申请、诉讼或其他程序有偿获得对已经发表并享有版权的作品进行非专用、有偿使用的权利。中国目前没有版权强制许可的规定。《日本著作权法》第 67、68 和 69 条分别规定了版权人不明时的作品使用、作品的广播使用以及制作唱片等情形的强制许可。《俄罗斯联邦民法典》第七编第 1239 条就所有类型知识产权的强制许可作了一般规定:"在本法典规定的情况下,法院

---

① Law 3057/2002 Implements the European Copyright Directive.

② See Urs Grasman, Michael Girsberger, "Transposing the Copyright Directive: Legal Protection of technological Protection Measures in EU—Member States", 2004-11-30, http://cyber.law.harvard.edu/publications.

可以依照利害关系人的请求,作出判决,责成依法院判决中规定的条件下
向该人提供对其专有权属于他人的智力活动成果的使用权(强制许可使
用)。"对于合理使用,俄罗斯民法典也不是在权利限制的框架下规定,而
是直接规定各种合理使用形式。①《美国版权法》《埃及知识产权法典》等
法律也作了规定。在国际层面,《伯尔尼公约》(1971 年修订)的附件以及
《世界版权公约》第 5 条规定了翻译权和复制权的强制许可。TRIPS 协定
除了明确规定了专利权强制许可外,还规定了各项知识产权的限制与例外
规则,其中不排除版权强制许可使用。根据这些规定,在强制许可制度下,
强制许可使用正是社会公众通过请求国家公权力机关介入,制止专利权人
滥用权利的行为,救济使用者本应获得的使用权。因此,强制许可使用就
是使用权的类型之一,它不是抗辩权、客观权利或特权,而是一项具有请求
权的真正权利。有观点认为,即使授予强制许可使用,知识产权权利人也
没有协助使用者的义务。但是,法律实践反映这种观点是不符合事实的。
2004 年 3 月欧盟委员会在微软公司拒绝提供 Windows 操作系统基础信息
案中,认定微软公司滥用支配地位,要求微软公司向 Sun Microsystems 提供
接口协议的详细说明,它不仅包含微软的版权,还包含技术秘密等其他知
识产权。在 Xerox 公司案中美国联邦贸易委员会要求 Xerox 不仅免费许可
部分专利,低价许可其余专利,还应向被许可人免费提供办公复印设备的
技术秘密。② 1994 年美国联邦贸易委员会认定 MMD 公司收购 Rugby-
Darby 公司制药业务全部股份案中,认定收购协议违法,构成不公平竞争。
美国联邦贸易委员会命令 MMD 将药品配方和生产技术(含技术秘密和质
量控制数据等)许可给第三方,为潜在的新进入者在获得 FDA 批准方面提

---

① 《俄罗斯联邦民法典》第四部分(即知识产权法)第 1239 条,第 1272—1280 条。张建文
译:《俄罗斯知识产权法——〈俄罗斯联邦民法典〉第四部分》,知识产权出版社 2012 年版,第
11 页。
② In re Xerox Corp., 86 F.T.C. 364 (1975).

供信息、技术援助和咨询。①

再次,对专利权人滥用权利的救济还包括反不正当竞争、反垄断等。《安妮法》规定,如果图书的价格过高或不合理,任何人可以提出控告。如果经调查属实,有关官员可以调整、限制图书价格,书商、印刷商应向控告人支付因控告而产生的全部费用。②《安妮法》对书商的权利进行限制,并为使用者提供救济,包含着版权限制的种子。我国的《反不正当竞争法》《对外贸易法》和《反垄断法》适用于知识产权滥用行为。《对外贸易法》第 29 条明确规定,对于阻止就知识产权有效性提出质疑、强制一揽子许可、排他性返授条件等危害对外贸易公平竞争秩序的行为,国务院对外贸易主管部门可以采取措施消除危害。《反垄断法》第 68 条规定,经营者滥用知识产权,排除、限制竞争的行为,适用本法。依据《反垄断法》第 3 条的规定,垄断行为包括:经营者达成垄断协议,经营者滥用市场支配地位和具有或者可能具有排除、限制竞争效果的经营者集中。对涉嫌垄断的行为,任何单位和个人有权举报,反垄断机构依法进行调查。根据第七章(法律责任)的规定,对于违反《反垄断法》的,反垄断执法机构依法责令停止违法行为,没收违法所得,恢复正当竞争状态,处以罚款。经营者实施垄断行为,给他人造成损失的,还依法承担民事责任。根据这些实在法的规定,使用权人享有救济权。此外,2007 年中国《民事案件案由规定》在"知识产权权属、侵权纠纷"下增加了"因申请临时措施损害赔偿纠纷"。2011年最高人民法院细化了该案由,并增加了"因恶意提起知识产权诉讼损害责任纠纷"。因此,当专利权人滥用程序权利,恶意诉讼,或者错误申请临时措施,给使用权人造成损害,使用权人依法可以提起诉讼,要求赔偿。③

---

① The Dow Chemical Company, Et Al., 118 F.T.C. 730 (1994).

② An Act for the Encouragement of Learning, by Vesting the Copies of Printed Books in the Authors or Purchasers of such Copies, during the Times therein mentioned(1970).

③ "袁利中与通发厂、通发公司专利侵权纠纷",(2003)宁民三初字第 188 号。

最后,在客体限制的情况下,在专有权注册或登记的程序中,如果拟注册或登记的专有权超出客体范围,或者不符合其他条件,使用者可以提出异议、撤销,或者提起诉讼要求认定专有权无效。例如,我国《专利法》第45条规定,在授予专利权之日起,任何单位和个人可以依法请求专利复审委员会宣告该专利权无效。第47条规定,专利权宣告无效后,因专利权人的恶意给他人造成损失,应当给予赔偿。因此,在违反客体限制的情形下,使用者的权利也不是特权。

总而言之,使用者权在性质上并不是客观权利或特权,并非不能得到救济。时间限制、空间限制、合理使用和法定许可一般仅是一种抗辩权,不包含救济权,但在一些国家和地区,其法律赋予了合理使用、法定许可使用以救济权。而强制许可使用、专利权人滥用权利及客体限制的情形下,使用者享有寻求法律救济的权利。从性质上看,使用者权没有同一性,某些使用者权是主观权利,某些是客观权利。而且,合理使用和法定许可使用的性质受立法影响,它可能是主观权利,也可能是客观权利。是否授予使用者权以救济权受实在法影响。

(二) 使用者权已经蕴含在国际知识产权法中

TRIPS协定第7条对协定目标的规定明确提到要促进使用者的利益。它规定:知识产权的保护与执法,目的应在于促进技术知识的创造者和使用者互利。应该说,该规定为使用者权的执法保护提供了基础。而且,国际条约中也有部分强制性限制与例外。例如:《巴黎公约》第5条之三规定了临时入境船舶、飞机或车辆一部分的专利器械侵权例外,其使用的措辞是"在本联盟任何国家内,下列情况不应认为是侵犯专利权人的权利"。第6条之三规定,对仿制或包含国旗、国徽、官方检验印章和政府间组织徽记的商标,各成员国应拒绝注册或使其注册无效,并禁止使用。《伯尔尼公约》第2条第8款规定不保护日常新闻或纯属报刊消息性质的社会新闻。第9条第2款规定成员国得允许在某些特殊情况下复制作品(It shall be a matter for legislation in the countries of the Union to permit the reproduction of such works in certain special cases.)。在1967年草拟该款时,争论了很长时间,对该款的解释也有分歧。不过,WIPO认为这一款给予成员一种权力来削弱专有复制权。① 第10条第1款规定的引用权也属强制性规定,在各成员国应普遍适用。《关于保护奥林匹克标志的内罗毕条约》第1条要求所有缔约国有义务拒绝注册或使包含奥林匹克标志的商标无效。《关于集成电路的知识产权条约》第6条第2款,对于为私人目的或者为评价、分析、研究或教学目的复制等行为,任何缔约方不应认为是非法行为,此外,分析和反向工程、独立开发的相同设计不视为侵权行为。TRIPS协定第9条第2款,著作权保护不延及思想、工艺、操作方法或数学概念本身。就集成电路布图设计,TRIPS协定第37条规定,不知道或不应知道物品中含有非法复制的布图设计,任何成员不得认为其非法。而且,该条还硬性要求成员作出相应规定。WCT第2条,对思想、过程、操作方法或数学概念本身不给予版权保护,该规定与TRIPS协定第9条第2款一致。欧洲专利条约第52条和第53条规定,强制性的保护排除和可专利性例外。欧盟信息社会版权指令第5条第1款规定,临时复制应当从复制权中获得豁免(shall be exempted from the reproduction right)。第6条(有关技术措施的义务)第4款也给欧盟成员国设定了一项义务,确保在版权例外或权利人通过技术措施限制进入或使用的情形下,受益人必须能够行使这些例外。该款规定:在缺乏权利人自愿采取的一系列措施,包括权利人和其他相关当事人之间达成协议的情况下,成员国应采取适当措施,确保权利人

---

① 参见[法]克洛德·马苏耶:《保护文学和艺术作品伯尔尼公约(1971年巴黎文本)指南》,刘波林译,中国人民大学出版社2002年版,第45页。另外,1948年《伯尔尼公约》布鲁塞尔文本首次出现了公开表演权,会议当时就讨论了"小保留"("Minor Reservation")问题。修订会议总报告人明确提及国内立法可以采取"小保留",例如:为宗教仪式、军乐队、儿童和成人教育的需要而规定有限的例外。

向受益人提供根据指令第 5 条在国内法上规定的例外或限制的受益人受益于这种例外或限制的方式。

特别需要关注的是 WIPO 在 2013 年 6 月 17 日到 28 日的马拉喀什外交会议上通过的《关于为盲人、视力障碍者或其他印刷品阅读障碍者获得已出版作品提供便利的马拉喀什条约》（以下简称《马拉喀什条约》）。该条约已于 2016 年 9 月 30 日起生效，2022 年 5 月 5 日对中国生效，现拥有 93 个成员。该条约是为了满足阅读障碍者寻求、接受和传递各种信息和思想的自由，其中包括通过他们自行选择的一切交流形式寻求、接受和传递各种信息和思想的自由，享受受教育的权利和从事研究的机会。为此，第 4.1 条规定："缔约各方应在其国内版权法中规定对复制权、发行权和《WIPO 版权条约》规定的向公众提供权的限制或例外，以便于向受益人提供无障碍格式版的作品。国内法规定的限制或例外应当允许将作品制成替代性无障碍格式所需要的修改。"该条强制性要求缔约国为阅读障碍者设定版权限制与例外。[①] 第 7 条要求缔约方确保在保护技术措施时不妨碍受益人享受该条约规定的限制与例外。

综上，尽管在国际法上对知识产权时间和空间没有限定，有些限制只是任意性规定。但是，一些条约明确保护使用者的利益，而且在国际条约中也有不少强制性限制与例外。根据有约必守原则，条约的成员国有义务在其国内法上设定这些限制与例外。因此，国际法上这些强制性限制与例外间接地为使用者在国内法上设定了权利。国际法上强制性限制与例外，也可以说是给成员国为使用者提供立法救济设定了义务。

（三）国际知识产权法为使用者权设定了部分救济制度

对于任意性限制与例外，国际法没有规定它的救济问题。即使强制性

---

① 相关论述参见孙伶俐：《为视障者获取信息的版权限制与例外——世界知识产权组织相关议案述评》，《中国版权》2011 年第 6 期。

限制与例外,国际法上也很少给国家设定为使用者提供救济的义务。不过,在国际法上还是存在少量要求救济使用者权的规范。

《巴黎公约》第 6 条之三规定,对仿制或包含国旗、国徽、官方检验印章和政府间组织徽记的商标,各成员国应拒绝注册或使其注册无效,并禁止使用。《关于保护奥林匹克标志的内罗毕条约》第 1 条要求所有缔约国有义务拒绝注册或使包含奥林匹克标志的商标无效。上述规定是知识产权客体限制,同时提出了禁止和注销的要求。如果说该规定主要是对公共机构权利的保护,下列条款则是对普通公众使用权的救济。

TRIPS 协定第 15.5 条就要求:"在有关商标获得注册之前或在注册之后,成员应予以公告,并应提供请求撤销该注册的合理机会。此外,成员还可提供对商标的注册提出异议的机会。"该条是对违反商标客体限制的救济规定,它要求成员为使用者提供异议或撤销此种商标的程序。第 19.1 条暗含,如果将使用作为保持注册的前提,3 年连续不使用,且商标所有人未出示妨碍使用的有效理由,可以撤销该商标的注册。第 22 条规定,某商标包含地理标志,而该商品并非来源于该地理标志标示的地域,具有误导公众商品来源地的性质,则在国内立法允许的情况下该成员应依职权,或者应该依利害关系人的请求驳回或者撤销该商标的注册。对于表面真实但误导公众商品来源地的地理标志也适用上述规定。该条一方面是处理商标与地理标志的关系,另一方面也是对商标权客体限制,及使用者权的救济。

TRIPS 协定第 41.1 条要求知识产权执法程序的应用方式应避免对合法贸易造成障碍,且应为防止滥用执法程序提供保障措施。可以说,该规定是对知识产权执法程序的平衡,它在性质上是一条一般性的强制性使用者权救济规定。第 48 条(对被告的赔偿)第 1 款规定,如果知识产权持有人滥用了知识产权执法程序,司法当局应有权责令其赔偿误受禁止或限制的另一方当事人的损害以及被告支付的开支,其中可以包括适当律师费;

第 2 款规定政府及官员应为其过错实施的行为承担责任。第 50.3 条规定,司法当局应有权要求申请采取临时措施的权利人提供合法证据、防止滥用权利的保证金。第 53.1 条,在申请采取边境措施程序时,主管当局应有权要求申请人(常为知识产权人)提供保证金或相当的担保。[①] 第 48 条、第 50 条和第 53 条的上述规定在性质上,是协调成员域内遭受知识产权人滥用执法程序损害使用者救济制度的强制性规定。当然,如本书第四章所述,TRIPS 协定的上述规定还存在缺陷,对使用者的救济重视不够。

从上述国际规定看,国际法上对使用者权的救济规定已经通过制止知识产权滥用的规则体现出来。知识产权人滥用其专有权,实际上限制或取消使用者的利益,构成对使用权的侵犯。禁止权利滥用是知识产权限制中权能限制下的一种类型。不过,对于其他类型的知识产权限制,在国际法上还没有给国家设定强制性救济义务。其中,时间限制和空间限制在国际法上没有被设定,就更加不可能在国际法上设定救济制度。部分客体限制和权能限制属于任意性规定,在国际法上没能形成相应的使用者权,因此也没有救济的基础。这也反映出国际知识产权法对使用者权的保护还存在很大空缺。

三、使用者权执法的现实需求

知识产权人滥用知识产权,侵害使用者权的案件不胜枚举,尤其以知识产权主张实体为甚。知识产权主张实体在全球泛滥,导致使用者权遭受大规模的侵害。

知识产权主张实体最早衍生于美国专利领域。19 世纪 40 年代至 80 年代,专利主张实体(时称"专利鲨鱼",Patent-sharks)引发了美国第一次

[①]　参见张伟君、单晓光:《TRIPS 协议对知识产权滥用的规制探析》,《WTO 动态与研究》2007 年第 10 期。

专利诉讼"爆炸",它们受让原始专利权人没有使用的专利,然后立刻勒索后续发明人。① 20 世纪 80 年代,专利主张实体(时称"专利蟑螂",Patent Trolls)掀起第二次专利诉讼浪潮。本世纪初,专利主张实体又开始泛滥。它们收购权利范围模糊并容易被侵犯的专利权,然后利用美国专利诉讼耗时(平均一起 2.4 年)、耗钱(平均一起 250 万美元)及自担诉讼费等制度缺陷,选择对专利权人友好的法院(如得克萨斯州东区法院)起诉。被诉使用者被迫无奈,往往选择接受比应诉费用较低的金额与专利主张实体和解。2012 年,专利主张实体在美国的起诉量达到 2921 件,占美国全年专利侵权诉讼量的 62%。② 从此,专利主张实体取代专利实施实体,成为专利侵权诉讼的主要发起者。2013 年后,美国采取了诸多遏制措施,专利主张实体侵权诉讼占比有所回落。但是,2018 年至 2020 年,它们发起的专利侵权诉讼占比仍然在 50%左右。③ 专利主张实体还发送大量索赔函。例如,MPHJ 公司以 81 家附属空壳公司的名义,在不到一年间向全美一万多家小企业发送了三万多封虚假索赔函。④

在版权领域,知识产权主张实体的行为可追溯到 1870 年。20 世纪 90 年代美国 SCO 公司从 1500 个使用开源操作系统 Linux 的公司收取许可费。在我国,版权主张实体的商业维权活动肇始于本世纪初,以视觉(中国)文化发展股份有限公司(以下简称"视觉中国")、北京三面向版权代理有限公司(以下简称"三面向公司")和磊若软件公司(Rhino Software,

---

① See Christopher Beauchamp, "The First Patent Litigation Explosion", *Yale L. J.*, Vol. 125 (2016), p. 848.

② See RPX Corporation, "Tracking PAE Activity: A Post – script to the DOJ Review", 2013 – 01 – 23, https://www.rpxcorp.com/intelligence/blog/tracking – pae – activity – a – post – script – to – the – doj – review/#.

③ See RPX Corporation, "Patent Litigation Increased in 2020 Despite COVID‑19 and Slight Q4 Dip, Driven by NPE Filings", 2021 – 01 – 14, https://www.rpxcorp.com/data – byte/patent – litigation‑increased‑in‑2020‑despite‑covid‑19‑and‑slight‑ q4‑dip‑driven‑by‑npe‑filings/.

④ 参见谢光旗:《专利侵权警告函:正当维权与滥用权利的合理界分》,《重庆大学学报(社会科学版)》2022 年第 1 期。

Inc.)为代表,涉及文字作品、摄影作品、音乐作品、电影作品和计算机软件等多种类型的作品。① 视觉中国的商业模式与 Getty 公司如出一辙,其大量图片来源于 Getty 公司。2019 年 4 月,视觉中国在事件视界望远镜国际合作组织(EHT)发布的黑洞图片上打上自己的水印,谎称自己获得了著作权,要求商业使用者支付使用费。

统计数据表明,在美国专利主张实体平均胜诉率仅 26%,个体专利主张实体胜诉率仅 18%。② 也就是说,在大多数情况下,使用者并不侵犯知识产权。再看 2014—2018 年,科斗公司针对深圳市腾讯计算机系统有限公司(以下简称"腾讯公司")、掌阅科技股份有限公司(以下简称"掌阅公司")和杭州古北电子科技有限公司(以下简称"古北公司")等提起专利侵权诉讼 57 起,没有 1 起胜诉。高域(北京)智能科技研究院有限公司诉深圳市大疆创新科技有限公司等侵犯专利权的案件,涉案专利 89.5%被无效。诉讼、行政投诉及侵权警告函是为知识产权遭受侵害而提供的救济措施。其前提是行为人享有知识产权,以及他人侵犯了其有效的知识产权。在大多数情况下,知识产权主张实体没有有效的知识产权,或者他人并未侵犯其知识产权,因此其维权的基础不存在。另外,知识产权主张实体还往往伪造证据、恶意诉讼、虚假发送侵权警告函、恶意投诉,因此其维权手段不正当。

WIPO 曾指出,知识产权主张实体的活动主要就是为了寻租。那些具有利益回报前景的知识产权人都成为知识产权主张实体执法措施瞄准的对象。当这些公司被威胁提起昂贵的诉讼时,一般倾向于被迫支付专利费,即使该公司觉得它并没有侵犯知识产权。由于知识产权主张实体不从事生产,因此没有侵犯他人知识产权的风险,也没有被反诉的风险。WIPO

---

① 参见易继明、蔡元臻:《版权蟑螂现象的法律治理》,《法学论坛》2018 年第 2 期。

② See PWC, "2018 Patent Litigation Study", 2018-05-01, https://www.pwc.com/us/en/forensic-services/Publications/assets/2018-pwc-patent-litigation-study.Pdf.

的结论是,知识产权主张实体对社会是有害的,因为它们增加了创新的风险和成本。①

第三节　加强使用者权执法的构造

制度的变迁一般是对构成制度框架的规则、准则和实施的组合所作的边际调整。② 国际知识产权法的执法制度利益失衡不断加剧,发展中国家的利益和使用者的利益不断被侵蚀,这要求对国际知识产权法的执法制度进行调整。在联合国经社理事会,潘基文秘书长提出:必须对知识产权的规则进行修订,从而强化技术进步,保证穷人进一步获得新技术和产品。经社理事会建议:应当允许最不发达国家全面使用例外和限制,尤其是在研究和合理使用方面。现有知识产权体制进行微调是不足以解决知识的传播和使用难题。③

国际知识产权法的平衡,需要在国际知识产权法上明确彰显使用者权,给各国的知识产权限制设定最低标准,严格防止发达国家过分延长知识产权的保护期限,防止发达国家扩大知识产权的保护范围。就知识产权执法制度而言,当前尤其要给各国设定为使用者提供执法保护的义务,并强化使用者权的执法保护,从而使严重失衡的国际知识产权法的执法制度恢复平衡。为使用者权求得国际保护是一项异常庞大的工程。对使用者权的侵害主要源自知识产权实体权利和救济权的滥用。国内法主要通过知识产权强制许可、反垄断法和诉讼法来制止知识产权滥用。在国际层

---

① See WIPO, "World Intellectual Property Rights Report: The Changing Face of Innovation", 2014-03-05, http://www.wipo.int /export/sites/www/freepublications/en/intproperty/944/wipo_pub_944_2011.pdf.

② 参见[美]道格拉斯·C.诺斯:《制度、制度变迁与经济绩效》,刘守英译,生活·读书·新知三联书店1994年版,第111页。

③ UNCTAD, The Least Developed Countries Report 2007, *UNCTAD/LDC/*2007, 9 July 2007.

面,尽管 TRIPS 协定囊括了上述三个方面的内容,但是还存在很多不足,包括:防止程序滥用不得力、限制了强制许可使用、对限制或排除竞争行为控制弱等三大问题。而以《跨太平洋伙伴关系协定》为代表的新协定尤其忽视了使用者权的执法保护,使用者权执法保护制度缺失、对程序滥用行为防范不足制裁不力并且威胁使用者权。为了恢复国际知识产权法的执法制度利益平衡,笔者认为,可以从强化强制许可使用、防止程序滥用制度和反垄断法等方面来加强使用者权的执法保护。

一、加强强制许可使用国际规范

英国的专利法强调实施专利,对不实施专利滥用垄断权的行为,采取强制许可。美国专利法没有实施专利的义务,也没有完整的强制许可措施。在美国,专利权人完全有权决定是否许可。专利权人不实施专利,拒绝实施专利行为并不违法,也不属于滥用专利的行为。美国的反托拉斯法对于权利人单方拒绝许可专利的行为予以豁免。因为拒绝许可版权而被认为违反美国反托拉斯法的十分罕见。①

前已述及,国际强制许可制度至少存在以下两方面的问题。第一,多数发展中国家国内企业不具备充分的药品生产能力。得到强制许可生产药品的企业并不能得到专利权人的技术支持。第二,发达国家通过双边协定等方式限制 TRIPS 协定允许的强制许可。在此情形下,使用者在知识产权人滥用权利后,不能得到有效的救济。尤其涉及医药方法专利和产品专利,限制强制许可还危及公共健康。针对以上问题,笔者建议:

第一,充分肯定国家实施强制许可的权利。《巴黎公约》第 5 条 A(2)规定:"本联盟各国都有权采取立法措施规定授予强制许可,以防止由于行使专利所赋予的专有权而可能产生的滥用,例如:不实施。"《巴黎公约》

---

① 参见张伟君:《知识产权滥用规制制度研究》,同济大学 2007 年博士学位论文,第133 页。

这一规定是对成员国授予强制许可权力的肯定,也为使用者获得强制许可使用权利提供了国际法依据。国际知识产权法应回归《巴黎公约》对强制许可肯定的态度,明确规定任何成员不得给其他成员准予强制许可施加更严格的限制,并逐步取消 TRIPS 协定对强制许可的不合理限制。

第二,在国际知识产权法的执法制度上,要求各国使专利权人有支持强制许可实施专利的义务。对于涉及的专有技术等,应一并予以强制许可。其实发达国家为了本国利益,在一些反垄断案件中不仅强制授权许可使用,而且还要求知识产权人提供相关技术。2004 年 3 月欧盟委员会在微软公司拒绝提供 Windows 操作系统基础信息案中,认定微软公司滥用支配地位,要求微软公司向 Sun Microsystems 提供接口协议的详细说明,它不仅包含微软的版权,还包含技术秘密等其他知识产权。在 Xerox 公司案中美国联邦贸易委员会要求 Xerox 不仅免费许可部分专利,低价许可其余专利,还向被许可人免费提供办公复印设备的技术秘密。① 1994 年美国联邦贸易委员会在 MMD 公司收购 Rugby-Darby 公司制药业务全部股份案中,认定收购协议违法,构成不公平竞争。联邦贸易委员会命令 MMD 将药品配方和成产技术(含技术秘密和质量控制数据等)许可给第三方,为潜在的新进入者在获得 FDA 批准方面提供信息、技术援助和咨询。② 我国也曾有这种立法举动。在 1996 年国家经贸委《商业秘密法(送审稿)》就规定:"国家在出现紧急状态、非常情况时,或者为了公共利益目的,可以对商业秘密予以强制披露或者许可使用。但应当对商业秘密权利人予以适当补偿。"有研究者也建议我国建立技术秘密权利强制许可制度。③ 此外,计算机软件(无论是以版权或专利权保护)、植物新品种权(不论是以专利保护

---

① In re Xerox Corp., 86 F.T.C. 364 (1975).

② The Dow Chemical Company, Et Al., 118 F.T.C. 730 (1994).

③ 参见黄丽萍:《知识产权强制许可制度研究》,知识产权出版社 2012 年版,第 179—182 页。

或专门保护)①、集成电路布图设计都可明确列入强制许可对象范围。上述立法和法律实践为国际立法提供了依据。

二、加强制裁程序滥用国际规范

（一）现行制裁程序滥用国际规范的不足

以 TRIPS 协定为中心的现行国际知识产权法的执法制度对滥用执法程序的行为规定了制裁措施。不过,笔者在第四章通过规范分析和实证分析归纳出 TRIPS 协定在防止程序滥用方面存在如下不足。第一,在滥用程序的制裁上,TRIPS 协定对使用者的利益保护不足。第二,在滥用执法程序的类型上,TRIPS 协定没有将滥用知识产权以诉讼相威胁的行为纳入协定之下。第三,在滥用执法程序的主体上,TRIPS 协定没有明确要求成员规定司法机关及法官滥用执法程序损害被告权益的责任。第四,在滥用的程序上,刑事程序滥用规则缺失。《跨太平洋伙伴关系协定》极力扩大知识产权人利益执法保护范围,提高救济标准,但是对知识产权人、国家机关及其官员滥用执法程序的制裁几乎没有要求。国际知识产权法的执法制度对滥用执法程序行为的制裁首先应警惕《跨太平洋伙伴关系协定》的错误倾向,同时在 TRIPS 协定的基础上予以完善。

（二）各国防止程序滥用制度比较

目前对滥用知识产权执法程序的研究较少,现有研究主要关注知识产权权利人滥用民事诉讼程序问题。对协调滥用知识产权执法程序国际制度的研究更少。笔者下文通过程序权利滥用比较研究成果来进一步探究知识产权执法程序滥用国际制度的完善问题。在 1998 年,在新奥尔良图莱恩大学召开了程序权利滥用(The Abuse of Procedural Right)的学术研讨

---

① 参见李菊丹:《欧盟品种权强制许可制度及其借鉴意义》,《知识产权》2011 第 7 期。

会。意大利的米歇尔·塔鲁佛教授在各个国家和地区的分报告基础上作了综合报告。① 德国的汉斯教授对德国和奥地利的程序滥用制度作了深入的研究。② 由于滥用诉讼权利占滥用程序的绝大部分,所以学者一般认为滥用程序就是滥用诉讼权利。对程序滥用的概念无论是国内法还是国际法没有明确规定。原因可能是程序滥用多种多样,很难界定。认定程序滥用的标准各国不一,理论上也不同。我国学者提出了如下标准可以作为参考,即程序法定主义是判断程序滥用的基本标准,诚实信用原则是判断程序滥用的弹性标准。③

程序权利滥用类型可以分为:(1)滥用法院救济权,包括原告滥用起诉权和被告滥用防御权。一项共同的判断标准就是,原告提出的诉讼请求没有任何法益,也就是说没有任何法律上或者事实上的依据。(2)拖延程序,提出重复性动议是拖延程序的惯常做法。(3)滥用提供和获取证据程序。多次请求证据开示是普通法国家中最常见的滥用行为。(4)滥用上诉程序。无理上诉、重复性上诉、轻率和拖延上诉都被认为是上诉的滥用。(5)滥用执行程序。当然,还可以进一步高度概括为滥用诉讼(abuse of litigation)和滥用具体程序(abuse of specific procedure devices)两种类型。

在滥用程序的主体上,塔鲁佛的报告首先强调法官可能滥用程序权利,典型表现就是滥用自由裁量权,包括不正当使用程序管理权力和错误认定证据。起诉人包括公诉人在许多情况下也滥用程序,当然,被告也有滥用程序的可能。代理律师往往是实际滥用者。

关于滥用行为的主观状态,大陆法系的法国、意大利等国要求一定的主观状态,但是德国、比利时及一些拉美国家没有这种要求。我国学者主

---

① 参见[意]米歇尔·塔鲁佛:《诉讼权利的滥用:程序正义的比较标准》,刘敏等译,《金陵法律评论》2007 年春季卷。

② 参见[德]博克哈德·汉斯:《德国和奥地利的程序滥用制度》,张艳译,载陈光中等编:《诉讼法论丛》,法律出版社 2001 年版,第 724—752 页。

③ 参见陈桂明、刘萍:《民事诉讼中的程序滥用及其法律规制》,《法学》2007 年第 10 期。

张,滥用民事诉权需要承担侵权责任,其责任构成要件采取侵权责任构成的四要件说:实施了滥用民事诉权行为;滥用民事诉权行为人存在过错;滥用民事诉权行为产生了具体损害事实;滥用民事诉权行为与损害结果存在直接因果关系。① 普通法系不需要明确的主观条件,它们基本采用"客观"标准,但不排除一些例外。在滥用行为的制裁上,滥用程序权利应对滥用者施以制裁是一般原则,不过制裁措施及强制力各国差别很大。金钱制裁是使用最多、最广的制裁方式,包括损害赔偿、诉讼费用分担和罚款。另一类制裁措施是认定无效、禁止行为、确认违法、予以驳回等程序性方法。②

(三) 加强制裁程序滥用国际规范的构想

知识产权执法程序滥用是执法程序参与人不正当利用救济程序的行为,在自力救济和公力救济程序中都可能存在。为了强化使用者权的执法保护,应拓宽国际知识产权法的执法制度下程序滥用制裁适用的主体和程序类型,全面规制滥用知识产权执法程序的行为。

第一,建立对使用者受损利益全部赔偿原则,扩大滥用程序对使用者利益损害赔偿的范围。全部赔偿原则是确定财产损害赔偿范围的总原则。我国《民法典》第1184条反映了这一原则。正常情况下实际上可以得到的利益,即间接损失也在赔偿的范围之内。③ 这既是对受害人利益的保障,也是对侵权人的应有制裁。首先,修正 TRIPS 协定第50.7条和第56条对使用者的不公,将使用者的开支列入必须赔偿的范围,将律师费列为可以赔偿的范围,从而实现使用者与知识产权人之间的公平。这是对 TRIPS 协定第45条下权利人受损有权获得赔偿范围的平衡,也是为了与

---

① 参见潘牧天:《滥用民事诉权的侵权责任研究》,上海社会科学院出版社2011年版,第108—136页。

② 参见[意]米歇尔·塔鲁佛:《诉讼权利的滥用:程序正义的比较标准》,刘敏等译,《金陵法律评论》2007年春季卷。

③ 参见杨立新:《侵权责任法》,法律出版社2010年版,第142—144页。

TRIPS 协定第 48 条一致。在 TRIPS 协定第 48 条下,司法当局应有权要求原告向被告赔偿损害和开支,可以包括律师费。[①] 其次,将使用者可得利益损失明确列入赔偿范围,避免发达国家对 TRIPS 协定第 48 条中的"适当赔偿"作限缩解释。受美国 337 调查程序滥用的中国企业,因美国知识产权人滥用程序,导致中国企业的产品遭到限制或禁止而产生的间接损失非常巨大。这种损失应该得到赔偿。

第二,将滥用诉权威胁诉讼纳入知识产权滥用范畴。TRIPS 协定没有明确将仅以诉讼相威胁而不提起诉讼的行为纳入知识产权滥用中。实践中,知识产权人时常通过诉讼威胁的手段限制或者排除竞争者,这种行为既损害了自由竞争环境,也影响了技术传播和使用。英国《1883年专利法》规定了"制止威胁的诉讼"(Action to Restrain Threats)。英国《1949 年专利法》更为详细地规定:任何人通过传单、广告或其他方式,以提起专利侵权诉讼威胁任何他人,任何遭受侵扰的人都可以提起诉讼要求解除威胁。除非被告证明原告侵权,原告还可以宣布该威胁是不公正的声明;禁止继续威胁的禁令;遭受的损害赔偿。针对不当威胁,英国皇家在 2017 年 4 月 27 日同意实施《知识产权(不正当威胁)法》【Intellectual Property(Unjustified Threats)Act】。该法制定的目的是使企业和创业者免受知识产权人的不当威胁。该法是 2012 年由英国商业、创新和技能部(BIS)及知识产权局(IPO)提请法律委员会重新审查专利法、商标法和工业设计法中已有的威胁条款,修订和编撰而成的法律。该法规定了知识产权人侵权警告函的形式、内容和程序,规定了哪些是不允许的警告函,哪些是允许的警告函,被警告者(使用者)可以如何寻求救济,等等。

我国《著作权法》第五章规定著作权和与著作权有关的权利的保护,

---

① See Daniel Gervais, *The TRIPS Agreement: Drafting History and Analysis*, England: Thomson Reuters Limited, 2012, p. 592.

在性质上都属于制裁侵犯知识产权行为的规范,并无制裁滥用知识产权的规范。我国《专利法》第 20 条规定不得滥用专利权,《商标法》第七条要求商标权人遵循诚实信用原则。但是,两部法律没有规定制裁滥用知识产权行为的规范。所幸,最高人民法院作出了制裁滥用知识产权行为的规范。在《最高人民法院关于知识产权侵权诉讼中被告以原告滥用权利为由请求赔偿合理开支问题的批复》(法释〔2021〕11 号)中,最高人民法院明确,"在知识产权侵权诉讼中,被告提交证据证明原告的起诉构成法律规范的滥用权利损害其合法权益,依法请求原告赔偿其因诉讼所支付的合理的律师费、交通费、食宿费等开支的,人民法院依法予以支持。被告也可以另行起诉请求原告赔偿上述合理开支"。该批复明确了知识产权人的反赔制度,在性质上属于制裁滥用知识产权行为的规范。它弥补了我国《著作权法》《专利法》和《商标法》等知识产权法的立法空白。为人民法院制裁滥用知识产权的行为提供了具体规范。

此外,《印度著作权法》(1999 年修订)第 60 条也规定了无端以法律程序相威胁的救济。以上立法实践反映,各国已经将滥用诉权威胁作为滥用知识产权的行为予以惩治。《发展中国家商标、厂商名称和不正当竞争行为示范法》也将"以提起专利或商标侵权诉讼威胁竞争对手,而这种威胁是欺诈性的,是以减少竞争对手的交易量和阻止竞争为目的"规定为不正当竞争行为。

第三,明确将司法机关滥用执法程序的责任纳入国际制度中来。对于国家机关及其工作人员滥用职权侵害行政相对人或当事人的行为采取违法责任原则。在滥用程序的主体上,塔鲁佛的报告首先强调法官可能滥用程序权利,典型表现就是滥用自由裁量权,包括不正当使用程序管理权力和错误认定证据。[①] 受强化知识产权人利益保护思想的影响,发达国家司

---

① 参见[意]米歇尔·塔鲁佛:《诉讼权利的滥用:程序正义的比较标准》,刘敏等译,《金陵法律评论》2007 年春季卷。

法机关倾向于知识产权人利益的保护,而且还豁免国家机关及其工作人员出于保护知识产权人利益这种"善意"导致的损害赔偿责任。这使得使用者的利益不能得到充分保护。TRIPS 协定第 48.2 条和第 58 条规定,成员可以免除公共机构出于善意保护知识产权的目的而损害行政相对人利益的过失责任。中国《国家赔偿法》采用的归责原则是违法责任原则。①TRIPS 协定采过错责任原则不利于有效防范和制裁知识产权强势国家的执法机关为保护知识产权滥用执法程序损害使用者利益的行为。

第四,设定制止刑事程序滥用的义务。TRIPS 协定第 61 条对刑事程序滥用根本没有涉及。在刑事程序中,自诉人、公诉人在许多情况下也滥用程序。② 知识产权权利人滥用刑事手段打击竞争对手的情形时有发生,已经引起了我国实务界及部分学者的重视。③

三、构建 SEP 禁诉令国际规范

"禁诉令是指一国法院对系属该国法院管辖的当事人发出的,阻止他在外国法院提起或者继续进行已提起的、与在该国法院未决的诉讼相同或者相似的诉讼的限制性命令。"④标准必要专利禁诉令可以称之为一国法院阻止标准必要专利纠纷当事人在外国法院提起或者继续进行已提起的、与在该国法院未决的诉讼相同或者相似诉讼的限制性命令。标准必要专利是企业或个人为满足产品或方法标准必须要使用的专利技术,其纠纷主要涉及专利权人和使用者。专利权人提起专利侵权之诉和裁判许可使用条件之诉,使用者可以提起确认不侵权之诉、裁判许可使用条件之诉和反

---

① 参见申明:《国家赔偿责任归责原则比较研究》,《行政与法》1996 年第 1 期。

② 参见[意]米歇尔·塔鲁佛:《诉讼权利的滥用:程序正义的比较标准》,刘敏等译,《金陵法律评论》2007 年春季卷。

③ 参见李奎:《审理知产案 应防滥用刑事手段》,2013 – 06 – 13,.http://www.fawan.com/Article/fzfk/2013/06/13 /150537200710.html。

④ 李双元、欧福永主编:《国际私法》,北京大学出版社 2018 年版,第 368 页。

垄断之诉。根据禁诉令申请人的不同,标准必要专利禁诉令可分为使用者禁诉令和专利权人禁诉令。欧盟诉中国知识产权执法案(DS611)暴露出标准必要专利禁诉令国际规范的缺失。笔者建议从以下方面构建国际规范。

(一) 肯定标准必要专利使用者禁诉令

在国家层面,对于禁诉令有两种截然相反的态度。禁止禁诉令的主要是欧盟及其成员国。欧盟成员国之间的《关于民商事案件管辖权及判决执行的布鲁塞尔公约》(简称《布鲁塞尔公约》)禁止缔约国针对另一缔约国法院颁发禁诉令,即便另一当事人在现有诉讼中实施恶意诉讼。颁发禁诉令的包括英国和美国等英美法系国家,以及我国。美国最早颁发标准必要专利禁诉令,也是颁发数量最多的国家。我国参考美国做法,在2020年颁发了五个禁诉令。在理论上,也有反对禁诉令及支持禁诉令两种观点。反对禁诉令者认为,禁诉令内在机理缺乏合理性,在国际法上缺乏合法性,与我国法治文化不合。[①] 不过,大多数学者赞同颁发禁诉令,也建议保持谨慎和克制原则。[②]

笔者赞同法院颁发使用者禁诉令。第一,禁止主义不利于保护使用者利益。标准必要专利权人为了追求垄断利润,往往以禁令为工具,"劫持"使用者接受其高额的费率。在禁止主义下,当专利权人在亲专利权人国家法院起诉使用者时,使用者却无权寻求禁诉令以排除专利权人不正当的行为。第二,特定情形下一国法院颁发禁诉令有国家主权原则的依据,并不

[①] 参见宁立志、龚涛:《禁诉令大战的理论意蕴与实践应对》,《政法论丛》2021年第6期。

[②] 参见欧福永、袁江平:《国际专利诉讼中的禁诉令制度》,《湖南大学学报(社会科学版)》2022年第2期。聂建强、潘雪娇:《专利跨国诉讼中禁诉令适用的困境与纾解》,《科技与法律》2022年第4期。徐伟功、贾赫:《标准必要专利纠纷视角下我国禁诉令制度的构建》,《社会科学家》2022年第10期。崔国斌:《标准必要专利诉讼中禁诉令的适用》,《知识产权》2023年第2期。

侵犯他国主权。根据主权原则,各国有独立行使司法权的自由,但都不得侵犯他国司法权。外国法院对他国同族专利进行司法裁判时,本身就没有国际法依据,而且侵害了其他专利授予国的司法权,也非法剥夺了专利使用者根据专利授予国法律享有的权利。在此情形下,专利授予国法院颁发使用者禁诉令,是捍卫自身管辖权的合法行为,是维护专利使用者权益的合法行为。第三,我国奉行和谐世界的法治文化,但绝不以牺牲司法主权与使用者的正当权益为代价。

笔者反对颁发全球禁诉令。全球禁诉令即一国法院禁止当事人在所有外国法院起诉的命令。短期看,全球禁诉令对使用者利益有好处,能满足使用者更大范围的诉求。长期看,全球禁诉令伤及专利权人而打破利益平衡,最终不利于发展价值。在标准必要专利纠纷中,各个专利授予国都有管辖因本国专利产生的纠纷之权利。一国法院颁发国别禁诉令的正当性在于外国法院剥夺了本国法院的管辖权或者侵害了本国使用者利益。一国法院颁发全球禁诉令,禁止那些并没有启动诉讼程序的外国法院诉讼,就缺乏了正当性,也损害了其他法院的管辖权。这往往会遭到其他国家法院的反禁诉令。针对未启动诉讼程序国家颁发禁诉令,可视为预防性禁诉令。在没有初步证据的情况下,颁发预防性禁诉令缺乏正当性依据。武汉中院在三星公司诉爱立信公司案中,给爱立信公司颁发了全球禁诉令,①结果就招致美国得州法院颁发反禁诉令。② 在欧盟诉中国知识产权执法案中,乌克兰、美国和挪威等15个成员保留以第三方身份参与诉讼的权利,其原因也是我国颁发的全球禁诉令可能影响它们的利益。

对于专利权人禁诉令,即应专利权人申请一国法院禁止使用者在外国法院诉讼的命令,应予以限制。禁诉令作为公器,专利权人和使用者都可

---

① 武汉市中级人民法院(2020)鄂01知民初743号民事裁定书。

② Ericsson Inc. et al v. SAMSUNG ELECTRONICS CO., LTD. et al, No. 2:2020cv00380, Document 14 (E.D. Tex. 2020).

申请,但是应有正当性。在无线星球诉华为案及康文森诉中兴案中,因双方当事人达成和解,英国高等法院最终没有给使用者颁发禁诉令,但是英国高等法院认为专利权人申请的禁诉令是合理的。英国高等法院认为,标准是全球的,FRAND 许可条件也应是全球的。在英国高等法院已经就全球许可条件作出裁判后,使用者再向中国法院起诉裁判中国专利的 FRAND 许可条件,是对专利权人的"劫持"和欺压,是对英国诉讼的干预。① 这实际涉及专利权人单方向一国法院申请裁判全球许可条件,是否合理的问题。笔者的答案是否定的。各个专利授予国有权对其授予专利的有效性及权利内容等进行裁判。专利权人单方请求英国法院裁判全球许可条件,本身就是对中国法院管辖权的侵害,是对中国专利使用利益的侵害。无线星球及康文森公司寻求禁诉令维护它们的错误诉讼,是错上加错。

(二) 约定颁发标准必要专利禁诉令的条件

传统上,英国法院签发禁诉令的条件包括两大方面,一是申请人有不在外国法院被诉的合法权利,二是申请人面临困扰的或者欺压性的外国诉讼。② 美国法院主要采取"三步骤"评估法,第一步考察当事人和诉讼标的是否实质相同,第二步分析美国的诉讼对请求禁止的外国诉讼是否有决定性影响,第三步评估禁诉令是否会给国际礼让造成实质冲击。③ 我国法院综合考虑五个因素:难以弥补的损害、损益平衡、公共利益、域外判决临时

---

① Unwired Planet International Ltd v. Huawei Technologies Co Ltd & Huawei Technologies (UK) Co Ltd,[2017]EWHC 2831(Pat),Case No:HP-2014-00005.

② 参见欧福永、袁江平:《国际专利诉讼中的禁诉令制度》,《湖南大学学报(社会科学版)》2022 年第 2 期。

③ See Jorge L. Contreras, "It's Anti-Suit Injunctions All The Way Down-The Strange New Realities of International Litigation over Standards-Essential Realities of International Litigation over Standards-Essential Patents", IP Litigator, No.26(2020), p. 3.

执行对我国诉讼的影响和国际礼让原则。① 综观之,主要是三大条件,一是国内外诉讼实质相同,二是外国诉讼损害本国重大利益,三是符合国际礼让原则。其中,对于第一个条件,申请人要满足并不难,只要当事人及诉讼标的实质相同即可。对于第三个条件各国法院虽宣称尊重,实则在于第二个条件。因为只要外国诉讼损害本国重大利益,就认为颁发禁诉令符合礼让原则。而第二个条件,主要是给申请人造成严重欺压或者侵害管辖权。专利权人违反仲裁协议或者法院选择协议就使得外国受理法院没有管辖权,这时当然构成本国颁发禁诉令的条件,但是在标准必要专利纠纷中并未发生。其实标准必要专利纠纷中的禁诉令,大多数因专利权人向外国法院申请禁令,或者请求全球许可条件。② 为了平衡专利权人和使用者的利益,笔者认为不应将任何申请禁令或者全球许可条件的诉讼都作为禁诉令的对象,而应限制在专利权人在外国法院滥用禁令或者单方诉请全球许可条件。

1. 专利权人在外国法院滥用禁令

一般情形下专利权人针对侵权行为有诉请禁令的权利。但是,在标准必要专利纠纷中专利权人因其 FRAND 承诺,而原则上无权申请禁令排除使用者按照 FRAND 原则使用专利。防止标准必要专利权人滥用禁令的政策,在美国、欧盟和我国立法及司法实践中都有体现。限制方式上有单独在专利法、反垄断法或者同时在专利法和反垄断法下限制三种模式。国际条约对于缔约国履行国际义务的立法模式一般不作限制,只要能达到设定的目标。不过在限制禁令的具体情形上,美国、欧盟和我国仍有一些差异。美国 2021 年的政策声明草案宣称,应在 2006 年联邦最高法院 eBay

---

① 参见宾岳成:《禁诉令性质的行为保全裁定之考量因素及保障措施》,《法律适用》2021年第 4 期。

② 武汉市中级人民法院因爱立信公司在美国得克萨斯东区地区法院诉请全球许可条件而颁发禁诉令,我国法院颁发禁诉令的其他四案皆因专利权人在外国法院诉请禁令。参见湖北省武汉市中级人民法院(2020)鄂 01 知民初 743 号裁定书。

案构建的司法政策及框架下考虑标准必要专利纠纷中禁令的必要性,如果不颁发禁令不会给专利权人造成难以弥补的损害以及不损害公共利益,损害赔偿即可填补专利权人的损害,禁令救济一般不予适用,除非使用者不愿意或者无法按 FRAND 原则签订许可协议。同时,使用者对于专利的有效性、可实施性或者必要性的异议不视为不愿意签订许可协议。① 相对美国,欧盟还给使用者提出了担保要求。欧盟委员会肯定欧盟法院 2015 年对华为诉中兴案②的判决,即标准必要专利权人必须在采取警告、要约等特定行为后方可寻求禁令,以防止专利权人滥用其市场支配地位。③ 专利权人构成滥用市场支配地位的行为包括:未经警告而诉请禁令;在使用者表达遵守 FRAND 条件意愿后未要约而诉请禁令;使用者提供了担保后仍诉请禁令。我国《关于标准必要专利领域的反垄断指南(征求意见稿)》第 17 条规定,通常情况下标准必要专利权人有权申请禁令,但是专利权人可能滥用禁令。是否构成滥用应考虑专利权人是否进行善意许可谈判及其他因素。关于善意谈判,第 7 条规定了专利权人要约、使用者表达许可意愿、专利权人提供许可条件、使用者接受或反要约。拟订中的该指南没有吸收我国法院在前述四案中原则限制禁令的精神,与美国和欧盟原则限制禁令的政策也有差距。我国拟订中的该指南,没有明确将专利权人善意谈判作为申请禁令的前置程序。

　　笔者建议综合美国和欧盟的政策,原则限制专利权人申请禁令,除非

---

　　① 　See USPTO,DOJ, NIST, "Draft Policy Statement on Licensing Negotiations and Remedies for Standards-Essential Patents Subject to Voluntary F/Rand Commitments", 2021-12-06,https://www.justice.gov/d9/press-releases/attachments/2021 /12/07/sep_policy_statement_final_12. 6. 21_12pm.pdf.

　　② 　Huawei Technologies Co. Ltd v ZTE Corp. and ZTE Deutschland GmbH, C-170/13, ECLI: EU:C:2015:477.

　　③ 　See European Commission, "Proposal for a Regulation of the European Parliament and of the Council on Standard Essential Patens and Amending Regulation (EU) 2017/1001", 2023-04-27, https://eur-lex.europa.eu/legal-content/EN/TXT/? uri = CELEX%3A52023PC0232.

使用者不愿意谈判或者没有能力支付许可使用费,使用者有不能支付许可使用费之虞时可要求其提供担保。因标准必要专利权人的FRAND承诺及标准化组织的政策,即便使用者未支付许可使用费,损害赔偿或许可使用费即可填补专利权人的损失,禁令作为维护专利权人独占使用或者排除他人使用的措施并非必需。要满足产品标准,生产者必须使用相应技术方案,而不能使用其他技术方案。专利权人作出FRAND承诺,是对任何使用者不可撤回的许可承诺,剩下的问题仅仅是商谈使用条件。因此,原则来说,标准必要专利权人不应诉诸禁令救济,否则可能构成滥用禁令的民事侵权行为,或者垄断行为。因为禁令可能压迫使用者接受专利权人高额的许可使用费,而这违背专利权人的FRAND承诺。在使用者愿意商谈使用费且能支付使用费的情况下,标准必要专利权人申请禁令即为滥用专利权。换句话说,如果使用者明确表示不愿意商谈许可使用费或者没有能力支付使用费,专利权人可申请禁令。欧盟要求使用者在与专利权人不能达成一致时提供担保,这一普遍要求没有正当性。担保一般是在专利权人可能遭受难以弥补的损害时,命令责任人提供担保从而促使责任人不违背担保。在使用者具有支付损害赔偿金或者许可使用费能力的情况下,担保显得没有必要。况且,还有标准必要专利无效,非标准必要专利,及不构成侵权等多种可能。标准必要专利权人滥用禁令,在本质上属于禁诉令传统考虑因素中被申请人滥用权利给申请人造成欺压因素。专利权人申请禁令的主要目的是给使用者造成压力,从而提高许可使用费。使用者在面临禁令的潜在或者现实压迫后,为了继续从事标准产品的生产和销售,不得已要接受专利权人过高要价。面对这种行为,使用者申请禁诉令是正当的。

2.专利权人单方请求外国法院裁判全球许可条件

英国法院在无线星球诉华为公司案中开创了依专利权人申请裁判全

球许可使用费的先例。① 这也就吸引众多专利权人前往英国法院寻求较高的全球许可使用费率。美国法院倾向在取得专利权人和使用者明确同意的情况下,裁判全球许可使用费,否则仅仅就美国专利在美国境内的使用裁判许可使用费。德国和印度等国也采取美国式的司法政策。受英国扩张性司法的影响,2021 年 8 月 24 日我国最高法院首次在 OPPO 与夏普公司纠纷中认为我国法院对标准必要专利全球许可条件有管辖权。②

在英美颁发禁诉令的传统考量因素中,外国法院侵犯本国法院的专有管辖权及其他重大利益是重要考量因素。在标准必要专利国际纠纷中,专利权人未经专利使用者同意请求外国法院裁判全球许可费率等许可条件,在公法层面是侵犯了专利授予国管辖权,在私法层面是侵犯了使用者寻求专利授予国保护的利益。标准必要专利许可条件是专利权人和使用者最为关切的事项。从经济效率的角度看,由一国法院判定全球许可条件,对专利权人和使用者都可节省逐国诉讼的成本。但是,专利权人和使用者必然倾向选择对自己有利的法院,这势必产生冲突。由于各国对国际民商事纠纷的管辖权,特别是对国际知识产权纠纷的管辖权,争议较大,目前没有达成全球性多边条约,也没有形成各国普遍适用的国际惯例。因此,尽管一国法院对本国专利在本国境内的许可条件享有管辖权,但是对外国专利在外国境内的许可条件行使管辖权并没有国际法依据。因专利的地域性,一国法院裁判标准必要专利全球许可条件,也就确定了同族的外国专利在外国地域内许可使用的条件,这就侵蚀了外国法院管辖其本国专利许可条件的权利。英国法院未经华为公司的明确同意就裁判全球许可费实际上是对包括我国在内其他国家管辖权的侵害。如果得到专利权人和使用者双方明确同意,因专利的私权性质,该国法院有权裁判全球许可使用条件,

---

① Unwired Planet International Ltd v. Huawei Technologies Co Ltd & Huawei Technologies (UK) Co Ltd, [2017] EWHC 711 (Pat), Case No. HP-2014-00005.

② 参见最高人民法院民事裁定书(2020)最高法知民辖终 517 号。

而不损害其他国家的管辖权,也不损害使用者的利益。

有观点认为,这种制度设想不符合效率价值,导致专利权人必须在各个专利授予国起诉,导致使用者在各个专利授予国应诉。对此,笔者认为,第一,使用者也是经济人,当受诉法院中立可信时,使用者会同意裁判全球使用条件。但是否同意裁判全球许可条件,应得到使用者的明确同意。在TCL与爱立信公司标准必要专利使用费纠纷中,爱立信公司起初在美国及其他多个国家起诉 TCL,后来双方同意由美国法院裁决全球使用费率,美国法院根据当事人的协议裁定了三个使用费率,一个适用于美国境内,一个适用于欧盟境内,一个适用于其他国家和地区。①美国法院这样的裁判有使用者同意的基础,才是正当的。第二,相对发展价值和国家管辖权而言,效率价值的位阶较低,当发生冲突时应优先考虑发展价值和国家管辖权。

3.最先受诉法院规则不可取

最先受诉法院规则不能作为划分专利侵权纠纷跨国管辖权的规则。有研究者提出在国际层面,缔结以最先受诉法院原则为核心的国际条约来协调禁诉令。② 对此,笔者难以赞同。第一,最先受诉法院管辖原则实质上是给了专利权人挑选法院的特权,但剥夺使用者通过禁诉令获得自然法院审判的权利。我国《民事诉讼法》2023 年修正案新增第 280 条,规定平行诉讼情形下我国法院可以受理。该规定未采用先受诉法院规则是正确的。第二,国际平行诉讼的概念不确定,相同当事人和相同诉讼标的的认定,受各国政策的影响而扩大或缩小。③ 第三,最先受诉法院原则会助长一些国家扩大管辖范围,争夺标准必要专利管辖权。这对审理程序的公正性、使用者的便利性、适用法律的正当性和判决执行的可行性,都难有保

---

① TCL Commc'n. Tech. Holdings, Ltd. v. Telefonaktienbolaget LM Ericsson, No. 8:14-cv-00341-JVS-AN, 2015 U.S. Dist. LEXIS 191512.

② 参见宁立志、龚涛:《禁诉令大战的理论意蕴与实践应对》,《政法论丛》2021 年第 6 期。

③ 参见宋晓:《涉外标准必要专利纠纷禁诉令的司法方法》,《法学》2021 年第 11 期。

障。即便是在该原则的发源地欧洲也经历了反思和限制。第四,配以不方便法院规则也不能消除最先受诉法院规则的弊端。《布鲁塞尔公约》及《欧洲议会和理事会关于管辖、承认和执行民商事判决条例》(2014 年修订,EU No 542/2014,简称《欧洲管辖权条例》)采用最先受诉法院原则作为解决欧盟成员国之间平行诉讼管辖权之争的原则,但是该原则尚未在国际民商事诉讼中得到普遍接受,尤其没有在专利权跨国诉讼中成为广为接受的原则。即便采用不方便法院规则的国家也可能极力缩小其适用的范围。例如在康文森诉华为案中,英国最高法院认为不方便法院原则在该案中不适用,因为双方没有协议由中国法院管辖,即便涉及中国专利的有效性。①

(三) 约定颁发标准必要专利禁诉令的程序

参照 TRIPS 协定第 42 条(公平合理程序)和第 48 条(对被告的赔偿)等条款,禁诉令程序应公平合理,申请人应有初步证据,并提供适当的保证金,应给予申请人和被申请人陈述的机会,缔约方应提供复审的程序。因申请人错误申请禁诉令而给被申请人造成损害,申请人应赔偿被申请人包括律师费在内的损失。缔约方可规定违反禁诉令的法律后果,处罚应过罚相当。结合当前实践,还应明确如下事项。

1. 保障使用者在专利授予国法院申请禁诉令的权利

使用者提起诉讼时遇到的一个难题是,专利权人特别是专利主张实体,在本国没有住所或者办事机构,没有合同签订地或者履行地(因为尚未签订许可合同)。如果按照传统的原告就被告或者合同履行地管辖规则,使用者须在专利权人位于国外的住所地法院起诉,这对使用者及审理法院都有不便。

---

① Unwired Planet v Huawei and Conversant v Huawei and ZTE, UK Supreme Court, Case No. [2019] EWCA Civ.

　　为了保护使用者的利益,我国法院创造性地把专利权授予地、专利许可磋商地和专利实施地等作为判断案件是否与本国法院具有联系的考量因素。在OPPO诉夏普等案中,我国最高法院维持了深圳中院的裁定,认为:"在被告系外国企业且其在中国境内没有住所和代表机构的情况下,该纠纷与中国是否存在适当联系的判断标准,可以考虑专利权授予地、专利实施地、专利许可合同签订地或专利许可磋商地、专利许可合同履行地、可供扣押或可供执行财产所在地等是否在中国领域内。只要前述地点之一在中国领域内,则应认为该案件与中国存在适当联系,中国法院对该案件即具有管辖权。"①最高法院这一裁定促使我国《民事诉讼法》(2023年修改)第276条把适当联系地作为人民法院管辖的根据之一。这就为使用者申请禁诉令提供了便利。

2.紧急情况下可不听取专利权人陈述但应提供复审

　　有观点认为,我国法院不经开庭审理或者不听取专利权人陈述而直接作出禁诉令有违程序正当原则。笔者认为,参考TRIPS协定第50条关于临时措施的规定,紧急情况下根据单方申请颁发禁诉令并不违反正当程序原则。TRIPS协定第50.2条规定司法当局应有权在开庭前依照一方当事人请求采取临时措施,第50.4条规定司法当局在通知采取临时措施后应根据被告的请求提供复审,包括给被告陈述的权利。作为利益平衡,保护使用者利益的禁诉令,也可在开庭前依照使用者的请求采取禁诉令,并在通知采取禁诉令后为专利权人提供复审,保障专利权人陈述的权利。在华为公司与康文森公司案中,德国法院作出禁令后,情况非常紧急,如不快速采取禁诉令措施,康文森公司即可申请强制执行德国法院的禁令。在此情形下,时间不允许听取康文森公司陈述后,再作出裁定。最高法院颁发禁诉令后为康文森公司提供复议程序,符合正当程序原则。

---

　　① 参见最高人民法院(2020)最高法知民辖终517号。

四、加强反知识产权垄断国际规范

（一）反知识产权垄断国际规范的不足

许可证贸易中的限制性商业行为本质上是一种滥用知识产权的行为。这种行为严重阻碍技术的传播。GATT1947 对限制性商业做法只字未提。1954 年有人建议将该问题纳入 GATT，GATT 全体缔约方只是同意对此问题进行磋商。因此，在世界贸易规则体系中，存在一个相当大的鸿沟。这一鸿沟的一部分由一些自愿守则来填补。① TRIPS 协定第二部分第 8 节（对协议许可证中限制竞争行为的控制）第 40 条对限制性商业行为作出了规制，应该说是一大进步。在本书第四章，笔者分析发现 TRIPS 协定第 40 条，在表面上成员方有充分的自由来规制限制性商业行为。然而，该条其实是全面采纳发达国家的立场，存在不足。第一，将 TRIPS 协定正式文本与布鲁塞尔文本（1990 年）比较，可以发现发展中国家提出明确列举 12 种滥用或反竞争行为的方案被抛弃了。第二，该条是任意性的规定，发达成员方没有义务防止或控制限制性商业行为。第三，该条规定的协商程序带来发达国家干预发展中国家的可能。遗憾的是《跨太平洋伙伴关系协定》《区域全面经济伙伴关系协定》对知识产权垄断也无规范。

（二）强化反知识产权垄断的必要性

对知识产权人滥用知识产权限制和排除竞争反垄断是鼓励竞争和反对垄断的法律制度。知识产权法则是授予权利人合法垄断权的制度。表面上看，两种法律制度不相容。的确，知识产权和反垄断存在潜在的冲突，因为，市场经济的本质是竞争，为了维护自由竞争和公平竞争的环境，反垄

---

① 参见［美］约翰·H.杰克逊：《世界贸易体制——国际经济关系的法律与政策》，张乃根译，复旦大学出版社 2001 年版，第 266—267 页。

断法不允许利用其合法垄断权妨碍、限制或者扭曲市场竞争。实质上,两者存在相同特点,两者互为补充。因为两者共同的目的都是鼓励创新和增加社会福利。英国 1623 年颁布的反垄断法就表现出平衡反垄断和保护知识产权的思想,从而实现知识产权与反垄断法的协调。① 因此,从法律部门来说,反知识产权垄断制度也属于知识产权法的内容。

(三) 强化反知识产权垄断国际规范的可行性

在国际上,1996 年 WTO 第一届部长会议授权成立了贸易与竞争政策工作组,研究贸易与竞争政策之间的关系。2001 年 WTO《多哈宣言》将贸易与竞争政策的关系作为今后的工作,并同意在第五届部长级会议就谈判方式取得一致后就竞争政策多边框架进行谈判。竞争政策多边框架也可以适用于知识产权滥用行为。不过,成员在谈判模式这一基本问题上就产生了严重的分歧。欧盟主张在 WTO 框架下建立关于竞争政策的多边协议。美国反对在 WTO 框架内建立统一的竞争政策,而是建议设立"全球竞争政策动议"论坛。发展中国家的态度不一致。埃及、肯尼亚、印度、巴基斯坦、巴西、智利等国家认为自身经验不够,反对过早就该问题进行谈判。但是泰国、印尼、津巴布韦、哥伦比亚等国家却表示支持。虽然 2004 年 7 月总理事会决定取消讨论贸易和竞争政策的工作计划,在 WTO 协商建立知识产权反垄断国际规则具有法律依据和支持条件。② TRIPS 协定第 8 条明确规定了防止滥用知识产权,防止借助国际技术转让中的不合理限制贸易行为的原则。1996 年 WTO 第一届部长会议授权成立了贸易与竞争政策工作组,研究贸易与竞争政策之间的关系。2001 年 WTO《多哈部长宣言》第 23—25 段宣示,建立一个加强竞争政策对国际贸易和发展贡

---

① 参见王晓晔:《反垄断法》,法律出版社 2011 年版,第 158—162 页。
② WTO. Text of the 'July package' – the General Council's Post-Cancún Decision [EB/OL]. http://www.wto.org/english/tratop_e/dda_e/draft_text_gc_dg_31july04_e.htm#invest_comp_gpa, 2004-08-01/2013-12-03.

献的多边框架,满足发展中国家和最不发达国家对该领域技术援助和能力建设的支持的需要,就贸易与竞争政策的相互作用进行谈判。在 WTO 成员中,欧盟提议建立 WTO 下竞争政策多边协议,并建议谈判集中在三个关键问题。一是 WTO 竞争政策的核心原则,包括:建立有充分执法权的竞争主管机构;非歧视原则;透明度原则;正当程序原则;将固定价格、串通投标、限制产品或分割市场等恶性卡特尔作为严重限制竞争行为。[①] 泰国、印尼、津巴布韦、哥伦比亚等国家也表示支持。[②] 美国最初反对欧盟的提议,但后来对欧盟在 WTO 框架下建立竞争政策多边框架协议表现出兴趣,并认识到无歧视、透明度和程序公正这些竞争政策核心原则的价值。无歧视、透明度和程序公正原则在 WTO 法上已经具有强制效力。

在国内,我国 2007 年已经制定了《反垄断法》,第 55 条规定:"经营者依照有关知识产权的法律、行政法规规定行使知识产权的行为,不适用本法;但是,经营者滥用知识产权,排除、限制竞争的行为,适用本法。"2019年 1 月 4 日国务院反垄断委员会还专门印发《国务院反垄断委员会关于知识产权领域的反垄断指南》(国反垄发〔2019〕2 号)。按照该指南,可能排除、限制竞争的知识产权协议包括:联合研发、交叉许可、不质疑条款、标准制定、其他限制。涉及知识产权滥用市场支配地位的行为包括:以不公平的高价许可知识产权、拒绝许可知识产权、涉及知识产权的搭售、涉及知识产权的附加不合理交易条件、涉及知识产权的差别待遇。此外,还有涉及知识产权的经营者集中及其他情形。此外,《最高人民法院关于审理因垄断行为引发的民事纠纷案件应用法律若干问题的规定》第 14 条规定:"被

---

① See WTO, Communication from the European Community and its Members, Working Group on the Interaction between Trade and Competition Policy, *WT/WGTCP/W/152*, 25 September 2000. WTO, Communication from the European Community and its Member States, *WT/WGTCPP/W/222*, 19 November 2002.

② 参见王晓晔、陶正华:《WTO 的竞争政策及其对中国的影响》,《中国社会科学》2003 年第 5 期。

告实施垄断行为,给原告造成损失的,根据原告的诉讼请求和查明的事实,人民法院可以依法判令被告承担停止侵害、赔偿损失等民事责任。根据原告的请求,人民法院可以将原告因调查、制止垄断行为所支付的合理开支计入损失赔偿范围。"当前,标准必要专利,尤其是通信领域标准必要专利的滥用特别突出。为此,我国制定《禁止滥用知识产权排除、限制竞争行为规定》(自 2023 年 8 月 1 日起施行)第十九条具体规定了在标准的制定和实施过程中从事排除和限制竞争行为的认定标准。欧盟和美国也出台了相关指南。中国、欧盟和美国的实践反映了打击滥用标准必要专利的共同决心,但也呼吁国际协调。

（四） 强化反知识产权垄断的构想

第一,以发展中国家提出的国际文件为蓝本。目前发展中国家对于建立统一的知识产权反垄断制度做了不少前期工作。从 20 世纪 70 年代开始,国际社会就开始努力协调限制性商业行为。在联合国贸发会议的主持下,拟定了《国际技术转让行动守则(草案)》和《控制限制性商业惯例的公平原则和规则》。《国际技术转让行动守则(草案)》开列了 20 种存在于国际技术转让合同中的限制性贸易条款与合同条件。《控制限制性商业惯例的公平原则和规则》已作为联合国的正式决议公布。20 世纪 70 年代初到 80 年代,联合国工业发展组织提出了十多份有关技术转让的文件。1979 年的《合同评价指南》集中总结了国际技术转让中的问题。WIPO 在80 年代初提出了《技术转让合同管理示范法》,列出了 17 种限制性贸易条款。如果技术引进合同包含其中任何一条,政府主管机关可以要求当事人修改,否则不予批准登记。①

第二,参考欧盟相关立法。1992 年《欧共体条约》(《马斯特里赫特条

---

① 参见郑成思:《WTO 知识产权协议逐条讲解》,中国方正出版社 2001 年版,第 133—145 页。

约》）第 81—89 条是竞争法条款。此外，欧盟还制定了大量条例、通知和指南等二级立法文件，例如：2004 年《欧盟技术转让条例》。《欧共体条约》第 81、82 条是其竞争法的核心，确立了竞争法的基本原则。第 81 条禁止企业之间限制或扭曲竞争的垄断协议，第 82 条禁止滥用市场支配地位的行为。对于上述行为，欧共体委员会可以采取行为方面与结构方面的救济，包括：罚款、要求定期支付损害金；解除母子公司关系，公司不得合并；等。[①] 在《欧盟技术转让条例》实施前，欧共体委员会在 1984 年通过了一个对共同体国家有约束力的立法性文件《专利许可证条例》，1989 年又通过了《专有技术许可证条例》，两个条例在 1995 年 7 月合并为《技术转让条例》。《技术转让条例》从许可证的许可人、被许可人各自的义务及共同义务方面，规定了哪些许可证条款是合法的，哪些属于“限制性贸易做法”条款。它将 11 种限制性贸易做法列为非法条款：1.禁止对工业产权的有效性提出异议；2.许可证中原专利失效后，供方补充提供新专利，并以此自动延长许可证的合同期；3.限制另一方在研究、发展、生产、使用、销售等方面与其竞争；4.在供方提供的专有技术进入公有领域后，仍要求受方支付使用费，要求受方为并非使用供方的专利生产的产品支付完全的使用费；5.限制受方的生产或销售数量；6.限制产品销售价格；7.限制销售对象或销售方式；8.要求受方将其改进成果全部或部分转让给供方；9.诱使受方接受本不需要的专利、商品或服务；10.限制受方的销售区域；11.其他限制。欧盟采“本身违法”原则，对于明确知识产权垄断行为，避免美国等国家滥用自由裁量权，放纵知识产权垄断行为具有意义。

　　在 WTO 中讨论贸易和竞争是一个非常大的议题，涉及的领域太广。笔者认为，当前可以将贸易与竞争议题限制在知识产权反垄断议题上。争取在 2001 年 WTO《多哈部长宣言》授权的基础上，启动知识产权反垄断国

---

① 参见李明德等：《欧盟知识产权法》，法律出版社 2010 年版，第 39—57 页。

际制度的谈判。为了实现对知识产权垄断行为的有效制裁,在新的国际知识产权法的执法制度中,明确成员应使受害者有权要求停止侵害、赔偿损失,因调查、制止垄断行为所支付的合理开支也应计入损失赔偿范围。这种制裁在我国《最高人民法院关于审理因垄断行为引发的民事纠纷案件应用法律若干问题的规定》第 14 条中已经有了规定。在谈判策略上,中国可以选择联合欧盟、泰国、印尼、津巴布韦、哥伦比亚等国家。在 WTO 关于贸易和竞争政策的讨论中,埃及、肯尼亚、印度、巴基斯坦、巴西、智利等国家认为自身经验不够,反对过早就该问题进行谈判。因此,我国应加强与这些国家的沟通,强调建立反知识产权垄断国际制度的意义,共商反知识产权垄断的规则。

第四节　加强使用者权执法的路径

对国际知识产权法的执法制度中使用者权执法制度的完善涉及理念变化、制度变革和规则修改。而各国在知识产权执法制度上的利益并不相同。尤其是,发达国家与发展中国家在使用者权执法上的利益取向严重对立。国际知识产权法的执法制度的完善,使用者权执法标准的提高,很难一蹴而就,也很难齐头并进。笔者以为,使用者权执法国际制度的完善可以走国内先行、国际合作、民主造法、利益互换和从软法到硬法的路径。

一、国内先行

制定知识产权政策时应考虑国家的知识产权贸易状况。[①] 就我国而言,应警惕过度保护知识产权人利益的倾向,在国内法上明确公众使用知

[①] See Meir Perez Pugatch, "Intellectual property policy-making in the 21st century", *W.I.P.O. J.*, No. 1(2011), p. 75.

识的权利,完善使用者权的执法保护。

(一) 防止过度保护知识产权

TRIPS 协定知识产权实施标准造成我国"过于充分实施"的危险。[①] 我国在多个方面超出了 TRIPS 协定的最低要求。例如:行政机关(包括海关)依职权主动执法,海关对假冒和盗版外的其他侵犯知识产权的产品进行监管,海关对出口产品进行知识产权执法,刑法关于侵犯专利权罪和侵犯商业秘密罪,等等。这些措施都大大增加了中国执法的人力、物力和财力成本。2008 年我国制定知识产权国家战略,如今我国成为了世界知识产权大国。我国是继续加强知识产权的保护力度,还是适度保护,值得思考。入世以来,我国的知识产权保护水平大幅提升,达到了国际较高水平。知识产权执法力度在 2010 年略低于世界平均水平,但是按照人均国民收入衡量,我国的知识产权实际保护水平与我国基本适应,并不存在保护不足的问题。[②] 鉴于中国知识产权保护和执法现状,在当前我国主要是警惕过度保护,不要错误估计中国的创新水平,不要认为执法力度越大就越能促进创新和发展。

当前,我国应在促进创新和发展的目标下,维持适中的知识产权执法力度,随着经济、社会发展水平提高,逐渐完善知识产权执法制度。高水平保护超出了中国的经济社会发展水平能承受的范围。最终,对中国的持续创新和发展是不利的。美国经济学家马斯库斯(Keith E. Maskus)客观地反映了知识产权保护强度与经济发展水平的关系。当收入和技术能力达到中等水平后,国家才倾向于采用弱保护政策,但其主要精力仍旧在于模

---

① 参见英国知识产权委员会:《知识产权与发展政策相结合》,2002-09-01,http://www.iprcommission.org/graphic/Chinese_Intro.htm。

② 参见詹映:《我国知识产权保护水平的实证研究——国际比较与适度性评判》,《科学学研究》2013 年第 9 期。

仿;当收入和技术能力达到发达水平后,才开始重视知识产权的保护。①
张平教授对此结论表示赞同,并认为知识产权制度已经偏离了激励创新的
轨道,越加变成巩固强势地位和贸易优势的政策工具。② 合理保护知识产
权是中国的必然选择。

(二) 构建使用者权执法机制

在我国,受西方发达国家知识产权法影响,使用者权在我国也基本是
以知识产权限制的形式出现。如前文所述,知识产权限制不能彰显公众使
用知识的权利,也不能为使用者权的救济提供实体法上的基础。为了防止
知识产权无限扩大,逐步侵蚀知识的公共领域,我国知识产权法可首先明
确使用者权,并完善使用者权的执法保护,从而为提高使用者权在国际知
识产权法上的保护提供基础。

1.国际法依据

善意履行条约义务是国际法的基本原则。我国知识产权法的改革,当
然应符合我国参加和缔结的条约义务。TRIPS 协定第 8 条和第 40 条授权
成员对滥用知识产权的行为进行控制,第 31 条对专利权强制许可予以容
许。此外,TRIPS 协定很多知识产权执法条款相当原则、抽象甚至模糊。
这些条款给予成员一定的自由解释空间。TRIPS 协定在序言中就承认条
约的灵活性,成员有一定的灵活性权利。例如第 41 条中要求提供的有效
措施就属于灵活规定。《TRIPS 协定与公共健康宣言》第 4 条再次肯定
WTO 成员为了公共健康的目的充分利用 TRIPS 协定条款"灵活性"的权
利。我国通过设定使用者权的方式来履行知识产权限制与例外义务,并不

---

① See Keith E. Maskus, "Intellectual Property Rights and Economics Development",
2000-02-06, http://www.colorado.edu /Economics/mcguire/ workingpapers/cwrurev.doc.

② 参见张平:《对知识产权若干问题的讨论——有感于一再加强的知识产权执法现状》,
载中国社会科学院知识产权中心等编:《完善知识产权执法体制问题研究》,知识产权出版社
2008 年版,第 3—11 页。

违反国际义务。

2.明确设定使用者权

前已论及,当前使用者权的规范主要是以知识产权限制与例外、知识产权不得滥用与许可使用等规范呈现。虽然这些规范是保护使用者利益,但是它们是以知识产权人利益为中心展开。在这些规范中,使用者权还只是广义的权利,是霍菲尔德权利体系中的特权,不是知识产权法明确保护的狭义权利。因此,也备受质疑。狭义使用者权执法机制的构建,以知识产权法上明确规定使用者权为基础。为此,我们只需将知识产权限制与例外,转变为使用者权,突出使用主体,并进一步规定合理使用、法定许可使用和强制许可使用即可。这种新的立法模式在目前可以用于现行知识产权单行法的修改,在将来可用于知识产权基本法的制定。

我国现行各部知识产权单行法保护使用者利益的立法模式有所不同,有使用者权、权利限制、侵权抗辩等模式,因此在具体变动中也有所差异。我国《集成电路布图设计保护条例》①和《植物新品种权保护条例》②属于使用者权模式,没有使用"权利限制"之类的表达,而是直接具体规定合理使用、强制许可使用及权利用尽,因此几乎可以不作变动。我国《著作权法》是权利限制模式,第二章第四节明确使用了"权利限制",因此可将"权利限制"修改为"使用者权",并具体规定合理使用、法定许可使用。我国《商标法》也是权利限制模式,它虽然没有明确使用权利限制术语,但第59条规定注册商标专用权的边界,包括正当使用含有商品特点的注册商标,正当使用地名注册商标,正当使用三维标志注册商标,在先使用。对其修改在表述上突出使用主体即可。例如,商标法第59条规定"注册商标中含有的本商品的通用名称、图形、型号,或者直接表示商品的质量、主要原料、

---

① 我国《集成电路布图设计保护条例》第四章(布图设计专有权的行使)中第23条规定合理使用、第24条规定权利用尽,第25条至第29条规定强制许可(非自愿许可)。

② 我国《植物新品种权保护条例》第2章第10条规定品种权合理使用、第11条规定品种权强制许可使用。

功能、用途、重量、数量及其他特点,或者含有的地名,注册商标专用权人无权禁止他人正当使用"。我们只需将"注册商标专用权人无权禁止他人正当使用"修改为:他人可以正当使用。我国《专利法》采侵权抗辩模式,第七章(专利权的保护)第75条规定不视为专利侵权情形,具体包括权利用尽、在先使用、临时过境、科学研究使用、行政审批所需使用。因此需要作较大的变动。可在"第六章 专利实施的特别许可"后单设一章规定"专利的使用者权",并具体规定权利用尽、在先使用、临时过境使用、科学研究使用、行政审批所需使用等各种使用方式。例如:第75条第一项"有下列情形之一的,不视为侵犯专利权:(一)专利产品或者依照专利方法直接获得的产品,由专利权人或者经其许可的单位、个人售出后,使用、许诺销售、销售、进口该产品的",可以修改为:专利产品或者依照专利方法直接获得的产品,由专利权人或者经其许可的单位、个人售出后,他人有权使用、许诺销售、销售、进口该产品。我国《地理标志产品保护办法》第六章(保护和监督)规定禁止使用地理标志名称及专用标志的行为,没有规定地理标志的正当使用。这是不完整的。建议明确规定公众及产区内生产者对地理标志的正当使用。2017年中国知识产权法学研究会公布《"民法分则·知识产权编"专家建议稿》,第二章规定"知识产权的内容、归属与限制",其中第25条规定"知识产权的合理使用"、第26条规定"知识产权的法定许可",第27条规定"知识产权的强制许可",第28条规定"首次销售原则"。建议未来的知识产权法明确以使用者权为名具体规定公众对知识产品的合理使用、法定许可使用和强制许可使用。

3.规定使用者权执法规范

(1)制止知识产权人滥用权利损害使用者权的行为

使用者的救济权主要为损害赔偿请求权,即当其使用权遭受知识产权人侵害后请求知识产权人赔偿损失。具体可通过侵权责任法、反不正当竞争法和反垄断法来实施。我国目前主要需要完善防止程序滥用制度、真正实施强制许可使用和纠正反知识产权垄断法目的。

第一,将防止程序滥用的司法实践上升为法律并贯彻全部赔偿原则。近些年来,我国知识产权案件中程序被滥用的现象比较严重。当事人或者代理人滥用程序权利不仅损害了对方当事人的利益,而且极大浪费了有限的司法资源,应予以有效规制。① 2007年《民事案件案由规定》在"知识产权权属、侵权纠纷"下增加了"因申请临时措施损害赔偿纠纷"。2011年最高人民法院细化了该案由,并增加了"因恶意提起知识产权诉讼损害责任纠纷"。2012年中国《民事诉讼法》第13条首次明确规定:"民事诉讼应当遵循诚实信用原则。"2012年《民事诉讼法》第105条②将被申请人保全错误而获得赔偿的情形从财产保全扩大到行为保全。③ 在刑事附带民事诉讼中,被申请人同样享有获得赔偿权。④ 对于先予执行错误的赔偿,《民事诉讼法》也授权人民法院责令申请人提供担保,而且在申请人败诉情况下判决赔偿被申请人因先予执行遭受的财产损失。但是,我国防止知识产权人程序滥用的制度还存在不足。缺乏对权利滥用的有效预防和制约。对知识产权人滥用程序对被告造成的损失进行赔偿的程序和额度未明确规定。⑤

在司法实践中,人民法院的判决也不一致。在袁利中与通发厂、通发公司专利侵权纠纷案中,南京市中级人民法院认定原告恶意诉讼,判决原

① 北京市海淀区人民法院知识产权庭:《民事诉讼中滥用程序权利问题的调查与思考》,载北京市高级人民法院:《知识产权诉讼实务研究》,知识产权出版社2008年版,第434—448页。

② 1991年《民事诉讼法》第96条的规定是:"申请有错误的,申请人应当赔偿被申请人因财产保全所遭受的损失。"

③ 2001年《关于对诉前停止侵犯专利权行为适用法律问题的若干规定》和2002年《关于诉前停止侵犯注册商标专用权行为和保全证据适用法律问题的解释》要求申请人提供担保,对于申请诉前禁令后不起诉或者申请错误造成被申请人损失的,支持被申请人的赔偿请求,从而建立了防范在专利权和商标权案件中滥用诉前禁令的制度。

④ 《最高人民法院关于适用〈中华人民共和国刑事诉讼法〉的解释》(法释〔2012〕21号)第152条。

⑤ 参见赵丽:《国际多边条约知识产权执法研究》,华东政法大学2012年博士学位论文,第173页。

告赔偿被告经济损失 21500 元,其中律师代理费 2 万元,专利无效宣告请求费 1500 元。[①] 但在另一起案件中,安博特公司在法院判决不构成专利侵权后,另外提起诉讼主张德安公司(专利侵权案原告)恶意提起知识产权诉讼,要求德安公司赔偿损失。宁波市中级人民法院只支持了错误申请冻结银行存款导致的利息损失 34389.95 元。对于原告主张的差旅费、律师代理费、专利查新费、鉴定费,法院未予支持。[②] 而且,人民法院支持律师费的这种判决并没有明确的法律依据,何谓恶意诉讼也没有法定的标准。

2021 年《最高人民法院关于知识产权侵权诉讼中被告以原告滥用权利为由请求赔偿合理开支问题的批复》(法释【2021】11 号)明确,"在知识产权侵权诉讼中,被告提交证据证明原告的起诉构成法律规范的滥用权利损害其合法权益,依法请求原告赔偿其因诉讼所支付的合理的律师费、交通费、食宿费等开支的,人民法院依法予以支持。被告也可以另行起诉请求原告赔偿上述合理开支。"该批复明确了知识产权人的反赔制度,在性质上属于制裁滥用知识产权行为的规范。它一定程度弥补了我国《著作权法》《专利法》和《商标法》等知识产权法的立法空白,为人民法院制裁滥用知识产权的行为提供了具体规范。对于由败诉方赔偿律师费损失,学者有不同看法。[③]

笔者认为,最高院的批复仍有不足。一是位阶较低。该批复仅仅是最高司法机关针对个案的意见,不是法律,甚至不是司法解释,因此应上升为法律。二是不全面。该批复仅仅肯定了被诉侵权人应诉合理开支的请求

---

① 袁利中与通发厂、通发公司专利侵权纠纷南京市中级人民法院(2003)宁民三初字第 188 号民事判决书。

② 浙江安博特环保科技有限公司诉浙江德安新技术发展有限公司因恶意提起知识产权诉讼损害责任及商业诋毁纠纷浙江省宁波市中级人民法院(2012)浙甬知初字第 229 号民事判决书。

③ 参见陈桂明、刘萍:《民事诉讼中程序滥用及其法律规制》,《法学》2007 年第 10 期。

权,而未肯定被诉侵权人商誉及可得利益损失的请求权。在未来的立法中,我国应全面规定使用者的损害赔偿请求权。我国应在《专利法》等知识产权法上明确规定知识产权人滥用执法程序损害使用者权的损害赔偿规范,贯彻全部赔偿原则,切实防止和制裁知识产权人滥用执法程序的行为。在律师费等开支的赔偿上,我国法律对知识产权人和被控侵权人不公。我国知识产权法一般规定,侵犯专利权的赔偿数额应当包括权利人为制止侵权行为所支付的合理开支。(例如《专利法》第71条)。而对申请人或原告(一般就是知识产权人)滥用程序或错误申请临时措施、海关扣押导致他人损失,中国法律没有规定赔偿被损害人的律师费等合理开支。这不符合公平原则,不符合民事损害全部赔偿原则,也难以有效防止知识产权人滥用程序权利。

第二,真正运用强制许可使用制度。对于强制许可使用,我国不仅在《专利法》上规定了专利强制许可,而且还颁布了《专利实施强制许可办法》和《涉及公共健康问题的专利实施强制许可办法》。2009年甲型H1N1流感暴发时,广州白云山制药总厂向国家药监局申请启动强制许可程序,制造罗氏制药公司的达菲专利药,但是没有通过。[①] 2022年2月辉瑞公司新冠口服药匹多莫德(Paxlovid)在中国上市,又在国内引起强制许可制造该药的呼声。至今我国没有一起强制许可使用。专利强制许可在德国和印度等国都有实践。德国从1923年至1943年有295件强制许可使用申请,23件得到许可,从1945年至2020年有44件申请,有2件得到许可。[②] 对版权的强制许可我国立法还没有规定,在立法上需要补充完善。

第三,完善反知识产权垄断规范。2023年6月30日我国市场监管总局发布《关于标准必要专利领域的反垄断指南(征求意见稿)》。该指南第

---

① 参见高原:《一药难求,是否该启动"专利强制许可"?》,2023年1月19日,http://www.legalweekly.cn/fzzg/2023-01/19/content_8815535.html。

② 参见张韬略:《新冠肺炎威胁之下的专利药品强制许可:德国、中国的路径比较及启示》,《德国研究》2021年第1期。

1 条把"保护知识产权"作为制定指南的目的之一。很显然,这种规定颠倒了反垄断法的目的。保护标准使用者(实施方)的利益,才应当是该指南的目的之一。反垄断法制裁专利权滥用行为,保护使用者利益。它保护自由竞争,反对垄断,用公法的方法调整原本由私法调整的领域,从而使得它具有私法的某些特性。[①] 此外,该指南征求意见稿第 17 条规定,通常情况下标准必要专利权人有权申请禁令,但是专利权人可能滥用禁令。是否构成滥用应考虑专利权人是否进行善意许可谈判及其他因素。关于善意谈判,第 7 条规定了专利权人要约、使用者表达许可意愿、专利权人提供许可条件、使用者接受或反要约。拟订中的该指南没有吸收我国法院原则限制禁令的精神,与美国和欧盟原则限制禁令的政策也有差距。我国拟订中的该指南,没有明确将专利权人善意谈判作为申请禁令的前置程序。笔者建议综合美国和欧盟的政策,原则限制专利权人申请禁令,除非使用者不愿意谈判或者没有能力支付许可使用费,使用者有不能支付许可使用费之虞时可要求其提供担保。因标准必要专利权人的 FRAND 承诺及标准设定组织的政策,即便使用者未支付许可使用费,损害赔偿或许可使用费即可填补专利权人的损失,禁令作为维护专利权人独占使用或者排除他人使用的措施并非必需。要满足产品标准,生产者必须使用相应技术方案,而不能使用其他技术方案。专利权人作出 FRAND 承诺,是对任何使用者不可撤回的许可承诺,剩下的问题仅仅是商谈使用条件。因此,原则来说标准必要专利权人不应诉诸禁令救济,否则可能构成滥用禁令的民事侵权行为,或者滥用市场支配地位的垄断行为。

（2）授予使用者请求著作权人破解技术保护措施的权利

一般情况下,知识产权人不承担积极满足使用者权利的义务。在个别情况下,使用者享有请求权,可请求知识产权人履行特定义务。即著作权

---

① 参见吴汉东:《知识产权法》,法律出版社 2021 年版,第 85 页以下。

人设置作品或音像制品的技术保护措施后,使用者合理使用作品或音像制品的权利受到限制。为了保护使用者合理使用的权利,著作权人应提供破解技术保护措施的装置、措施或程序。当然,从提高效率和减少成本的目的出发,可规定著作权人向公共图书馆提供破解技术保护措施的装置、措施或程序,而无须对各个使用者单独提供。当使用者需要使用被保护的作品或者音像制品时,可请求公共图书馆代为提供破解装置、措施或程序。如果著作权人未履行该义务,使用者可向行政机关或者司法机关请求著作权人履行义务甚至赔偿损失。

二、南南联合

国际合作以谋发展是国际经济法的基本原则之一。①《各国经济权利义务宪章》规定:"每个国家都应对发展中国家的努力给予合作,提供有利的外界条件,给予符合其发展需要和发展目标的积极协助。"在 WTO 管理的 TRIPS 协定第 69 条还明确要求各国在知识产权的国际保护与权利实施方面合作,目的就是促进有利于公共利益的社会经济技术与文化发展。②第 67 条要求发达国家成员应提供有利于发展中国家成员和最不发达国家成员的技术和资金合作。包括帮助制定防止知识产权被滥用的法律和法规,还应包括支持设立或加强与这些事项有关的国内机关和机构,包括人员培训。上述规定实际上给发达国家设定了与发展中国家合作,促进发展中国家发展的国际义务。在发展中国家与发达国家合作中,建议重视与具有相似制度的发达国家合作。在反对知识产权垄断方面,欧盟采取"本身违法"原则,而且有较为完备的制度。在 WTO,欧盟提议建立 WTO 下竞争政策多边协议。发展中国家可以在此方面加强与欧盟的协作。在打击威

---

①　参见余劲松、吴志攀:《国际经济法》,北京大学出版社、高等教育出版社 2009 年版,第 25 页。

②　参见古祖雪:《国际知识产权法》,法律出版社 2002 年版,第 162 页。

胁诉讼方面,英国已经建立了相应制度,可以加强与英国的合作。

当然,要求发达国家与发展中国家合作并非易事,因此尤其需要加强南南联合。美国著名国际法学者亨金教授坦陈,当前的国际贸易和金融的规则并不利于发展中国家。以自由契约和自由贸易为基础的法律是为处于强势谈判地位的国家——发达国家服务的。技术是要出卖的,然而技术的市场价格太高,这是因为技术多半由发达国家或其公司控制。直到目前,对于第三世界而言最失望的是无力争取贸易方面的新秩序。① 为了实现南北合作,首先需要南南联合。联合国开发计划署署长 Helen Clark 在2013 年人类发展报告中指出,南方国家相互之间建立起贸易和技术合作伙伴关系是推动增长的主要因素。保持发展势头有重要作用的四个具体方面是促进公平,加强包括青年在内的公民话语权和参与权,应对环境压力和人口变化。为了充分利用南方国家在知识、技术和发展思路等方面的宝贵财富,呼吁成立有助于推动区域一体化和南南合作的新机构。提倡以批判的视角看待当前的国际治理机构,帮助建立一个更加公平和平等的世界。当前陈旧的国际治理体系不能反映新的经济和地缘政治形势,因此建议考虑建立新的合作体系。报告提倡加强透明度和问责制,强调全球公民社会在用户该倡议以及为全球弱势群体争取更多决策权等方面的作用。② 如今"金砖国家"已经绘制了协作路线图,建立有利于它们的知识产权制度。③ 2013 年 3 月 26 日,"金砖五国"达成框架协议,在包括创新和知识产权方面进行合作。在知识产权方面,框架协议约定加强知识产权立法和执

---

① 参见[美]路易斯·亨金:《国际法:政治与价值》,张乃根等译,中国政法大学出版社2004 年版,第 239 页。

② 参见联合国开发计划署:《2013 年人类发展报告》,2013-11-11,www.http://hdr.undp.org。

③ See William New, "BRICS Launch Their Own Plan for IP Cooperation; India Defends Itself", 2013-11-27, http://www.ip-watch.org/2013/11/27/brics-launch-their-own-plan-for-ip-cooperation-india-defends-itself/.

法方面的合作。①　这为南南联合提供制度基础。2023 年 10 月,金砖国家召开第十五次知识产权局长会议。十年合作取得了丰硕成果。不过需要提示的是,在南南联合中,需要警惕单方面保护知识产权人利益的错误方向,应重视公众使用知识产品的执法保护。

三、民主造法

国际法效力的根据在于它内容上的合法性与形式上的合意性统一。其形式上的合意性要求符合国际民主原则。国际民主原则要求国际造法的主体应具有普遍性。②　所有主权国家和授权的政府间国际组织是国际造法的决策主体。排除其他国家,尤其是重大利害关系国家,必然不能形成符合各国意志且能获得普遍遵守的国际规则。在制订程序上,《反假冒贸易协定》的"秘密性"和"封闭性"一直被批评。国际舆论指责《反假冒贸易协定》是"偷偷摸摸的发达国家立法"。《反假冒贸易协定》的主导国家刻意将中国、印度等发展中国家排除在外,就遭到这些国家的反对。由于它们的意志没能在《反假冒贸易协定》中得到反映,它们的利益没有在《反假冒贸易协定》中得到兼顾,它们也不可能接受发达国家一手打造的国际规则。

NGO 在知识产权国际造法中的发挥作用是全球化的结果和全球治理的要求。非政府组织(NGO)虽然不是国际造法的决策主体,但它们是国际造法的参与主体。例如,在 WIPO 工业产权实施咨询委员会和全球信息网络版权和相关权实施咨询委员会 2001 年 10 月的会议上,上百个 NGO

---

①　See Intellectual Property Watch, "Innovation, IPR Cooperation among Top Priorities for BRICS", 2013 – 03 – 26, http://www. ip – watch. org/2013/03/26/innovation – ipr – cooperation – among-top-priorities-for-brics/.

②　参见古祖雪:《国际造法:基本原则及其对国际法的意义》,《中国社会科学》2012 年第 2 期。

参与其中。① NGO 参与国际治理具有法律基础。《联合国宪章》第 71 条将 NGO 确定为咨询伙伴，《建立 WTO 马拉喀什协议》赋予 NGO 咨询权，DSB 将 NGO 视为法庭之友。NGO 在国际知识产权法的执法制度重构中充当利益表达者和利益综合者，在全球公民社会和主权国家、国际组织间充当沟通的桥梁。② 在阻止《反假冒贸易协定》的过程中，NGO 发挥了重要作用。2008 年 3 月 21 日，"知识产权正义"组织批评《反假冒贸易协定》谈判过程中透明度及公众参与的缺乏，是对民主与公共利益的侵犯。③ 2008 年 6 月，美国"公共知识组织"与"电子前沿基金会"依据美国《信息公开法》要求美国贸易代表公开《反假冒贸易协定》的信息。在没有得到回应的情况下，两个组织于 2008 年 9 月联合向法院起诉美国贸易代表。2008 年 9 月，"知识产权正义"等 21 个非政府组织要求美国贸易代表在《反假冒贸易协定》中限定网络问题，"必要行动"等 100 多个非政府组织反映了他们的忧虑。④ 对已《反假冒贸易协定》规定设立的《反假冒贸易协定》委员会，一些非政府组织也明确要求《反假冒贸易协定》委员会必须寻求来自所有被影响选区的市民社会的专家和代表的建议，而不仅是权利持有者产业代表。《反假冒贸易协定》委员会设立的任何工作组必须包括来自市民社会的代表，委员会也应该给予所有选区的选民同等考虑。⑤

除了国际民主外，加强使用者权保护应充分利用国内民主的力量。使

---

① See WIPO, Joint Meeting of the Advisory Committee on Enforcement of Industrial Property Rights, *ACE/IP-ACMEC/*1, 19 October 2001.

② 参见刘雪凤:《知识产权全球治理视角下 NGO 功能研究》，知识产权出版社 2012 年版，第 182 页。

③ See IP Justice, "ACTA's Misguided Effort to Increase Govt Spying and Ratchet-Up IPR Enforcement at Public Expense", 2008 – 03 – 21, http://ipjustice. org/wp/2008/03/21/acta – ipj – comments-ustr-2008march/.

④ 参见衣淑玲:《〈反假冒贸易协定〉谈判述评》，《电子知识产权》2010 年第 7 期。

⑤ See The Electronic Frontier Foundation, "In the Matter of the Anti-Counterfeiting Trade Agreement", 2011 – 02 – 17, http://federal. eregulations. us/rulemaking/document/USTR – 2010 – 0014-0094.

用者权的保护,其促进的广大社会公众使用知识的利益。尽管个人不是国际法上的一般主体,个人也不是国际造法的主体,但是国内民主是国际民主的基础。国内民主力量在阻止《反假冒贸易协定》中发挥重大作用。美国协商和签署《反假冒贸易协定》遭到国内民众和机构的反对。2010 年 6月美国六个州 90 名学者、从业人员和公众利益组织通过一份"紧急《反假冒贸易协定》公报",质疑谈判中的诸多问题。① 在欧洲,2011 年 1 月,欧盟几十名学者提交《有关〈反假冒贸易协定〉的欧盟学术意见》。提请欧洲议会和各成员立法机关与政府慎重考虑它们提出的问题。② 2012 年 2 月,在欧盟及一些成员国签署《反假冒贸易协定》后,欧洲各地爆发抗议《反假冒贸易协定》的游行示威活动。在德国慕尼黑、柏林、科隆,法国巴黎、荷兰阿姆斯特丹、奥地利维也纳数万名欧洲人走上街头,抗议《反假冒贸易协定》。③ 面对各方面的反对意见,2012 年 7 月欧洲议会否决《反假冒贸易协定》在欧盟的批准议案,从而宣布《反假冒贸易协定》丧失了欧盟这一重要成员的支持。社会各界指出《反假冒贸易协定》存在如下问题:透明度缺乏,民主参与欠缺,国内和全球责任缺失。④ 就《反假冒贸易协定》的搁浅来说,真正阻止《反假冒贸易协定》的力量其实来自于签署国国内社会公众。《反假冒贸易协定》在欧盟等签署方搁浅反映了民主的力量。

兰德斯和波斯纳在分析知识产权制度演变时非常重视政治力量的分

---

① 各方面的反对意见参见陈福利:《〈反假冒贸易协定〉述评》,《知识产权》2010 年第 5 期。

② See European Academics, "Opinion of European Academics on Anti-Counterfeiting Trade A-greement", 2014-03-05, http://www.iri.uni-hannover.de/tl_files/pdf/ACTA_opinion_200111_2.pdf.

③ 参见中国保护知识产权网:《欧洲各地爆发抗议反假冒贸易协议的游行示威活动》,2012-02-14, http://www.ipr.gov.cn/gndtarticle/picnews/201202/1278976_1.html。

④ See Peter K. Yu, Six Secret (and Now Open) Fears of ACTA, *SMU L. Rev.*, Vol. 64 (2011), p. 998-999.

析,他们强调利益集团和自由市场的意识形态在过去知识产权扩张的作用。[1] 在政策形成过程中,易于组织化的大企业的利益容易得到反映,不易组织化的私人利益难以得到反映。由于这种结构性不均衡作用,知识产权往往被过度强化。为了尽可能消除不均衡,既要探索统领政策形成过程的构造,也要保障程序的正统性。程序的正统性也就是要求知识产权政策依赖于民主决定的程序来形成[2]。为了实现国际知识产权法的执法制度利益的平衡,实现人本价值、发展价值,必须坚持民主,进一步发挥 NGO、学者和广大社会公众的作用。

小结

为了实现国际知识产权法的执法制度利益的平衡,一是要完善知识产权执法国际规范,二是加强使用者权执法国际规范。当前主要是后者。应在国际知识产权法上彰显使用者权,并加强使用者权执法保护国际标准。使用者的救济权已经蕴含在知识产权理论中,在一些国家的法律实践和立法上已经体现。使用者权的执法保护不仅具有现实需求,而且具有理论依据和法律基础。国际社会可以从强化强制许可使用、惩治程序滥用及反垄断等方面来加强对使用者权的执法保护。针对标准必要专利禁诉令的国际冲突,在国际法上应肯定禁诉令,并将标准必要专利权人滥用禁令或者单方诉请全球许可使用条件作为颁发禁诉令的条件。在路径和方法上,建议国内先行、国际合作、民主造法、利益互换、从软法到硬法。在国内层面,警惕过度保护知识产权人利益,明确使用者权并完善使用者权的执法保护机制。在国际层面,需要南南联合,重视与具有相似制度的发达国家合作。

---

[1] 参见[美]兰德斯、波斯纳:《知识产权法的经济结构》,金海军译,北京大学出版社 2005 年版,第 8 页,第 510 页。

[2] 参见[日]田村善之:《田村善之论知识产权》,李扬等译,中国人民大学出版社 2013 年版,第 24—25 页。

国际法效力的根据在于它内容上的合法性与形式上的合意性统一。其形式上的合意性要求符合国际民主原则。所有主权国家和授权的政府间国际组织是国际造法的决策主体。非政府组织(NGO)是国际造法的参与主体。国际造法应重视非政府组织的作用。国际造法也应发挥国内民主力量的作用。加强使用者权执法保护并不排除知识产权人合法利益的保护。为了实现提高使用者权执法保护国际标准,对发达国家提出保护知识产权人利益的合理主张可以支持,并以此作为提高使用者权执法国际标准的筹码。走先软法后硬法的路子比较现实,也已经具有成功案例与实施基础。长远来看,使用者权执法保护国际制度的强化最终应实现硬法的目标。

结　　论

　　利益平衡是知识产权法的宗旨,它不仅包括知识产权人与使用者之间的利益平衡,也包括发达国家与发展中国家之间的利益平衡。然而,在打击假冒和盗版的名义下,国际知识产权法的执法制度已经远远偏离了利益平衡的要求。不断提高的知识产权执法国际制度过分强调知识产权人利益的执法,却忽视了知识使用者利益的执法。国际知识产权法的执法制度,应该包括协调知识产权执法的国际制度,与协调使用者权执法的国际制度。TRIPS 协定第三部分"知识产权执法"偏离了执法本义,掩盖了使用者权执法,忽略了知识的正当使用者利益不断遭到侵害却不能得到有效救济这一现实。发展中国家为发达国家知识产权利益的执法保护付出了沉重代价,其创新能力并未普遍提升,一些国家反而下降。从历史角度全面考察国际条约发现,保护知识产权人利益的国际标准越来越高。1992年以前国家在符合国民待遇原则的条件下,有权自主决定执法措施;1993年开始,《北美自由贸易协定》,尤其是 TRIPS 协定,给成员域内知识产权执法制度设定了最低标准。一国有义务为他国知识产权人提供条约详细规定的救济。1996 年后,发达国家通过双边条约、区域条约、准多边条约和多边条约,提高了知识产权执法义务标准。这种强化知识产权人利益执法保护的趋势在蔓延。然而,保护使用者利益的制裁知识产权滥用国际制度和反垄断国际制度仍然处在弱化境地。国际知识产权法的执法制度在保护知识产权人利益和使用者利益上严重失衡，而且不断加剧。人本价值、发展价值和程序正义价值是国际知识产权法执法制度利益平衡的价值构造，有效执法与适当执法是执法制度利益平衡的原则要求，它们也应该是防止法律失效的屏障和校正恶法的准则。①

　　TRIPS 协定给成员国设定了统一严格的知识产权执法标准，内容涵盖成员内知识产权行政执法、民事司法和刑事司法。通过这些制度为发达国家知识产权人在全球的利益提供了国际保护。分析 TRIPS 协定执法规范，发现其对知识产权人利益的偏重，对使用者利益的偏失。对 TRIPS 协定实施后若干成员的现实情况进行考察后发现，发展中国家成员付出了巨大成本，但是，其创新力、技术贸易、技术引进、外资引进等多个方面都受益甚微。程序滥用突出、知识获取困难、公共健康危机等一系列问题反映，发展中国家成员公众使用知识的利益没有得到有效保障，而且被侵蚀了。相反，发达成员继续扩大知识产权执法保护，持续攫取知识垄断利益。使用者利益在发达成员处境堪忧。WTO 争端机构处理的"中国知识产权执法措施案"（DS362）案突显了美国等发达成员强迫中国加大投入保护其垄断利益的用心。美国 337 条款为美国知识产权人滥用程序提供了条件。美国 337 条款违反国民待遇原则和程序正当原则，然而该违法程序还在继续侵害包括中国企业在内广大合法使用者利益。"欧盟及其成员国扣押过境仿制药品案"（DS408 和 DS409）则反映，欧盟及其成员国挑战了专利的地域限制、威胁了公共健康、妨碍了正常贸易、损害了他国主权。"中国知识产权执法案"（DS611）暴露出 TRIPS 协定在协调标准必要专利禁诉令等使用者利益执法措施上的空缺。TRIPS 协定执法制度利益失衡已经显露无遗。

---

① 参见卓泽渊:《论法的价值》,《中国法学》2000 年第 6 期。

《反假冒贸易协定》虽然难以"复活",但它具体反映了发达国家全面提高知识产权人利益执法标准的企图,仍有探究的必要。相对于 TRIPS 协定,《反假冒贸易协定》扩张了民事、行政和刑事执法的范围,提高了执法标准,强化了打击力度。实施《反假冒贸易协定》会大幅增加发展中国家保护发达国家知识产权人利益的成本,形成新的知识产权贸易壁垒,阻碍合法贸易。在《反假冒贸易协定》下,使用者权执法保护制度缺失,程序滥用行为防范不足,制裁不力,侵犯使用者权、隐私权和健康权等基本权利。TRIPS 协定下,发展中国家的利益和使用者的利益已经堪忧,实施《反假冒贸易协定》则会导致发达国家和发展中国家之间的利益失衡加剧,导致知识产权人和使用者之间的利益失衡加剧。

2015 年美国主导十二个缔约方达成《跨太平洋伙伴关系协定》,但遭到缔约国民众反对,而以 2018 年《全面与进步跨太平洋伙伴关系协定》代行。2021 年 9 月 16 日,我国正式申请加入代行协定。《跨太平洋伙伴关系协定》知识产权执法标准比《反假冒贸易协定》偏离得更远。其以建议零售价计算损害赔偿额的规则,几乎绝对销毁侵权货物的规则,扣押过境假冒商标及盗版货物的规则,实际取消刑事门槛的规则,比 TRIPS 协定及我国现行法的要求都高,我国应当谨慎评估。

2020 年东盟十国及中国、日本、韩国、澳大利亚、新西兰共 15 个国家签署的《区域全面经济伙伴关系协定》,相对《跨太平洋伙伴关系协定》有所缓和,这说明极端强化知识产权执法标准不得人心。该协定有较好的示范意义。其规定了比例适当规则,允许成员国通过替代性争端解决程序解决民事争端,明确说明缔约方没有义务对过境商品采取中止放行的措施,肯定缔约方设定刑事门槛的自由。不过,该协定仍然受 TRIPS 协定执法内涵的羁绊,没有建立使用者权执法制度。

2020 年《中美经贸协议》特别对中国知识产权执法程序和措施,提出相对 TRIPS 协定更高的要求。例如,要求中国不以知识产权人实际损失为刑事立案前提,显著降低刑事门槛,持续增加执法人员和显著增加执法数量,海关对过境假冒和盗版产品进行执法,第三方审计中国政府及国有企事业单位软件正版化,从重处罚侵犯知识产权侵权行为,提高法定赔偿金、监禁刑和罚金,等。这些要求进一步加剧了利益失衡。

国际知识产权法的执法制度利益失衡不断加剧,其原因包括以下两个方面。第一,在经济层面发达国家跨国企业追逐知识垄断利益;第二,在制度层面使用者权理论未在国际知识产权法上落实。使用者救济权不足导致使用者的利益遭受损害后难以寻求救济性保护,同时也使得使用者权防御型保护机制不能抵挡部分知识产权人滥用行为的侵害。

为了实现国际知识产权法执法制度利益的平衡,一方面要完善知识产权执法制度,满足知识产权人的合理需求,另一方面要强化使用者权执法制度,提高对使用者利益的保护程度。当前主要是后者。

关于知识产权执法的一般义务:要使执法概念回归其本义,要将知识产权执法义务拓展到数字环境。完善民事和行政程序及措施:第一,细化损害赔偿计算规范,着重打击故意侵权;第二,确保包括律师费在内的合理诉讼开支得到赔偿;第三,完善禁令国际规范,应明确各国基于公共利益需要并支持知识产权人适当赔偿请求的情况下可以不判处禁令,原材料的提供者、仓储者、运输者、销售者或使用者应依法承担停止侵权的责任;第四,完善证据国际规范,采用"可反驳的推定"标准。完善边境措施国际规范:第一,地理标志和工业品外观设计符合"看得见的侵权产品"条件,可以纳入监管的范围;第二,将扣押出口侵权产品纳入边境措施的义务中;第三,适当要求海关依职权执法。完善刑事执法国际规范:维持刑事门槛;侵犯地理标志权可考虑入刑;要求依职权打击犯罪。完善数字环境下执法国际规范:将网络服务提供者纳入知识产权执法体系中,保留特殊情况下网络服务提供者的审查义务。

应在国际知识产权法上彰显使用者权,并加强使用者权执法保护国际标准。使用者的救济权已经蕴含在知识产权理论中,在一些国家的法律实践和立法上已经体现。使用者权的执法保护不仅具有现实需求,而且具有理论依据和法律基础。国际社会可以从强化强制许可使用、惩治程序滥用及反垄断等方面来加强对使用者权的执法保护。针对标准必要专利禁诉令的国际冲突,在国际法上应肯定禁诉令,并将标准必要专利滥用禁令或者单方诉请全球许可使用条件作为颁发禁诉令的条件。在路径和方法上,建议国内先行、国际合作、民主造法、利益互换。在国内层面,警惕过度保护知识产权人利益,明确使用者权并完善使用者权的执法保护机制。在国际层面,需要南南联合,重视与具有相似制度的发达国家合作。国际法效力的根据在于它内容上的合法性与形式上的合意性统一。其形式上的合意性要求符合国际民主原则。所有主权国家和授权的政府间国际组织是国际造法的决策主体。非政府组织(NGO)是国际造法的参与主体。国际造法应重视非政府组织的作用。国际造法也应发挥国内民主力量的作用。加强使用者权执法保护并不排除知识产权人合法利益的保护。为了实现提高使用者权执法保护国际标准,对发达国家提出保护知识产权人利益的合理主张可以支持,并以此作为提高使用者权执法国际标准的筹码。强化使用者权执法国际制度,是对严重失衡的国际知识产权法的修正。这是利益平衡原则的要求,尤其是保护发展中国家利益的需要。借此才能显示国际知识产权法执法制度的人本价值、发展价值和程序正义价值,才能符合国际知识产权法对知识产权人和知识使用者利益同等有效且适当保护原则。

中国特色社会主义进入新时代,我国应在知识产权全球治理中树立典范,占据高地,争夺话语权。我国应以使用者权理论为武器,警惕过度保护知识产权人利益的倾向,回击其他国家的无理要求。在国内法上应明确公众使用知识的权利,完善使用者权执法机制。按照人均国民收入衡量,我国的知识产权实际保护水平与我国基本适应,并不存在保护不足的问题。①《中美经贸协议》对中国知识产权执法程序和措施提出了不合理的要求。使用者权的规范在我国主要是以知识产权限制与例外、知识产权不得滥用与许可使用等规范呈现。这些规范保护使用者利益,但是以知识产权人利益为中心展开。在这些规范中,使用者权还只是广义的权利,是霍菲尔德权利体系中的特权,不是知识产权法明确保护的狭义权利。狭义使用者权执法机制的构建,以知识产权法上明确规定使用者权为基础。我们只需将知识产权限制与例外,转变为使用者权,突出使用主体,并进一步规定合理使用、法定许可使用和强制许可使用即可。这种新的立法模式在目前可以用于现行知识产权单行法的修改,在将来可用于知识产权基本法的制定。我国现行各部知识产权单行法保护使用者利益的立法模式有所不同,有使用者权、权利限制、侵权抗辩等模式,因此在具体变动中也有所差异。我国应规定使用者权执法规范。首先要制止知识产权人滥用权利损害使用者权的行为。这要求将防止程序滥用的司法实践上升为法律并贯彻全部赔偿原则;真正运用强制许可使用制度;纠正反知识产权垄断目的之规定。保护标准必要专利使用者(实施方)的利益,而不是保护知识产权,才应当是反知识产权垄断的目的之一。此外,我国应授予使用者请求著作权人破解技术保护措施的权利。著作权人该义务可以向公共图书馆提交破解程序或设备来履行。

---

① 参见詹映:《我国知识产权保护水平的实证研究——国际比较与适度性评判》,《科学学研究》2013 年第 9 期。

后　记

本书能得著名法学家吴汉东教授作序,能在权威的人民出版社出版,是笔者的莫大荣幸。

本书是在笔者博士学位论文(2014 年)的基础上修改而成的。论文完成以后,搁置多年,国内外知识产权法都有较大的变化,我国的创新力全球排名也有显著的提升。在理论上,近年来刘银良教授、林秀芹教授和王国柱教授等学者就使用者权发表了多篇重要成果,推动使用者权理论发展。对国际知识产权执法制度,廖丽副教授和 Xavier Seuba 副教授分别出版了一部专著。但在国际知识产权法执法制度上,使用者权理论的拓展和应用研究还是空白。有鉴于此,笔者认为修改论文和出版本书还有较大意义。

以下是笔者的博士论文致谢,仍有致谢的必要。前辈的启示、导师的指引、同窗的互勉、朋友的帮助和家人的支持使这段历程少了一些艰辛,增了颇多感动。感谢张桂红教授把我引进国际法学殿堂。张导见多识广、造诣深厚、求真务实,分析国际法问题总是一针见血。在论文选题、写作和修改过程中,张导严格要求,悉心指导。在学术上,张导极其严厉;在生活中,张导面带春风。对我的生活,张导和她的爱人张远煌教授给了我家的温暖,使我在北京的几个中秋不觉孤单。在调研和写作过程中,邵沙平教授、史晓丽教授、古祖雪教授、邢爱芬教授、林艳琴教授、李滨教授、韩赤风教授、廖诗评老师、邢钢老师、刘懿彤老师、裴洋老师、朱理法官、徐康法官、张钦坤博士、Stephen Everhart 教授、Peter K. Yu 教授和 John 先生等提出了宝贵意见和建议。魏天经副书记、左坚卫教授、吴永保老师和邱俊伟先生等提供羽毛球运动机会，让我有尚好的身体坚持到最后。北京师范大学的其他老师为我的学习提供了便利，韩山师范学院的领导给我的学习提供了支持。刘宇、谷小龙、张德双、庞小菊、熊德中、郑寰宇、朱健、朱科、刘澍、李泉、褚雪霏、徐苗和周敬之等同学和朋友给我的学习和生活很大的帮助。三年期间，我的母亲不辞辛劳照料家庭，我的夫人周纯梅女士一边工作一边承担养育女儿的重大任务。恕我没能提及所有给予我关心、教导、帮助和支持的前辈、老师、同学、朋友和亲人。在此，对他们一并致以感谢！

　　本书的出版得到广东金融学院"优秀青年博士科研启动项目"、广东省知识产权保护中心"《粤港澳大湾区知识产权保护研究》报告的深化研究"项目、广东金融学院法学院"法律硕士专业学位点培育"项目资助，我要感谢全自力书记、张雅萍院长、张长龙院长和安雪梅副院长等领导和同事的关心和帮助。最后但并非不重要的，是感谢人民出版社赵圣涛编审！他敏锐、宽容且细致。

　　虽说十年磨一剑，但由于笔者水平和精力有限，仍感书中有诸多不足之处，敬请读者批评指正。

谢光旗
2024 年 1 月于广州龙洞

责任编辑：赵圣涛

图书在版编目（CIP）数据

利益平衡视域下国际知识产权法执法制度研究/谢光旗 著. —北京：
　人民出版社,2024.7
ISBN 978－7－01－024237－8

I.①利…　II.①谢…　III.①国际法-知识产权法-行政执法-研究
　IV.①D997.1

中国版本图书馆 CIP 数据核字（2021）第 256421 号

利益平衡视域下国际知识产权法执法制度研究

LIYI PINGHENG SHIYU XIA GUOJI ZHISHI CHANQUANFA ZHIFA ZHIDU YANJIU

谢光旗　著

人民出版社 出版发行
（100706　北京市东城区隆福寺街 99 号）

中煤（北京）印务有限公司印刷　新华书店经销

2024 年 7 月第 1 版　2024 年 7 月北京第 1 次印刷
开本:710 毫米×1000 毫米 1/16　印张:19.25
字数:300 千字

ISBN 978－7－01－024237－8　定价:99.00 元

邮购地址 100706　北京市东城区隆福寺街 99 号
人民东方图书销售中心　电话（010）65250042　65289539